# Nordeste

# Nordeste

Aspectos da Influência da Cana sobre a Vida
e a Paisagem do Nordeste do Brasil

## Gilberto Freyre

7ª edição revista

Apresentação de Manoel Correia de Andrade
Biobibliografia de Edson Nery da Fonseca
Notas bibliográficas revistas, bibliografia e índices elaborados
por Gustavo Henrique Tuna

© **Fundação Gilberto Freyre, 2003**
Recife-Pernambuco-Brasil
7ª Edição, Global Editora, São Paulo 2004
2ª Reimpressão, 2020

**Jefferson L. Alves** – diretor editorial
**Francisco M. P. Teixeira** – editor adjunto
**Gustavo Henrique Tuna** – notas bibliográficas revistas, bibliografia e índices elaborados
**Flávio Samuel** – gerente de produção
**Ana Cristina Teixeira** – assistente editorial
**Ana Cristina Teixeira e Rinaldo Milesi** – revisão
**Fundação Gilberto Freyre, Instituto Cultural Lula Cardoso Ayres e Global Editora** – iconografia
**Lúcia Helena S. Lima** – projeto gráfico
**Mauricio Negro, Eduardo Okuno e Odilon Moraes** – capa
**Lúcia Helena S. Lima e Antonio Silvio Lopes** – editoração eletrônica

A Global Editora agradece a gentil cessão do material iconográfico pela Fundação Gilberto Freyre.

Obra atualizada conforme o
NOVO ACORDO ORTOGRÁFICO DA LÍNGUA PORTUGUESA.

**Dados Internacionais de Catalogação na Publicação (CIP)**
**(Câmara Brasileira do Livro, SP, Brasil)**

Freyre, Gilberto, 1900-1987.
Nordeste : aspectos da influência da cana sobre a vida e a paisagem do Nordeste do Brasil / Gilberto Freyre ; apresentação de Manoel Correia de Andrade ; biobibliografia de Edson Nery da Fonseca ; notas bibliográficas revistas, bibliografia e índices elaborados por Gustavo Henrique Tuna. – 7. ed. rev. – São Paulo : Global, 2004.

Bibliografia.
ISBN 85-260-0837-4

1. Açúcar - Comércio - Brasil, Nordeste - História 2. Brasil, Nordeste - História 3. Cana-de-açúcar - Brasil, Nordeste - História 4. Cana-de-açúcar - Cultura - Brasil, Nordeste 5. Indústria açucareira - Brasil, Nordeste I. Andrade, Manoel Correia de. II. Fonseca, Edson Nery da. III. Tuna, Gustavo Henrique. IV. Título. V. Título: Aspectos da influência da cana sobre a vida e a paisagem do Nordeste do Brasil.

04-0211                                          CDD-306.34909813

Índices para catálogo sistemático:
1. Nordeste : Brasil : Cana-de-açúcar : Influências : Sociologia agrícola
   306.34909813

Direitos Reservados

**global editora e distribuidora ltda.**
Rua Pirapitingui, 111 – Liberdade
CEP 01508-020 – São Paulo – SP
Tel.: (11) 3277-7999
e-mail: global@globaleditora.com.br
www.globaleditora.com.br

Colabore com a produção científica e cultural.
Proibida a reprodução total ou parcial desta obra sem a autorização do editor.

Nº de Catálogo: **2392**

*A Pedro Paranhos,
Antiogenes Chaves
e Luiz Cedro
e também a Cícero Dias,
o grande pintor dos canaviais do Nordeste*

Gilberto Freyre fotografado por Pierre Verger, 1945.
Acervo da Fundação Gilberto Freyre.

# Um Nordeste*

CARLOS PENA FILHO

Um Nordeste
onde nunca deixa de haver
uma mancha dágua:
um avanço de mar, um rio, um riacho,
o esverdeado de uma lagoa.
Onde a água faz da terra mole o que quer:
inventa ilhas, desmancha istmos e cabos,
altera a seu gosto a geografia convencional
dos compêndios.
Um Nordeste da terra.
Das árvores lambuzadas de resinas.
Das águas.
Do corpo molhado dos homens que trabalham
dentro do mar e dos rios,
na bagaceira dos engenhos,
no cais do Apolo,
nos trapiches de Maceió.

---

* *Melhores poemas Carlos Pena Filho*, seleção de Edilberto Coutinho, 4ª ed., São Paulo, Global, 2000.

# Sumário

Uma visão autêntica do Nordeste — 13

Prefácio à 1ª edição — 37

   **1** A cana e a terra — 44

   **2** A cana e a água — 56

   **3** A cana e a mata — 78

   **4** A cana e os animais — 96

   **5** A cana e o homem — 120

   **6** A cana e o homem (conclusão) — 170

Bibliografia — 201

Apêndice 1 – Biobibliografia de Gilberto Freyre — 209

Apêndice 2 – Edições de *Nordeste* — 241

Índice remissivo — 242

Índice onomástico — 251

# Uma visão autêntica do Nordeste

É uma tarefa complexa caracterizar e situar o livro *Nordeste – Aspectos da influência da cana sobre a vida e a paisagem do Nordeste do Brasil*, no conjunto da obra do mestre de Apipucos, comparando-o com outras obras suas, como *Casa-grande & senzala*, *Sobrados e mucambos* e *Ordem e progresso*.

Já em sua primeira edição, observa-se como Gilberto Freyre tinha a preocupação de diferenciar, no espaço brasileiro, uma região, bem distinta das outras, o Norte ou Amazônia, que eram constantemente associadas. Na verdade, até os anos trinta do século passado, as pessoas se referiam ao Brasil como se ele fosse composto apenas de duas grandes porções, o Norte e o Sul; e, ao fazerem esta caracterização, chamavam, de forma bastante empírica, de Norte todas as áreas situadas ao norte da Bahia. Tanto que em São Paulo, na linguagem vulgar, chamavam todo migrante vindo da porção setentrional do Brasil de "baiano" e os mineiros chamavam de "baianos cansados", isto é, aqueles que não conseguiram chegar a São Paulo. O próprio Gilberto, no seu livro sobre a região, não procurou delimitar de forma bem objetiva onde o Nordeste começava e onde ele terminava.

Ele observou o Nordeste a partir de Pernambuco, como se entendesse que o ponto central do mesmo fosse a cidade de Recife, e que daí partiram, em várias direções, as características regionais que iam se diluindo à proporção que se caminhava deste centro – Recife e região açucareira – nas mais diversas direções.

As raízes da ideia do Nordeste na obra gilbertiana já são encontradas nos artigos que escreveu para a imprensa do Recife, publicados sobretudo no *Diário de Pernambuco*, quando, ainda adolescente, vivia nos Estados Unidos, realizando seus estudos em Baylor e em Colúmbia, artigos que depois foram reunidos por José Antônio Gonsalves de Melo, seu primo e amigo, em livro intitulado *Tempo de aprendiz*. Vê-se, nesses artigos, como o quase adolescente que vivia no exterior acompanhava o que ocorria na sua "província", tanto em relação aos fatos políticos e econômicos como, sobretudo, em relação aos problemas sociais e culturais. Daí a sua visão de globalidade e a diversificação de interesses que iam desde as festas populares, os chamados folguedos, até a culinária, a educação, passando pelas relações sociais, em uma sociedade patriarcal que já eliminara o regime escravocrata mas vivia ainda sob o jugo de uma civilização patriarcal fechada e rigorosa. Parecia até que havíamos saído de um sistema monárquico, mas não havíamos ainda entrado em uma organização social republicana, mais aberta, mais receptiva.

Voltando ao Recife, e vivendo a sua vida pública dedicado aos estudos e pesquisas e ao jornalismo, Gilberto se defronta com um duplo chamamento intelectual: o da expansão, na região, do modernismo deflagrado em São Paulo pela Semana de Arte Moderna de 1922, por Mario e Oswald de Andrade, e o chamamento para o processo de regionalização que procurava fazer sepultar o unitarismo monárquico, substituindo-o pelo estadualismo republicano, chamando a atenção para uma análise dialética e caracterizando que entre o País, o Estado nacional, e as antigas províncias, agora chamadas de Estados, havia as regiões.

É aí que se observa a grande influência que em sua obra teve Seligman, mestre de História Econômica, que levaria o sociólogo de Apipucos a uma maior aproximação com escritores influenciados por ensinamentos não positivistas, como Sérgio Buarque de Holanda e Caio Prado Júnior. Embora com um e outro Gilberto tivesse tido, ao mesmo tempo, desde os anos 1930, convergências e divergências expressas em sua obra.

As diferenças com os modernistas paulistas se faziam sentir na grande influência sobre os mesmos de escritores europeus do período posterior à Primeira Guerra Mundial e que se expressaram nas mais diversas formas literárias, na poesia de Menotti Del Picchia, de Manuel Bandeira, de Carlos Drummond de Andrade, na ficção, onde pontificava um Graça Aranha, ou nos vários tipos de ensaios. No Nordeste, ele teve como grande opositor o agressivo jornalista Joaquim Inojosa. E, para contrapor-se ao chamado modernismo, Gilberto estruturou um contramovimento que procurava aceitar as modificações modernistas de forma moderada e as tradições regionais, ao mesmo tempo em que procurava fazer conviver as mais diversas manifestações, como os chamados folguedos populares natalinos, os saudosos pastoris, nas manifestações carnavalescas revivendo as "la ursa" e os festejos juninos. Nessas manifestações culturais, ele procurava aprofundar as raízes africanas e indígenas do Nordeste sem desprezar as influências ibéricas. Nelas se interpenetravam tradições cristãs, católicas, trazidas da Península Ibérica, com as oriundas da África e das Índias. Para isto ele organizou no Recife, em 1934, um Congresso Afro-Brasileiro em que reuniu usineiros, aristocratas do açúcar, a burgueses e escritores, ao lado de pais de santos, em plena Praça da República, no tradicional Campo das Princesas, no Teatro de Santa Izabel, já então um verdadeiro monumento histórico.

Foi nesse período que ele colaborou intensamente com os jornais como o *Diário de Pernambuco* e *A Província*, externando ideias e pensamentos que causavam impacto no pensamento conservador da época. Mas foi também nesse período que ele dirigiu a edição do *Livro do Centenário do Diário de Pernambuco*, reunindo artigos seus e de outros escritores sobre os hábitos, os costumes e as artes nordestinas. Em suas páginas, encontramos estudos da importância dos de Luiz Oiticica, senhor de engenho, depois usineiro em Alagoas, sobre a arte da renda de bilros, ou de Julio Belo, que posteriormente escreveria o clássico *Memórias de um senhor de engenho*, ao lado de textos sobre História, Economia e Vida Social do Nordeste. Quase esqueceu textos sobre os temas heroicos e sempre presentes na história pernambucana, como a Revolução de 1817, a Confederação do Equador ou a Revolução Praieira.

Foi também do seu grupo e das aspirações regionalistas que surgiram os famosos romances de costumes, de temas tão nordestinos, como os livros de José Lins do Rego, de Graciliano Ramos, de Amado Fontes, de Jorge Amado e de tantos outros que enriqueceram e mostraram ao Brasil o que era o Nordeste. E sua influência se estendeu, dentro deste espírito, às mais diversas Ciências Sociais, com René Ribeiro na Antropologia, José Antonio Gonsalves de Melo na História Social, Manuel Diégues Júnior na Sociologia e tantos outros, sempre salientando a presença nordestina nas ciências e nas letras diante do Brasil.

O livro *Nordeste*, publicado em 1937, como o volume nº 4 da Coleção Documentos Brasileiros, pela Editora José Olympio, foi escrito para demonstrar que o Nordeste não era uma região uniforme, mas uma aglutinação de regiões e sub-regiões que se estendiam desde o Maranhão até a Bahia. Região que fora povoada nos primeiros séculos de colonização e que estruturara, por meio de culturas diversas, uma sociedade com características próprias, mas tendo por base três categorias que se entrecruzavam: o latifúndio como forma de propriedade, a monocultura como forma de exploração econômica e a escravidão como instituição de classe social. Apesar de cientista social, o autor não atribuiu a esta sociedade patriarcal, em formação, o meio natural, como único e determinante, mas sim como um resultado do intercâmbio entre os fatores naturais, como o meio ambiente, levantando problemas ligados à forma de exploração da terra, dependente da própria terra – solos e relevo – do clima, da vegetação que foi devastada pelo colonizador, dos animais tanto nativos como os domésticos trazidos da Europa, e a ação do homem, quer em sua condição de senhor, dono de terra, quer na condição de escravo.

Daí ser *Nordeste*, a um só tempo, um livro de Ciência Social, de Sociologia, de Antropologia, de Ecologia e de Geografia.

Mas, ao diversificar os vários nordestes, ele voltou-se sobretudo para aquele da cana-de-açúcar, aquele que melhor conhecia, de onde se originara e onde disporia de uma maior documentação e de informações. Admitindo que existiam vários nordestes, enfatizou sobretudo o Nordeste açucareiro, enquanto o Nordeste semiárido ficou ao encargo do sociólogo cearense Djacir Menezes, que escreveu sobre "o outro Nordeste". Subjetivamente, dava maior importância ao Nordeste canavieiro do que ao semiárido algodoeiro e pastoril, que seria "o outro".

Em 1945, ao publicar livro famoso sobre a fome no Brasil, Josué de Castro aceitaria a divisão que caracterizava o Nordeste e reconheceu que havia duas áreas de fome com características diversas a da seca: a do açúcar e a do algodão ou do gado.

E *Nordeste*, que em sua primeira edição foi ilustrado por duas grandes figuras de artistas plásticos, Lula Cardoso Ayres e Manoel Bandeira, vem tendo edições sucessivas, ora mais ora menos ilustradas. O mesmo tem ocorrido com as edições em línguas estrangeiras.

O corpo do livro compõe-se de seis capítulos sobre as relações entre a cana e a terra, a cana e a água, a cana e a mata, a cana e os animais e dois finais sobre a cana e o homem. E o autor, com seu estilo ao mesmo tempo científico e literário, procura mostrar, e o faz com maestria, como a cana, a economia canavieira se expandindo por áreas anteriormente ocupadas pela chamada Mata Atlântica, utilizando de forma mais completa a água disponível na mesma, quase eliminou os animais, preferiríamos dizer os bichos selvagens, trocando-os pelos animais domésticos trazidos da Europa, da Índia e da África, estruturou uma sociedade escravocrata onde uma minoria de senhores explorava as então chamadas "classes subalternas", desenvolvendo culturas e extraindo riquezas; como que se apoderando do meio natural e do homem, difundindo costumes e espalhando vícios e mazelas.

E até onde poderiam estender-se o trabalho, a exploração e as culturas que o homem, ou melhor, os senhores de terra e de escravos iam apropriando?

Em *Nordeste* fica bem claro, ao examinar o processo de ocupação da terra, como o europeu, ao chegar ao Novo Mundo, se sentiu perplexo diante daquela mata exuberante e heterogênea, tão diferente da floresta temperada europeia, e de como procurou substituí-la por uma vegetação de origem oriental, mas que também se adaptava no mundo mediterrâneo e que, atravessando o Atlântico, se firmara na costa americana, fazendo-o com intensidade que provocaria a ruína da economia canavieira das ilhas do Atlântico, da Madeira, sobretudo.

É que no Brasil, principalmente a Zona da Mata Pernambucana e o Recôncavo Baiano, ofereciam condições propícias ao desenvolvimento da cultura da cana; o seu clima tropical, com chuvas distribuídas em duas estações, os solos derivados de rochas cristalinas, as chuvas se distribuindo no período do outono e inverno austral – de maio a setembro – e um estio prolongado que se estendia de outubro a abril, permitiam que se fizesse o plantio da cana na estação chuvosa e a colheita se efetuasse no estio. Era importante esta estação porque a moagem dos engenhos se realizava em um período que facilitava o transporte da cana dos "partidos" para a moita, assim como o transporte da lenha para a fornalha. A floresta exuberante era impiedosamente destruída para dar lugar ao plantio da cana e fornecer a lenha que era o combustível da época. Quanta madeira de lei – sucupira, jacarandá, amarelo e tantas outras – foi queimada nas fornalhas dos engenhos, porque o costume de queimar o bagaço da cana nas fornalhas só ocorreria no século XIX, após mais de três séculos de colonização portuguesa. Os solos da região eram muito ricos em substâncias minerais, podendo ser classificado em dois grandes grupos: aqueles formados por argila laterítica, o chamado "barro vermelho", dominante nas encostas e que eram eluviais e os solos transportados das encostas para as várzeas e vales dos rios que eram aluviais. Estes eram os solos de massapê e se caracterizavam por formar um verdadeiro lamaçal, no período chuvoso; amassados pelo homem e pelos animais que os pisoteavam, tornavam-se pegajosos e grudavam nas solas dos pés e nas patas dos animais, o que levou Gilberto Freyre a considerá-los como uma terra "garanhona" que se agarrava e que se deixava modelar pelo pé dos homens e dos animais.

Além de dominante na Zona da Mata de Pernambuco, o massapê também era muito abundante, ocupando grandes áreas em Sergipe, na chamada região da Cotinguiba e no Recôncavo Baiano, onde ele é chamado também massapê, embora seja um solo eluvial, formado pela decomposição do calcáreo; ambos, porém, são solos ricos em água, de escoamento lento para os rios da região, o que faz com que a área em sua maior extensão permaneça excessivamente úmida durante grande parte do tempo. Estes solos pegajosos dificultavam, de certa forma, o escoamento da produção agrícola, quando os engenhos não ficavam à margem dos rios navegáveis, e a circulação dos carros de boi ou a cavalo se fazia com muito cuidado e lentidão. As relações de amizade de tornavam precárias diante da dificuldade que as pessoas tinham de se visitar nos aniversários e batizados; só nas festas da "botada" dos engenhos ou da "pejada" havia mais facilidade de locomoção porque elas se davam no período de estio, quando as chuvas eram escassas.

A terra e sua qualidade chamavam a atenção por problemas os mais diversos, como o hábito muito difundido entre a população pobre de comer terra, por parte das crianças, do medo de bichos da

terra como as minhocas, as cobras, os lacraus e até dos bichos-de-
-pé que apareciam inicialmente sob a forma de coceiras mas que ao
crescerem formavam bolhas de pus e traziam perigos de infecções.
Não se pode esquecer que em uma civilização rural há sempre uma
relação muito íntima entre o homem e a terra.

Mas se eram íntimas, como se pode ler em *Nordeste*, as relações
entre o homem e a terra, também eram íntimas as relações entre o
homem e a água; a cana-de-açúcar é uma planta profundamente ligada
à água, ao contrário da planta que foi sua concorrente na ocupação
do espaço nordestino, o algodão. Daí a separação entre as áreas de
cana e as de algodão, entre o Nordeste úmido e o Nordeste seco.

Na região não se observa a presença de grandes rios; estes, ora são
rios médios que nascem no agreste e caminham para o litoral, apresentando pequeno volume d'água, sendo muitas vezes intermitentes
no estio, nos seus altos e médios cursos e volumosos no baixo curso,
quando atravessam a região úmida e são abastecidos por afluentes
nascidos na própria mata; ora são pequenos rios que nascem nas
encostas do maciço da Borborema e se encaminham para o oceano,
através de várzeas onde alagaram e se aprofundam, formando "rias"
que, no passado, permitiam a entrada de embarcações de porte médio
a algumas léguas de distância do litoral, como ocorria em Goiana, em
Igarassu e em Rio Formoso.

Uma das antecipações felizes de Gilberto Freyre foi a de afirmar
que os rios pequenos, de águas pouco profundas, por se ligarem
facilmente ao solo, tinham uma vantagem sobre os rios maiores que
facilitavam a navegação, porque a sua água, por capilaridade, infiltrava-
-se no solo e o umedecia, beneficiando os canaviais de beira de rio,
sempre de maior porte e mais verdes que os situados nos interflúvios.

E a água prestava grandes serviços ao homem, não só aguando
as suas canas, como facilitando o transporte, fornecendo o produto
para uso doméstico, para regar as plantas, para abastecer engenhos,
casas e cidades, como também para carregar detritos. Isto sem falar
no valor que se dava, até o século XIX, aos saudáveis banhos de rio.
Que diga a este respeito, o nosso poeta maior, Manuel Bandeira,
quando afirmou em poesia sublime, que "teve o seu primeiro alum-
bramento ao ver uma moça nuinha tomando banho no Capibaribe,
em Poço da Panela."

Também ela era utilizada como produtora de energia, movendo os famosos engenhos d'água ou engenhos reais, mediante a construção de aquedutos que captavam a água em um ponto do rio ou riacho que se encontrasse acima do engenho, trazendo-a até a moenda. Aí eles podiam cair sobre a roda d'água, nos engenhos copeiros, no meio da roda, nos engenhos meeiros, ou na sua parte inferior, nos baixeiros, como tão bem retratou Antonil no seu famoso livro, do início do século XVIII.

Em uma combinação entre o transporte marítimo e o fluvial, também ela era usada, permitindo a utilização de barcos de tonelagem diversas, desde os portos situados nos fundos dos estuários ou em canais, como o de Itamaracá, que separava a ilha do continente, até os portos pequenos situados no litoral, de onde as mercadorias eram transferidas para embarcações maiores e levadas para os portos europeus. Assim, o Recife era o principal porto da capitania de Pernambuco, e Salvador o da Bahia. Portos de menor calado situavam-se em vários pontos da costa, como o da foz do Potenji, o do Mamanguape, o do Paraíba, o do Goiana, o de Santa Cruz, o de Suape ou Santo Agostinho, o de Tamandaré, o de Barra Grande e o de Alagoas entre o Recife e a foz do São Francisco.

A importância dos rios, porém, não se limitava a estes serem apenas abastecedores de água, agentes de produção e força motriz e formadores de solos úteis à cana-de-açúcar. Gilberto se preocupava também, e sobretudo, com o tratamento dado aos rios pelo homem, enquanto colonizador, demonstrando as suas preocupações ecológicas com o meio ambiente já nas primeiras décadas do século XX. Assim ele chamou atenção, com a maior veemência, contra o lançamento das caldas de destilaria nos cursos d'água da região da mata, pelas destilarias das usinas de açúcar e também das águas servidas pela mesma. Revoltado com os danos causados por estas indústrias, que os transformavam em verdadeiros canais de escoamento de dejetos, Gilberto os classificava como verdadeiros mictórios ou como fossas. Posteriormente à publicação do livro *Nordeste*, Gilberto, ao criar e dirigir o Instituto Joaquim Nabuco de Pesquisas Sociais, depois transformado em Fundação Joaquim Nabuco, patrocinou a realização de pesquisas sobre as bacias fluviais atingidas pelo lançamento dos esgotos industriais. Tanto nos rios norte-rio-grandenses como nos paraibanos, pernambucanos e alagoanos. Estes estudos foram dirigidos pelo geógrafo Gilberto Osório de Andrade, com o apoio dos geógrafos Mário Lacerda de Melo, Rachel Caldas Lins e Manuel Correia de Andrade, do antropólogo José Heskett Lavareda e do botânico Dardano de Andrade Lima, além de alunos dos cursos de geografia da UFPE. Dos trabalhos de pesquisas constavam trabalhos de campo.

Assim, em sua visão totalizadora e dialética, Gilberto Freyre tinha condições e estímulos para observar o papel desempenhado pelos chamados rios de açúcar, do Nordeste, criando problemas para os habitantes de uma região bem povoada.

Ainda Gilberto, em sua visão de antropólogo, procurou analisar a convivência entre o homem e o rio, chamando a atenção para o seu uso como objeto de lazer, pois era nele que se tomava banho, onde se nadava, se pescava e se faziam festividades. Atos que se estendiam também aos açudes que geraram histórias pitorescas como a do senhor do engenho Cana Brava, de área muito acidentada, onde ele, velho aristocrata de origem portuguesa, nos dias de chuva, descia a ladeira da casa-grande em direção ao açude para o banho, usando um guarda--chuva aberto e tamancos para não escorregar na encosta íngreme.

Também com grande interesse pelos problemas alimentares Gilberto Freyre não esqueceu, nas páginas de *Nordeste* e de outros livros e em artigos, a delícia que para ele representavam os chamados pitus do rio Una, rio que banhava a cidade de Palmares e as terras do engenho Japaranduba que pertencia a Pedro Paranhos. Tão guloso como o massapê, sobre a qual nascera e se criara, Gilberto era também um grande apreciador e conhecedor da culinária nordestina, por ele divulgada em livros e artigos, como o *Açúcar*, publicada após o *Nordeste*.

A mata, hoje em grande parte destruída e devastada, mas ainda exuberante nas serras e encostas, era a grande fascinação para o mestre de Apipucos, preocupado não só com o belo mundo vegetal, como com a fonte de vida que ela abrigava, com as plantas mais diversas, os bichos e as lendas. Quanta importância se dava às lendas sobre as criaturas que aí viviam, como a caapora que aplicava surras tremendas aos cães que acompanhavam os caçadores, o curupira, o saci-pererê e a muitos outros seres que foram popularizados por Monteiro Lobato em seus livros infantis. Mas ela era também o abrigo de animais peçonhentos, como cobras, aranhas venenosas, alguns lagartos e mamíferos, como as onças, os guarás, os porcos-espinhos e de inocentes animais de caça como as pacas, cotias, além de numerosos tipos de macacos e de morcegos.

A floresta, além de sua forma majestática, é, como toda floresta tropical, muito densa, cheia de cipós, de lianas e botanicamente muito rica em madeiras duras e diversificadas. No período colonial, ela foi muito rica em madeiras nobres, além do pau-brasil, que fornecia ao mercado europeu a matéria-prima para a tinturaria. Madeira que apresentava melhor qualidade no Nordeste, tendo, o chamado "pau de Pernambuco", maior valor do que o pau-brasil de outras regiões da colônia. O nosso era comparado ao pau oriundo da ilha de Sumatra, na Insulíndia. Dentre as madeiras de maior prestígio destacavam-se o cedro, o amarelo, a maçaranduba, o pau-d'arco, que podia ser roxo ou amarelo, o freijó, a sucupira etc. Do jacarandá faziam-se os mais ricos móveis utilizados nas casas-grandes dos senhores de engenho e nos sobrados da cidade. Mas tudo isto foi sendo devastado impiedosamente, quer pelas serrarias quer como combustível nos engenhos, o que na primeira metade do século XX assombrou e provocou repulsa tanto a Gilberto Freyre como ao botânico Vasconcelos Sobrinho.

A destruição da mata, como se pode concluir em *Nordeste*, foi feita de forma contínua e sistemática; os colonizadores iniciavam com a derrubada do pau-brasil, fato que já no século XVI causou indignação ao donatário Duarte Coelho Pereira, e em seguida vinha a "coivara" para queimar a vegetação rasteira e ser o espaço ocupado com o cultivo da cana-de-açúcar sempre em expansão. A derrubada era feita também para obter a madeira que serviria de lenha não só para movimentar o engenho como para o fogão das casas-grandes e dos trabalhadores e, após o século XIX, nos fornos das padarias e das locomotivas das ferrovias. A madeira era também largamente utilizada na marcenaria onde se fabricavam cômodas, cadeiras, mesas e bancos, móveis famosos, quando feitos de jacarandá ou de macacaúba. E houve marceneiros que se tornaram célebres no Recife.

Ainda era utilizada na construção civil em casas, armazéns e igrejas que se tornaram famosos por sua riqueza e por suas dimensões. Casas-grandes famosas, como a do engenho Noruega, a de Poço Comprido e de Uruaé, e igrejas como as de Olinda, do Recife, de Goiana e de Igarassu. Ou ainda conventos como os dessas cidades e da Paraíba, hoje João Pessoa, de Sirinhaém e de Rio Formoso.

A devastação das matas, tão condenada por Gilberto e mais modernamente pelos especialistas em ecologia e em meio ambiente, provocou, naturalmente, uma maior exposição do solo à ação dos agentes meteorológicos e o empobrecimento dos mesmos.

Embora a cana, como gramínea, desse uma maior proteção ao solo do que o milho e o algodão, quando cultivada em encostas de maior declive, acelerava a degradação e o transporte dos solos das encostas, fazendo com que o regolito migrasse ladeira abaixo para se acumular nos vales e nas várzeas dos rios, provocando o encharcamento dos solos e a formação de lagoas e pauis. Fato bem observado nas Alagoas, cujo litoral apresenta uma série de lagoas e de lagos barrados pelas restingas que represam os rios em seus baixos cursos, formando lagoas como, entre outras, as de Mundaú e Manguaba. Além disso, provocava também o assoreamento dos mesmos.

O recuo da mata deixou grandes extensões de terra sob a influência direta das intempéries, com uma série de consequências funestas. Nos solos argilosos, observou-se a intensificação do escorregamento das vertentes, com forte impacto sobre as cidades; provocou a migração de animais silvestres, como os morcegos hematófilos que antes viviam na floresta, para as áreas habitadas; o assoreamento das várzeas dos rios e das lagoas que cada vez mais se tornaram maiores e de menor profundidade; a difusão de insetos transmissores de moléstias que atacam tanto os animais como o homem e uma série de outras consequências danosas.

Daí, a conscientização de Gilberto Freyre frente aos problemas provocados pelo desmatamento, e suas posições corajosas, na década de 1930, contra os maiores responsáveis por esta política, que seriam os usineiros do açúcar, segundo ele, em sua maioria, despreocupados com as consequências sociais da ação que desenvolviam. Destes, existiam algumas exceções, como o industrial Antônio Ferreira da Costa Azevedo, o dono da usina Catende, que chegou a ser a mais importante e maior usina da América do Sul. Costa Azevedo, pela sua competência, dinamismo e capacidade de ação, teria sido um industrial do século XX com mentalidade do século XXI.

Quanto aos animais, distinguia Gilberto Freyre os da terra e os importados; os primeiros em sua maioria, pouco interessaram ao colonizador; apenas os papagaios, pelo fato de aprenderem facilmente a falar, foram criados por colonizadores portugueses e exploradores franceses, que traficavam na costa brasileira durante as primeiras décadas do século XVI, chegando a levar vários deles para a Europa e a apresentarem em eventos na França, salientando que as aves brasileiras falavam a língua francesa. Da mesma forma, os portugueses ensinavam a dizer "papagaio real é de Portugal", como que indicando que os colonos portugueses pensavam sempre em enriquecer no Brasil e regressar a Portugal.

As araras e outros pássaros de plumagens coloridas também atraíam os colonizadores, da mesma forma que os pássaros canoros, como o uirapuru da Amazônia e os sabiás que cantavam nas palmeiras do Maranhão.

Macacos, saguis, cotias, tatus, cágados e até veados eram também reunidos e criados em lugares apropriados por proprietários de terra que desejavam manter um maior contato com esta natureza que consideravam selvagem.

Mas a maioria dos animais silvestres era utilizada, sobretudo nos primeiros tempos, na alimentação, como caça, possibilitando o preparo de muitas iguarias com a anta, maior mamífero da América, o tatu, a cotia, a paca, o porco-do-mato, o veado, o jacaré e a grande variedade de peixes, tanto de água doce como de água salgada. Com eles, usando o leite de coco, faziam numerosas e famosas iguarias regionais, tão decantadas pelos cronistas ao período colonial.

Havia ainda os animais temidos pelo homem devido o perigo que representavam para as suas atividades; estes, em geral, eram dizimados sem o menor controle, como as cobras venenosas – cascavel, jararaca, coral – e as que, não sendo venenosas matavam por asfixia, como as jiboias de vários tipos.

As aves, muitas de grande porte, como o jacu, a galinha d'água, os patos selvagens, a ave de arribação, eram também muito caçadas visando a sua utilização na alimentação.

O maior contato de animais com os europeus, os colonizadores, que em pouco tempo se apossaram da terra e a organizaram em função dos seus interesses, como salienta Gilberto Freyre, ocorreu com animais importados, trazidos pelo colonizador tanto da Europa como da Ásia e da África. No livro *Nordeste*, animais como cavalos e bois, são considerados os primeiros como os amigos do senhor de engenho e os segundos como os companheiros do escravo.

O cavalo teria sido para o colonizador o animal que lhe possibilitava a conquista do território e a manutenção do domínio sobre o mesmo. Isso porque ele era muito útil na guerra contra os nativos que andavam e lutavam a pé. Era a cavalo que o conquistador se lançava contra as aldeias, contra indígenas e contra os mucambos de negros aquilombados, criando uma desigualdade entre eles ou sobre eles. Também a cavalo o senhor caminhava por suas terras e pelos seus canaviais, fiscalizando os trabalhos que vinham sendo executados no campo pelos negros escravos e pelos trabalhadores forros. Gilberto compara a semelhança que havia na posição do senhor e do escravo ou do simples trabalhador, quando o primeiro falava ao segundo sempre de um ponto mais alto, da sela de cavaleiros ou da calçada ou do alpendre da casa-grande, dando ordens em voz alta ou até aos gritos. Ordens que dificilmente deixavam de ser cumpridas.

O cuidado com os cavalos de sela, diverso do que era dado aos cavalos de cangalha, era muito acentuado: os cavalos eram selecionados de bela cor – castanho, alazão, russo, melado etc. – e se procurava ensiná-los para que carregassem os viajantes em um andar cadenciado que, conforme a velocidade, ia "do baixo ao meio". Um cavalo meeiro dava orgulho ao seu proprietário e alcançava preços elevados no mercado da sociedade açucareira. Em geral, também os senhores de engenho se esmeravam na aquisição de cavalos de pequeno porte nos quais filhos e netos se exercitavam na arte da equitação. Este era o tratamento dado aos cavalos "nobres" de uso da aristocracia do açúcar, ou como a chamava satiricamente Tobias Barreto, da "açucocracia".

Por outro lado, havia os animais de trabalho, equinos, muares e asininos, que recebiam um tratamento bem diferenciado e eram usados no transporte da cana, do açúcar e de móveis e utensílios, e que faziam moer os famosos engenhos de açúcar. As éguas eram utilizadas nas almanjarras dos engenhos que não dispunham de água suficiente para movimentá-los, no transporte das canas dos partidos para os engenhos e do açúcar e da aguardente dos engenhos e da destilação até os portos fluviais ou aos armazéns dos exportadores. Neste trabalho eram muito utilizados também os burros, muares – híbridos de cavalos com os jumentos –, animais muito fortes e resistentes às grandes caminhadas.

Nas almanjarras, não eram utilizados cavalos, mas apenas éguas, por serem mais velozes que os machos. Daí se chamar aos engenhos à tração animal de "engenhos de besta". Segundo os cronistas coloniais os primeiros engenhos foram movidos à tração humana, sendo logo substituídos por engenhos movidos a bois e finalmente por engenhos de bestas, que só desapareceram totalmente na região açucareira nos séculos XIX e XX, quando foram substituídos pelos engenhos a vapor.

Se, na opinião de Gilberto, externada em *Nordeste*, o cavalo era o companheiro, quase um complemento do senhor; o boi, lento, manso e de fácil dominação, era o companheiro do negro, do escravo, do homem de classe mais humilde. Trazido inicialmente da Europa e, a partir do século XIX, da Índia, o boi era utilizado sobretudo na cultura de cana e na produção de couro, assim como no trabalho agrário. Criado quase sempre no sertão, ele era levado para a região canavieira em grandes boiadas para ser abatido ou utilizado como animal de trabalho. Daí a sua maior convivência com o homem humilde, com o trabalhador do que com o senhor de terras e de escravos; talvez por isso ele fosse olhado com simpatia entre populares, sendo logo convocado para participações em folguedos, como o "bumba-meu-boi".

Durante muito tempo, ele participou também do convívio com os senhores, quando conduzia a família nas suas viagens para engenhos vizinhos e para as cidades próximas. Há, na realidade, um rico folclore a seu respeito e da sua presença na vida patriarcal. A sua carne, ao contrário da do cavalo, era muito utilizada como alimento nas casas-grandes e nas senzalas, tanto sob a forma de carne verde como de carne seca, na chamada carne-de-sol ou de vento e no charque, ou jabá, hoje importado do Centro-Oeste e do Sul. A produção de charque, no século XVIII, estava concentrada sobretudo no sertão nordestino e era chamada de "carne do Ceará". As grandes secas, porém, forçaram a migração das indústrias produtoras para o Rio Grande do Sul.

Além do boi e do cavalo, os colonizadores trouxeram do Velho Mundo para o Nordeste carneiros e cabras que seriam utilizados sobretudo na alimentação; os carneiros eram muito utilizados na época da civilização açucareira como montaria para as crianças, como que preparando-as para a equitação.

Os portugueses não domesticaram aves, visando à produção de alimentos, preferiam utilizar aquelas que já conheciam na Europa, como as galinhas, os patos, os marrecos, os gansos etc. Da África trouxeram a guiné ou galinha-d'angola que teve grande difusão no País, mas é considerada de menor importância e prestígio dentre as aves, quer na qualidade da carne, quer na dos ovos.

Observa-se, assim, e Gilberto o salienta em sua visão ecológica em *Nordeste*, que o colonizador foi um grande predador; destruiu impiedosamente a natureza, derrubando florestas à procura de ganho fácil, degradou os solos, usou os rios naquilo em que eram úteis e transformou-os em verdadeiros canais de esgotos de recebimento de produtos e dejetos industriais, que disseminou epidemias e endemias europeias e africanas e destruiu a fauna autóctone para substituí-la por animais importados e já domesticados em outras plagas. Do ponto de vista sanitário, é conveniente lembrar como a *shistosomosi manzoni* se expandiu por toda a área açucareira, enfraquecendo a população pobre que convivia com as águas dos rios e lagos. Através de uma vida sexual intensa, propagou a sífilis a ponto de o próprio sociólogo afirmar, em livro famoso, que os colonizadores não só civilizaram como também sifilizaram a sua colônia americana. Assim, podemos afirmar, sem medo de exageros que a colonização, a ocupação do território, a formação da nação brasileira e a catequese foram acompanhadas pela sífilis e por outras moléstias "maldosamente" chamadas de tropicais.

Mas Gilberto, como cientista social, como observador da formação brasileira, como historiador social, como antropólogo, como sociólogo, como cientista político e como geógrafo humano, depois de uma visão ecológica da sociedade açucareira não teria completado o seu trabalho se não analisasse o papel desempenhado pelo homem, ao organizar o seu espaço de atuação.

E, ao analisar a ação do homem, levou em consideração a existência de uma sociedade de classes onde conviviam dominadores e dominados, senhores e escravos. E traçou em dois capítulos, o quinto e o sexto, a psicologia e o modo de agir de cada uma delas. Pernambuco tem uma tradição diversificada do Brasil, de vez que a sua classe dominante foi marcada, já no século XVII, por uma prolongada luta entre portugueses e holandeses. E, face à pouca ajuda da coroa portuguesa aos insurgentes de 1645, estavam os "mazombos" ou nobres da região açucareira convencidos de sua pequena dependência da monarquia portuguesa e do seu direito a uma maior autonomia. Daí, a chamada revolta de 1710, ou guerra dos mascates, onde se contrapuseram os direitos de Olinda aos do Recife, enriquecido com a guerra holandesa, e em seguida as revoltas de 1817, de 1824 e de 1848/49, nas quais senhores de engenho e comerciantes se levantaram contra os monarcas de Portugal, até 1822, e do Brasil a partir da Independência, em nome de ideais democráticos.

Na verdade, e isto está bem explícito em Nordeste, os senhores de engenho e ricos comerciantes haviam se embebido de ideias constitucionais americanas e dos princípios libertários franceses, para realizarem uma libertação dos poderes metropolitanos. Mas estes "liberais" estavam, sobretudo, temerosos de uma revolta de escravos negros, muito numerosos na província, onde havia unidades militares de negros e de mulatos, os chamados "Henriques", que eram muito fortes e desdenhavam dos brancos a que chamavam de "caiados". Alguns líderes se destacaram, como o mulato capitão Pedro Pedroso, chefe de uma intentona que derrubou o governo provincial em 1823 e o major Mundurucu que tinha grande prestígio entre a população de cor, sempre pronta para entrar em ação. Já em 1710, a população pobre do Recife, sob liderança de João da Mata, apoiara os mascates do Recife, contra os "pés raspados" de Olinda.

E esta população negra era temida face aos acontecimentos ocorridos no Haiti, quando a Revolução Francesa enfraqueceu o governo colonial e possibilitou uma sublevação negra contra os colonizadores brancos, que foram expulsos da ilha tornada independente sob o governo de imperadores negros. E o medo é mau conselheiro.

Em 1817, quando os revolucionários tomaram o poder e organizaram um governo republicano que dominou o Recife e a capitania de Pernambuco, organizaram um governo de cinco membros representando as cinco classes consideradas mais importantes – clero, militares, comércio, magistratura e agricultura – e os representantes das mesmas eram todos brancos ou semibrancos, levando-se em conta que a miscigenação já penetrara nas velhas famílias aristocráticas. Não houve uma maior preocupação com a libertação dos escravos e também com a abolição do tráfico negreiro da África para o Brasil.

Ainda em 1824, ao se proclamar a Confederação do Equador, com todo o ideário democrático de frei Caneca, não recebeu o tema da abolição da escravatura maior atenção. Temiam os revolucionários, que o ideal abolicionista, se externado, afastasse da ideia revolucionária, os latifundiários, os grandes proprietários de terras. Os nossos escritores do século XIX não se preocuparam muito com a escravidão e deixaram de lado as revoltas negras de maior importância, como o chamado Quilombo de Catucá e a Guerra dos Cabanos. Revoltas em que negros, mulatos e indígenas pegaram em armas e resistiram durante anos aos seus senhores, fugindo à condição de escravos e procurando obter a propriedade ou a posse de terras agricultáveis.

Gilberto mostra, porém, como numerosos aristocratas do açúcar se converteram ao ideal abolicionista e lutaram contra a escravidão e a exploração do homem pelo homem. Entre outros, podem ser salientadas as figuras de Joaquim Nabuco e de José Mariano. O primeiro, um Paes Barreto, descendente do morgado do cabo, não só defendia a abolição da escravatura como a necessidade de se fazer livrar o Brasil da marca desta instituição nefanda, admitindo que a abolição deveria ser acompanhada da democratização da propriedade da terra, por meio de uma reforma agrária. Reforma agrária que ainda não foi feita neste início do século XXI. O segundo, um Carneiro da Cunha, de Ribeirão, além de se destacar como grande orador popular, participou de ações onde roubava escravos aos proprietários de terra, escondia-os em suas propriedades, sobretudo na do Poço da Panela, e remetia-os para o Ceará, onde a abolição provincial havia sido feita em 1884, quatro anos antes da nacional.

Também o Cons. João Alfredo, filho e neto de senhores de engenho, ele próprio dono de terras e de escravos, ao ascender ao poder realizou a abolição, a 13 de maio de 1888, sem indenização aos proprietários de escravos e de terras. Ele levou a então princesa imperial, dona Izabel, a assinar uma lei, revolucionária para a sua época, e o gabinete que chefiou caiu devido ao jogo parlamentar, quando ele caminhava para levar a cidadania aos ex-escravos, através da distribuição de terras a descendentes de escravos e ex-escravos, nas margens das ferrovias e dos rios navegáveis. Gilberto Freyre em *Nordeste* e em outros dos seus estudos, desenvolve a ideia, hoje muito aceita, de que a abolição foi feita pela metade, foi interrompida no seu caminho ascendente.

Convém salientar ainda que o Recife foi uma cidade que se orgulhava de suas tradições liberais e embebeu de ideias liberais não só as personalidades pernambucanas como as figuras de outras províncias que vieram estudar na mesma. Basta salientar que aqui viveram Castro Alves, o poeta da liberdade, abolicionista, republicano e agnóstico, como também Rui Barbosa, que seria o maior jurista brasileiro de seu tempo, Tobias Barreto, Sílvio Romero, Vitoriano Palhares, Abreu e Lima, o general das massas e autor de um livro sobre "O Socialismo" e muitos outros. Além disto, na chamada Revolução ou Revolta Praieira, já se sentia a influência de ideias republicanas e federalistas. Em capítulo magistral Gilberto Freyre analisa este fenômeno da "açucocracia" pernambucana, que reunia de forma dialética ideais democráticos e até socialistas ao orgulho de uma origem aristocrática que se iniciara com a colonização portuguesa, na primeira metade do século XVI, e conservada até hoje, cheia de nomes tradicionais, como Albuquerque, em numerosas variantes, Cavalcanti, Acioli, Lins, Bandeira de Melo, ou Souza Leão e numerosos outros. Eles foram os chamados "Leões do Norte" do tempo do império.

Mas Gilberto, em *Nordeste*, não salienta apenas estes aspectos positivos: ele chamou a atenção também para os aspectos negativos, acentuados a partir da segunda metade do século XIX, quando foram implantadas numerosas usinas e os latifúndios passaram a engolir engenhos e sítios, intensificando a monocultura, intensificando a destruição das matas e poluindo as águas. E aí se observa a posição dialética do mesmo, saudoso do sistema patriarcal que morria rapidamente diante da expansão da usina que afastou o trabalhador rural do proprietário de terras, que passa a viver distante da propriedade sem conviver com o trabalhador. A usina como que desumaniza o proprietário e o trabalhador e faz diminuir a classe média dos produtores de açúcar, senhores de engenho, transformados em fornecedores de cana.

Salienta ainda que poucos foram os usineiros que guardaram as posições e os hábitos de senhores de engenho, destacando-se dentre estes o famoso "tenente" de Catende, o industrial Costa Azevedo.

O último capítulo é voltado para o trabalhador rural, escravo até 1888, e livre, ou relativamente livre após o 13 de maio; Gilberto apesar de antropólogo e mais com espírito de geógrafo não faz aquela decisão que tomou em *Casa-grande & senzala*, dando maior importância ao escravo doméstico do que ao escravo trabalhador rural. Aqui ele encara o trabalhador de forma mais ampla, chamando a atenção para o fato de que a escravidão era muito dura, impiedosa para com o escravo, mas era menos rígida do que em países de colonização inglesa. Observa-se assim que em *Nordeste* já começam a ser lançadas as ideias que ganhariam maior força e importância na chamada Tropicologia, ou Luso-tropicologia.

Desenvolve ideias que acompanham a mudança de vida do escravo para a do morador de condição, a transformação do habitat concentrado da senzala pelo da casa dispersa dos moradores e a atenuação dos rigores do proprietário para o trabalhador, que ocorria de forma mais acentuada durante o período escravocrata. Também aí discorre para o fato do senhor de engenho "fechar os olhos" a certos hábitos degradantes que se propagavam, como o do uso de drogas como maconha entre os trabalhadores. Admite que a tolerância deste uso pelos senhores resultava da variação sazonal de braços entre os períodos de maior demanda de mão de obra – moagem e até certo ponto plantio da cana – fazendo com que facilitassem certos hábitos no período da entressafra, para desviar os trabalhadores do desejo de especulações que contrariassem os seus interesses.

Observa-se que, na vida mais ou menos livre levada pelas classes, então chamadas inferiores, a disseminação de moléstias sexuais era intensa, trazendo impactos sobre a população pobre. E como estas moléstias se difundiam de forma mais intensa entre as classes mais humildes, generalizou-se de considerá-las moléstias tropicais. Moléstias que eram epidêmicas e que atingiam as classes menos favorecidas, como o impaludismo (malária), a leishimoniose, a bolba, a tuberculose, ou que apareciam de forma intensa em certos períodos, como a varíola e o cólera morbus. A varíola era conhecida como bexiga; vivendo no campo, descalços e em contato permanente com a terra, era comum serem os pobres atacados por numerosos tipos de verminoses e, por intermédio dos banhos de rio e de açudes, pela *Shistosomosi manzoni* (esquistossomose).

Assim podemos considerar *Nordeste* como um livro de síntese em que Gilberto, de forma impressionista e caprichando em escrever de forma mais acessível ao povo, dá uma ideia mais geral da civilização açucareira e da sociedade patriarcal; nele o autor enfatizou a importância das relações entre a natureza e a sociedade, mostrando como o homem e o meio natural se interinfluenciam: como terra, água, ar, vegetação, animais e o homem estão entrelaçados por ações e reações as mais complexas. Como o todo não é uma soma das partes, mas o resultado de uma inter-relação entre os vários componentes do meio orgânico e inorgânico. Daí se poder considerar *Nordeste* como um livro eminentemente geográfico, enquanto *Casa-grande & senzala* é mais antropológico e *Sobrados e mucambos* mais sociológico. Também, fazendo a ecologia dos grandes espaços do *Nordeste*, o livro o consagra como um especialista em ecologia.

Após a descrição do que compreende o livro nos vários capítulos, é conveniente se fazer uma análise da contribuição do mesmo aos grandes temas nacionais, situando-se o leitor, inicialmente, na época em que ele foi escrito e, posteriormente, na projeção de suas ideias e conceitos para o mundo atual, para o momento em que vivemos. Ao nosso ver este livro expressa a posição do seu autor frente a temas fundamentais, como o da relação entre o regionalismo e o unitarismo e a sua sensibilidade para as questões ligadas ao meio ambiente, hoje tão atuais; para os problemas de cultura e de estruturas sociais; para a difusão de hábitos e costumes, realizando encontros e interpenetrações sociais.

Uma das grandes contribuições do livro *Nordeste* à cultura brasileira foi a de definir o que é uma região e a sua importância no contexto do território nacional. Na verdade, a história do Brasil está permanentemente oscilando entre as tendências à unificação, ou mais precisamente à centralização e à regionalização. Assim, o Brasil que começou a ser povoado com um sistema descentralizado de capitanias hereditárias, na primeira metade do século XVI, teve depois um governo geral, que se sobrepunha às capitanias e tentava fazer uma unificação. Em seguida, o governo português procurou frear esta centralização, criando dois governos, um no Norte, sediado na cidade do Salvador, e outro no Sul, com sede no Rio de Janeiro. Foi de pequena duração este tipo de governo – 1572 a 1577 – e novamente a colônia foi unificada, sob o governo da cidade de Salvador. A divisão seria mais uma vez repetida no período de 1608 a 1612, para voltar ao sistema unificado até 1621, quando ela foi dividida em dois estados, o do Brasil e o do Maranhão; divisão que perdurou por mais de um século e permitiu que a metrópole intensificasse a sua ação colonizadora na Amazônia. Nem a guerra holandesa desfez esse sistema que chegou quase até a transferência da família real para o Rio de Janeiro. E, ao se proceder à Independência, o sentimento dos provincianos era mais forte do que o sentimento dos nacionais. O indivíduo era, primeiramente, pernambucano, paulista, mineiro ou carioca do que brasileiro, e o gênio político de José Bonifácio foi que conduziu o país a uma independência nacional, evitando uma secessão semelhante à ocorrida na América Espanhola.

As conspirações e revoltas mais importantes dos fins do período colonial foram regionais, como a Inconfidência Mineira, a Inconfidência Baiana, a Revolução Pernambucana de 1817, continuando o provincianismo a ser muito forte na chamada Guerra da Independência. Fazendo-se uma reflexão sobre os acontecimentos de Pernambuco e do Grão-Pará, neste período se chegará à conclusão de que os sentimentos ligados à província eram mais fortes do que os ligados ao país.

Após a Independência, ainda tivemos a famosa Confederação do Equador que conclamou as diversas províncias, então ditas "do Norte", sobretudo Pernambuco e Ceará, à separação do Rio de Janeiro. Com a abdicação do primeiro imperador, em 1831, o governo da regência, não tendo condições de controlar o poder nas várias províncias, deu margem ao surgimento de revoltas famosas das populações pobres, com grande participação de negros forros, escravos e indígenas ligados a mestiços e a brancos pobres, deserdados da fortuna, como a Cabanagem na Amazônia, a Balaiada no Maranhão e Piauí, a Cabanada em Pernambuco e Alagoas, a Sabinada na Bahia e a Revolução Farroupilha (Guerra dos Farrapos) no Rio Grande do Sul.

Estas revoltas têm, todas elas, uma grande importância para a compreensão de evolução da sociedade brasileira, e precisam ser estudadas em maior profundidade, como aconselhava Caio Prado Júnior em seu livro pioneiro de 1933 *Evolução política do Brasil*. Ao se fazer a história geral do Brasil deve-se partir de estudos locais, como já salientava Capistrano de Abreu. E Gilberto Freyre, ao analisar as características da sociedade patriarcal, salientava a importância do aspecto cultural dominante em várias regiões e com a diversificação da exploração da terra marcava cada uma delas, criando identidades regionais e locais.

Esta percepção, mais cultural do que étnica, levou-o a chamar a atenção para a falsa divisão dominante entre autores do seu tempo, de defesa de um centralismo da unidade nacional e um estadualismo aplicado pela Constituição Republicana de 1891 e consolidado pela política dos governadores, defendida por Campos Sales; ele lembrava que entre o Estado e o País havia a região. E que as regiões nem sempre se acomodavam dentro dos limites político-administrativos dos Estados.

Uma análise da formação do pensamento regionalista mostra como o autor destruiu aquela ideia generalizada de que o imenso país-continente, que é o Brasil, compreendia duas grandes áreas que poderíamos chamar regiões, o Norte e o Sul. Estas reflexões levaram o Governo Vargas, ao criar o Instituto Brasileiro de Geografia e Estatística (IBGE), a desenvolver estudos regionais que culminaram com a proposta de divisão do país em cinco grandes regiões naturais, o Norte, o Nordeste, o Leste, o Sul e o Centro-Oeste, proposta feita pelo geógrafo Fábio de Macedo Soares Guimarães em 1941 e que foi oficializada, apesar de sofrer grandes críticas dos geógrafos brasileiros que trabalhavam nas Universidades de São Paulo e do Rio de Janeiro, e no próprio IBGE. Posteriormente, em 1952, o governo federal criou o chamado Polígono das Secas, compreendendo trechos do território de Estados nordestinos e de Minas Gerais, como área de ação do então criado Banco do Nordeste. Em seguida, em 1958, provocado por outra grande seca, o governo federal criou o "Nordeste da Sudene", juntando ao Polígono das Secas as porções úmidas dos vários Estados da região e o Maranhão. Em uma nova divisão regional do País, o IBGE tornou oficial o Nordeste da Sudene e desmembrou o Leste que perdeu Sergipe e Bahia, sendo os estados do Espírito Santo, do Rio de Janeiro e de Minas Gerais reunidos a São Paulo para formar o Sudeste. O Sul passou a compreender apenas os três Estados meridionais.

Ainda a partir da ideia do mestre de Apipucos e com o apoio de escritores famosos que se abeberaram nos trabalhos anteriores como os de Domingos Olimpio, de Rodolfo Theófilo, de José Américo de Almeida e da genial obra de Euclides da Cunha, *Os sertões*, firmou-se a concepção cultural da existência de uma região nordestina com características próprias dentro do território brasileiro. E o Nordeste vem sendo estudado e criticado dentro dos centros científicos da região e de outras áreas do país, sentindo-se sempre a marca freyreana. Leia-se e reflita-se sobre livros marcantes mais recentes como o *Elegia para uma re(li)gião* de Francisco Oliveira e *O fim do Nordeste* de Michel Zaidan, que se verá a presença do pensamento de Gilberto ora para ser enaltecido, ora para ser criticado e ora para ser contestado. Mas ele está presente em todos os momentos e reflexões.

Outra grande contribuição do livro é a do tema ligado ao meio ambiente, de vez que o autor divide a região em duas sub-regiões mais características e procura colocar a cultura imperial, a cana-de--açúcar, no centro de suas reflexões, selecionando a sua presença com elementos naturais, a terra, o clima, a água, o mato e biológicos como a vegetação, os animais e o próprio homem. E ciente da importância da organização dada ao espaço que se transforma em território, da forma como ele procede, age e se torna um agente motor e responsável pelo território produzido. Não se pode afirmar que Gilberto tenha sido um precursor genérico da ecologia, ciência organizada por Ernest Haekel nos fins do século XIX na Alemanha, mas foi ele que primeiro aplicou os conceitos ecológicos a grandes espaços territoriais no território brasileiro.

Numerosos estudiosos do Nordeste também estudaram a região, sobretudo no seu aspecto geobotânico, de forma mais especializada, levantando protestos contra a destruição que vem sendo feita da Mata Atlântica, sobretudo pelas usinas de açúcar, como J. Vasconcelos Sobrinho com os seus livros básicos intitulados *As regiões naturais de Pernambuco, o meio e a civilização*, editado em 1949 pela editora Freitas Bastos, e *As regiões naturais do Nordeste, o meio e a civilização*, escrito com uma série de colaboradores e publicado pelo Condepe, no Recife, em 1970.

Trata-se de livros de grande importância que vêm complementar as observações de Gilberto Freyre.

Ao estudar a ação do homem, Gilberto demonstra como é difícil se atingir a unanimidade e mostra como entre as tradicionais famílias que dominavam a região canavieira nordestina por séculos ela produziu os seus contestadores, tanto entre pessoas das classes dominadas como também oriundas das classes dominantes. E os heróis populares não foram apenas os que nasceram no meio do povo, como escravos ou índios, como o Zumbi dos Palmares, como Antonio Ferreira de Paula, o chefe dos cabanos que lutou contra o governo imperial desde 1831 até 1849, como bandoleiros como o Cabeleira, mas também pessoas da clã dominantes, filhos de proprietários de terras e de escravos como Nunes Machado, morto na chamada "Revolução Praieira", José Inácio de Abreu e Lima, autor do primeiro livro brasileiro sobre o socialismo, José Mariano, o grande tribuno do abolicionismo e da República, Joaquim Nabuco, a grande figura de aristocrata e de abolicionista que sacrificou a sua carreira política por ideais mais nobres, como Cristiano Cordeiro, o grande líder comunista dos anos 1920 e 1930, como Demócrito de Souza Filho, sacrificado na Praça da Independência em 1945 na luta contra a ditadura do Estado Novo e tantos outros. O idealismo e o heroísmo, a dedicação ao bem público não é privilégio de classe ou de raça como demonstra Gilberto no capítulo de conclusão deste seu notável livro – *Nordeste*.

Daí se proclamar Gilberto como um revolucionário-conservador, porque aspirou, lutou e defendeu a sociedade e a sua contínua mudança sem fazer concessões àqueles que pensam que as mudanças só poderão ser realizadas com governos fortes e autoridades truculentas, e não por meio de transformações sociais realizadas paulatinamente e de forma a mais respeitosa. Ao concluir a leitura deste grande livro, é interessante se refletir sobre a frase colocada na boca de um príncipe siciliano por Guido de Lampedusa ao afirmar que é necessário que as coisas mudem para que fiquem como estão. Gilberto não pensava, ao escrever *Nordeste*, como Lampedusa, mas queria que houvesse firmeza e segurança nas mudanças para que elas não desenvolvessem reações mais fortes que as despedaçassem. Daí a necessidade de que a juventude leia *Nordeste* com atenção devida e que reflita sobre os ensinamentos que este magnífico livro contém.

**Manoel Correia de Andrade**
Professor emérito da Universidade
Federal de Pernambuco

# Prefácio à 1ª edição

Este ensaio é uma tentativa de estudo ecológico do Nordeste do Brasil. De um dos Nordestes, acentue-se bem, porque há, pelo menos, dois, o agrário e o pastoril; e aqui só se procura ver de perto o agrário. O da cana-de-açúcar, que se alonga por terras de massapê e por várzeas, do norte da Bahia ao Maranhão, sem nunca se afastar muito da costa.

Ver simplesmente. Não se trata de sondagem nem de análise minuciosa. A análise ecológica de uma região tão complexa seria tarefa para mais de um autor, e não para um só; e também para mais de um volume.

Aqui apenas se tenta esboçar a fisionomia daquele Nordeste agrário, hoje decadente, que foi, por algum tempo, o centro da civilização brasileira. Do outro Nordeste traçará o perfil para esta coleção [Coleção Documentos Brasileiros] um dos conhecedores mais profundos de sua formação social – Djacir Menezes.

O critério deste estudo já disse que é um critério ecológico. O centro de interesse, o homem, fundador de lavoura e transplantador e criador de valores à sombra da agricultura, ou antes, da monocultura da cana. O homem colonizador, em suas relações com a terra, com o nativo, com as águas, com as plantas, com os animais da região ou importados da Europa ou da África.

Tal estudo, mesmo esquemático e quase todo impressionista como é, exigiu incursões em várias especialidades, ligadas ao problema social da adaptação do colonizador – europeu ou africano – ao meio regional. Mas é claro que em nenhuma dessas especialidades o autor fez mais do que recolher de trabalhos já clássicos – o de Philipp von Luetzelburg sobre a botânica do Nordeste, por exemplo – ou de pesquisas ainda a meio, mas revelando aspectos ignorados ou desprezados da patologia regional, como as de Ulisses Pernambucano sobre as doenças mentais em Pernambuco e as de Ageu Magalhães sobre a esquistossomose de Manson nos rios de engenho – material necessário ao esclarecimento e à interpretação daquele processo de adaptação do português e do africano ao meio regional ou do seu domínio sobre esse meio. Adaptação e domínio que se processaram, quer através de ajustamentos, às vezes felizes, quer de violências, nem sempre fecundas, antes de um valor todo transitório e este mesmo em benefício de alguns indivíduos, de algumas famílias ou, quando muito, de uma classe, de um sexo, quase exclusivamente de uma raça, interessada na cultura de uma planta única: a cana-de-açúcar.

Essa exclusividade pode-se dizer que caracterizou, como nenhum outro fato, a civilização do açúcar no Nordeste, depois de ter condicionado a sua colonização e a sua conquista pelos portugueses. A monocultura latifundiária e escravocrática e, ainda, monossexual – o homem nobre, dono de engenho, gozando quase sozinho os benefícios de domínio sobre a terra e sobre os escravos – deu ao perfil da região o que ele apresenta de aquilino, de aristocrático, de cavalheiresco, embora um aristocratismo, em certos pontos, mórbido, e um cavalheirismo às vezes sádico.

Impossível afastar a monocultura de qualquer esforço de interpretação social e até psicológica que se empreenda do Nordeste agrário. A monocultura, a escravidão, o latifúndio – mas principalmente a monocultura – aqui é que abriram na vida, na paisagem e no caráter da gente as feridas mais fundas. O perfil da região é o perfil de uma paisagem enobrecida pela capela, pelo cruzeiro, pela casa-grande, pelo cavalo de raça, pelo barco a vela, pela palmeira-imperial, mas deformada, ao mesmo tempo, pela monocultura latifundiária e escravocrática; esterilizada por ela em algumas de suas fontes de vida e de alimentação mais valiosa e mais puras; devastada nas suas matas; degradada nas suas águas.

Quase o mesmo que se passou no Nordeste do Brasil, e no Sul, na baixada do Rio de Janeiro, verificou-se noutros trechos da América onde a colonização europeia teve por base o açúcar; a monocultura, o latifúndio e a escravidão prevaleceram tanto quanto aqui.

Barbados foi quase um rebento de Pernambuco.

Dizem os seus historiadores que o marinheiro inglês John Powell voltava de Pernambuco à Europa em 1625 quando tocou na ilha, já visitada por outros viajantes. As vantagens de lucro fácil com o açúcar, tão evidentes no Nordeste do Brasil, talvez atuassem sobre a imaginação de Powell, que tomou posse da ilha para a Inglaterra. Mas só em 1640 começou-se a produzir exclusivamente açúcar em Barbados, por quinze anos feliz sob a policultura e a pequena propriedade. Diz o professor Harlow que o primeiro plantador de cana na ilha foi o Coronel Holdip; que ele e os demais iniciadores da monocultura em Barbados se utilizaram da experiência dos monocultores brasileiros, alguns vindo até cá inteirar-se melhor do processo agrícola e do industrial de fabrico do açúcar. Barbados parece que gozou ainda das vantagens de emprego de capital holandês e provavelmente judeu, depois da reconquista do Nordeste pelos portugueses.

Teve alguns anos de progresso extraordinário. Quase o luxo de Pernambuco. Quase o fausto do Recôncavo ou da baixada do Rio de Janeiro.

Mas luxo e fausto ainda mais passageiros do que no Nordeste do Brasil. A escravidão afastou a colonização livre que correra para a ilha de 1625 a 1640, atribuindo-se depois ao clima o êxodo desses brancos que se viram de repente uns fantasmas no meio de tanta cana e de tanto negro. O latifúndio venceu a pequena propriedade: certo capitão Waterman, senhor de engenho, entrou a ocupar sozinho, com seus canaviais, as terras a princípio ocupadas por quarenta famílias dedicadas a várias culturas.

Barbados, apesar da religião e da raça tão diferentes de seus colonos, ficou, por muito tempo, sociologicamente, quase um pedaço do Nordeste do Brasil. A vida, a paisagem e o caráter da gente, marcados pelas mesmas influências econômicas e sociais, cuja ação se estendeu às várias Antilhas. Sempre mais duro que o colonizador português, o colono inglês de Barbados, de Jamaica, de Trinidad, deu à monocultura da cana sabor ainda mais cru do que entre nós. O professor Mathieson – outro estudioso da colonização inglesa das Antilhas – recorda que se chegou a gravar com pesado imposto a terra destinada à produção de alimentos. No Nordeste do Brasil, a administração portuguesa dos tempos coloniais insistiu quase sempre pela necessidade das culturas ancilares, tão sufocadas pela da cana.

Em Cuba, a monocultura da cana, a escravidão africana e o latifúndio deram à paisagem traços e cores que a aparentam, tanto quanto Barbados, da paisagem do Nordeste. A competição, a rivalidade dos engenhos entre si, disputando-se como inimigos a matéria-prima, foi um processo cubano bem parecido com o brasileiro, principalmente ao começar o predomínio das usinas nas terras do Nordeste. Nesse processo de imperialismo industrial, lá como aqui, teve ação poderosa a estrada de ferro particular, dando à usina tentáculos com que ir buscar cana em trechos remotos. Só o custo do transporte impôs limites a esse imperialismo tentacular das usinas, cada qual fazendo de extensões enormes, terras exclusivamente de cana e descuidando-se da valorização agrícola das áreas já desvirginadas.

Outro característico comum às várias regiões americanas de colonização monocultora, ou pelo açúcar – tão intensa no Nordeste do Brasil –, foi, e em certos trechos é ainda, o emprego do trabalhador apenas durante uma parte do ano, a outra parte ficando uma época de ócio e, para alguns, de volutuosidade, desde que a monocultura, em parte nenhuma da América, facilitou pequenas culturas úteis, pequenas culturas e indústrias ancilares ao lado da imperial, de cana-

-de-açúcar. Só as que se podem chamar de entorpecentes, de gozo, quase de evasão, favoráveis àquele ócio e àquela volutuosidade: o tabaco, para os senhores; a maconha – plantada, nem sempre clandestinamente perto dos canaviais – para os trabalhadores, para os negros, para a gente de cor; a cachaça, a aguardente, a branquinha.

A sugestão aí fica esclarecendo talvez um aspecto, até hoje esquecido, da patologia social da monocultura. Não parece simples coincidência que se surpreendam tantas manchas escuras de tabaco ou de maconha entre o verde-claro dos canaviais. Houve evidente tolerância – quando não mais que tolerância – para a cultura dessas plantas volutuosas, tão próprias para encher de langor os largos meses de ócio deixados ao homem pela monocultura da cana. Largos meses que sem um bom derivativo podiam resultar perigosos para a estabilidade dos grandes senhores de terras de açúcar. Estes, por sua vez, tornaram-se maiores fumadores de charutos finos. Precisamente em dois focos de civilização açucareira – em Cuba e na Bahia – é que se aperfeiçoou o fabrico dos charutos. O mesmo, talvez, se possa dizer dos cigarros de maconha que, nos portos do Nordeste, ainda hoje, nórdicos viciados na liamba chegam a comprar por altos preços aos vendedores da terra.

O latifúndio açucareiro, escreve Ramiro Guerra y Sanchez, referindo-se às Antilhas, particularmente a Cuba, é "uma indústria que cresce territorialmente e que gira em um círculo vicioso do qual não pode escapar, vendo-se arrastada fatalmente à superprodução..." E ainda, escrevendo quase na terminologia de Sorokin: "Se a empresa latifundiária crescesse verticalmente, à maneira de um gigantesco arranha-céu, em vez de fazê-lo horizontalmente, talvez nada tivéssemos que opor a ela." Mas ela cresce em extensão; não se cansa de engolir terras para a prática da cultura extensa da cana, desprezando a intensa, que implicaria na solução de problemas como o do mosaico, no cultivo da cana de melhor rendimento, no desenvolvimento da irrigação e do adubo das terras mais concentradas.

Entre nós, essa cultura por extensão se tem feito à grande e em prejuízo dos interesses gerais da região. Em Pernambuco ela ocupa $^3/_4$ da zona chamada da "mata": a mais fértil do Estado. Não se dá atenção à semente. Quase não se liga importância às doenças da cana. Excetuadas algumas usinas modernas, nas outras e nos engenhos só se extrai da cana 6,7% e 8% de açúcar. E é bem expressivo o seguinte fato: nos últimos cinquenta ou sessenta anos construíram-se no Estado 2.000 quilômetros de estradas de ferro de usinas, sem que as vantagens de lucro tenham compensado despesa tão grande.

Aqui, como em Cuba, a indústria de açúcar quase só tem feito crescer "territorialmente", ao mesmo tempo que o homem vem sendo diminuído por ela, que as águas vêm sendo degradadas pelas usinas, as matas devastadas pelo sistema monocultor.

Este trabalho já disse que era quase impressionista. A civilização do açúcar no Nordeste exige uma análise demorada, que só se poderá fazer, com inteira amplitude científica, juntando-se vários especialistas para um esforço comum; e reunindo-se toda a documentação possível: a antropológica como a histórica; a sociológica como a psicológica; a geológica como a botânica.

Fica, entretanto, nestas páginas, uma visão da paisagem, da vida e do homem do Nordeste que a monocultura da cana feriu mais profundamente.

Como os estudos anteriores, este, apesar de mais impressionista, também exigiu pesquisas pelos arquivos regionais e portugueses; esforços de investigação; várias excursões pelas velhas zonas de plantação de cana.

No trabalho de copiar documento, no de tradução e, ainda, no preparo do manuscrito tive, como das vezes passadas, o auxílio de companheiros mais jovens de estudo: Diogo de Mello Menezes, Ivan Seixas, Clarival Valadares, Carlos Gilberto Cavalcanti, Archimedes de Mello Netto. A este, que passou a limpo o trabalho com tanta inteligência e tanto esmero, os meus melhores agradecimentos.

Meus agradecimentos, ainda, ao Secretário da Agricultura do Estado de Pernambuco, o agrônomo Lauro Montenegro, empenhado numa obra tão simpática de renovação das práticas agrícolas na zona pernambucana do açúcar, e aos seus colaboradores. Agradecimentos pelos dados oficiais que me forneceram e que foram aqui aproveitados no texto e em mapas. Particularmente os dados da Diretoria de

Estatística, preparados sob a direção cuidadosa de Paulo Pimentel e Souza Barros.

A M. Bandeira agradeço a valiosa colaboração artística, principalmente o mapa, fixando os elementos mais característicos da paisagem cultural do Nordeste agrário; o triângulo – engenho, casa e capela.

**Gilberto Freyre**
Engenho Queimadas, 1936.
Recife, 1937.

# 1 A CANA E A TERRA

A palavra "nordeste" é hoje uma palavra desfigurada pela expressão "obras do Nordeste" que quer dizer: "obras contra as secas". E quase não sugere senão as secas. Os sertões de areia seca rangendo debaixo dos pés. Os sertões de paisagens duras doendo nos olhos. Os mandacarus. Os bois e os cavalos angulosos. As sombras leves como umas almas do outro mundo com medo do sol.

Mas esse Nordeste de figuras de homens e de bichos se alongando quase em figuras de El Greco é apenas um lado do Nordeste. O outro Nordeste. Mais velho que ele é o Nordeste de árvores gordas, de sombras profundas, de bois pachorrentos, de gente vagarosa e às vezes arredondada quase em sanchos-panças pelo mel de engenho, pelo peixe cozido com pirão, pelo trabalho parado e sempre o mesmo, pela opilação, pela aguardente, pela garapa de cana, pelo feijão de coco, pelos vermes, pela erisipela, pelo ócio, pelas doenças que fazem a pessoa inchar, pelo próprio mal de comer terra.

Um Nordeste onde nunca deixa de haver uma mancha de água: um avanço de mar, um rio, um riacho, o esverdeado de uma lagoa. Onde a água faz da terra mais mole o que quer: inventa ilhas, desmancha istmos e cabos, altera a seu gosto a geografia convencional dos compêndios.

Um Nordeste com a cal das casas de telha tirada das pedras do mar, com uma população numerosa vivendo de peixe, de marisco, de caranguejo, com as mulheres dos mucambos lavando as panelas e os meninos na água dos rios, com alguns caturras ainda iluminando as casas a azeite de peixe.

Um Nordeste oleoso onde noite de lua parece escorrer um óleo gordo das coisas e das pessoas. Da terra. Do cabelo preto das mulatas e das caboclas. Das árvores lambuzadas de resinas. Das águas. Do corpo pardo dos homens que trabalham dentro do mar e dos rios, na bagaceira dos engenhos, no cais do Apolo, nos trapiches de Maceió.

Esse Nordeste da terra gorda e de ar oleoso é o Nordeste da cana--de-açúcar. Das casas-grandes dos engenhos. Dos sobrados de azulejo. Dos mucambos de palha de coqueiro ou de coberta de capim-açu. O Nordeste da primeira fábrica brasileira de açúcar – de que não se sabe o nome – e talvez da primeira casa de pedra-e-cal, da primeira igreja no Brasil, da primeira mulher portuguesa criando menino e fazendo doce em terra americana; do Palmares de Zumbi – uma república inteira de mucambos. O Nordeste que vai do Recôncavo ao Maranhão, tendo o seu centro em Pernambuco.

Aliás há mais de dois Nordestes e não um, muito menos o Norte maciço e único de que se fala tanto no Sul com exagero de simplificação. As especializações regionais de vida, de cultura e de tipo físico no Brasil estão ainda por ser traçadas debaixo de um critério rigoroso de ecologia ou de sociologia regional, que corrija tais exageros e mostre que dentro da unidade essencial, que nos une, há diferenças às vezes profundas.

O Nordeste do massapê, da argila, do humus gorduroso é o que pode haver de mais diferente do outro, de terra dura, da areia seca. A terra aqui é pegajenta e melada. Agarra-se aos homens com modos de garanhona. Mas ao mesmo tempo parece sentir gosto em ser pisada e ferida pelos pés de gente, pelas patas dos bois e dos cavalos. Deixa-se docemente marcar até pelo pé de um menino que corra brincando, empinando um papagaio; até pelas rodas de um cabriolé velho que vá aos solavancos de um engenho de fogo-morto a uma estação da Great Western.

Há quatro séculos que o massapê do Nordeste puxa para dentro de si as pontas de cana, os pés dos homens, as patas de bois, as rodas vagarosas dos carros, as raízes das mangueiras e das jaqueiras, os alicerces das casas e das igrejas, deixando-se penetrar como nenhuma outra terra dos trópicos pela civilização agrária dos portugueses.

O massapê é acomodatício. É uma terra doce ainda hoje. Não tem aquele ranger de areia dos sertões que parece repelir a bota do europeu e o pé do africano, a pata do boi e o casco do cavalo, a raiz da mangueira-da-índia e o broto da cana, com o mesmo enjoo de quem repelisse uma afronta ou uma intrusão. A doçura das terras de massapê contrasta com o ranger da raiva terrível das areias secas dos sertões.

O massapê não vai ao extremo da terra de mangue, que quase não é terra, de tão melada, de tão mole e indecisa, deixando que nela a água apodreça os matos e as raízes. Nem o excesso do barro tauá, nos dias de chuva capaz de engolir balduínas, de sorver comboios inteiros.

O massapê tem outra resistência e outra nobreza. Tem profundidade. É terra doce sem deixar de ser terra firme: o bastante para que nela se construa com solidez engenho, casa e capela.

Nessas manchas de terra pegajenta foi possível fundar-se a civilização moderna mais cheia de qualidades, de permanência e ao mesmo tempo de plasticidade que já se fundou nos trópicos. A riqueza do solo era profunda: as gerações de senhores de engenho podiam suceder-se no mesmo engenho; fortalecer-se; criar raízes em casas de pedra-e--cal; não era preciso o nomadismo agrário que se praticou noutras terras, onde o solo menos fértil, esgotado logo pela monocultura, fez do agricultor quase um cigano sempre à procura de terra virgem. Um dom-juan de terras.

As cem, cento e vinte mil caixas de açúcar que antes de 1670 se importavam em Lisboa, excedendo então "os assucares do Brasil em bellesa e proveito aos das Indias orientaes, unicos que no século XVI e até meados do XVII apparecião nos mercados da Europa" eram açúcares quase todos do Nordeste: e sua bondade se atribuía à boa qualidade dos nossos terrenos; "o P. Labat escreve que a força das terras do Brasil era tal que cá amadurecia a cana em trez mezes, quando nas Antilhas custava de dezesseis a dezoito",[1] lembrava há mais de cem anos, em memória sobre o açúcar, José Silvestre Rebêlo.

Sem massapê, sem argila, sem humus, a paisagem do Nordeste – desde o Recôncavo, na Bahia, até certos trechos do Maranhão – não teria se alterado tão decisivamente no sentido em que se alterou desde os meados do século XVI: no sentido da cana-de-açúcar. No sentido da casa-grande de pedra-e-cal.

A qualidade do solo tornou possível o avanço civilizado da cana em várias outras terras do Brasil. Mas a estabilidade de sua cultura no extremo Nordeste e no Recôncavo se explica por condições particularmente favoráveis de solo, de atmosfera, de situação geográfica. Nas terras onde parece que se plantaram as primeiras canas – talvez mais como um recurso contra as "doenças do mar", principalmente o escorbuto, do que como base de uma agricultura colonial, e muito menos de uma indústria – nunca se teria firmado a lavoura que em poucos anos fez da Nova Lusitânia uma colônia de gente tão farta, de homens tão sólidos, com tanto ruge-ruge de seda e tanto brilho de rubis; com casas de pedra-e-cal; com sobrados de azulejo e igrejas guarnecidas de jacarandá e de ouro.

A qualidade do solo, completada pela da atmosfera, condicionou, como talvez nenhum outro elemento, essa especialização regional da colonização da América pelos portugueses que foi a colonização baseada na cana-de-açúcar; e dizendo-se esta frase banal, diz-se ao mesmo tempo uma verdade muitas vezes esquecida.

É claro que o triunfo do açúcar no extremo Nordeste foi favorecido por um grupo de circunstâncias, e não por um elemento só: pela proximidade da Europa como pelo contato fácil com a África, fornecedora de escravos; pela qualidade do elemento colonizador europeu – a parentela de Duarte Coelho e de dona Beatriz, gente boa e sã, habituada à vida rural e ao trabalho agrícola, gente talvez geneticamente superior aos simples artesãos – alguns parece que mouriscos –, aos burgueses – tantos deles, cristãos-novos – e aos fidalgotes aventureiros, que primeiro salpicaram de sangue europeu ou semieuropeu outros pontos da América conquistada pelos portugueses. E, ainda, favorecido pela experiência agrícola e pelos hábitos de relativa sedentariedade do elemento colonizador africano: os negros de pescoço curto cuja predominância Tollenare notou em Pernambuco nos princípios do século XIX e que os anúncios de pretos fugidos nos jornais da região parecem confirmar.

Mas é preciso não esquecer o que o massapê representou, ao lado da atmosfera, da água, da situação geográfica, nessa vitória do açúcar. No extremo Nordeste, como no Recôncavo baiano, a terra – de modo nenhum a fértil e boa para qualquer cultura, dos exageros do primeiro cronista –, uma vez desbastada de seu arvoredo mais grosso, apresentou-se cheia de manchas avermelhadas e pretas onde fazia gosto plantar cana. Esta rebentava forte e gorda como em nenhuma outra terra. Foram essas manchas excepcionais que tornaram possível a civilização baseada na cana-de-açúcar que aqui se desenvolveu.

O massapê já teve quem lhe fizesse o elogio em palavras tão quentes que não parecem de um economista frio: José da Silva Lisboa.

"Este Reconcavo" – escrevia Silva Lisboa em 1871, em carta ao Dr. Domingos Vandelli, diretor do Real Jardim Botânico de Lisboa – "é entrecortado de varios rios navegaveis que se veem lançar na mesma bahia de que são ramos... He aqui se acha a verdadeira *humus* natural: he esta uma terra chamada maçapé, negra, compacta, viscozissima, que triturada nos dedos faz sentir-se uma sensação de unctuosidade que desfeita em agua e precipitada deixa na parte superior huma porçao de oleo vegetal natante de que estava saturada a mesma terra, que assim se havia impregnado della pela resolução continuada dos vegetaes que nella apodrecem, principalmente das folhas das grandes arvores que nos seculos passados havião feito montes altissimos que depois com o tempo e chuvas se resolverão. He esta terra *maçapé* propissima para a canna..."[2] Anos depois notaria Martius: "um canavial convenientemente plantado em condições favoráveis, como no *massapê*... dura muitos anos, desenvolvendo anualmente novas socas das cepas que ficaram."[3]

Mas não nos interessa aqui, senão indiretamente, a análise do massapê e das terras argilosas e gordas de húmus do Nordeste do Brasil. Nos interessa só o que essa terra excepcional representou para a civilização do Brasil. Para o estabelecimento da civilização moderna mais sedentária que o português fundou nos trópicos: a do açúcar no Nordeste do Brasil.

Durante o período decisivo da formação brasileira, a História do Brasil foi a história do açúcar; e no Brasil, a história do açúcar, onde atingiu maior importância econômica e maior interesse humano foi nessas manchas de terra de massapê, de barro, de argila, de húmus. Nessas manchas de solo encarnado ou preto se lançaram os alicerces dos melhores engenhos. Foram elas que mais se avermelharam de sangue nos tempos coloniais. Sobre elas que tanto luso-brasileiro, tanto preto, tanto caboclo, tanto mulato morreu em luta com os invasores louros. Esses invasores não desejavam outras terras senão aquelas: as terras de massapê. As terras de barro gordo, boas para a cana-de-açúcar.

De modo que escrever-se a História do Brasil durante esse período, dando maior relevo ao extremo Nordeste ou ao Recôncavo da Bahia, não é bairrismo, como tantas vezes se tem levianamente insinuado, em críticas a historiadores maranhenses, pernambucanos ou baianos. Será talvez *barrismo*. Porque através daqueles dias mais difíceis de fixação da civilização portuguesa nos trópicos, a terra que primeiro prendeu os luso-brasileiros, em luta com outros conquistadores, foi essa de barro avermelhado ou escuro. Foi a base física não simplesmente de uma economia ou de uma civilização regional, mas de uma nacionalidade inteira.

A verdade é que foi no extremo Nordeste – por extremo Nordeste deve entender-se o trecho da região agrária do Norte que vai de Sergipe ao Ceará – e no Recôncavo Baiano – nas suas melhores terras de barro e húmus – que primeiro se fixaram e tomaram fisionomia brasileira os traços, os valores, as tradições portuguesas que junto com as africanas e as indígenas constituiriam aquele Brasil profundo, que hoje se sente ser o mais brasileiro. O mais brasileiro pelo seu tipo de aristocrata, hoje em decadência, e principalmente pelo seu tipo de homem do povo, já próximo, talvez, de relativa estabilidade. Um homem do povo, semelhante ao polinésio, feito de três sangues, em outras terras tão inimigos – o do branco, o do índio e o do negro. Um negro adaptado como nenhum à lavoura do açúcar e ao clima tropical. Um português também predisposto à sedentariedade da agricultura. Um índio que ficou aqui mais no ventre e nos peitos da cabocla gorda e amorosa do que nas mãos e nos pés do homem arisco e inquieto.

Todos eles e o produto caracteristicamente regional do seu cruzamento – o cabra – se mostram hoje desprestigiados pelas doenças e pelas condições regionais de vida, mas se revelam, ao mesmo tempo, cheios de possibilidades eugênicas, já esboçadas em antecipações magníficas.

O Nordeste do massapê é ainda o mais brasileiro pelo tipo tradicional de casa-grande e de sobrado de azulejo e pelo de casa de palha ou de mucambo, que aqui se desenvolveram de originais portugueses ou africanos e indígenas e que constituem material de primeira ordem e uma riqueza de sugestões e de inspirações para uma arquitetura verdadeiramente brasileira, ou, pelo menos, regional.

Às "bandeiras" ninguém ousa lhes diminuir o valor no sentido da extensão da colônia portuguesa na América: do seu alongamento para o oeste, para o extremo sul, para o norte. Mas esse transbordamento de esforço – já mais de mameluco do que de português – teria sido quase em vão e todo no raso – tão no raso que não criaria tipo nenhum de casa – se em torno dos engenhos de açúcar, nas manchas de terra de massapê, não se concentrassem, desde o século XVI, as energias criadoras do agricultor de cana, da senhora de engenho, da mãe-preta, do negro, do cabra da bagaceira. Aí é que se aprofundaram as raízes agrárias que tornaram possível o desenvolvimento rápido de simples colônia de plantação em império de plantadores de cana, com os senhores de engenho elevados a barões, viscondes, marqueses, senadores, ministros, conselheiros: os títulos, quase todos, nomes de engenhos. Com as casas quase fortalezas construídas com óleo de baleia e com madeira de lei. Desenvolvimento tão rápido que desde o século XVII os povos das capitanias do Nordeste, com os senhores de engenho mais arrojados à frente, se revelaram capazes de defender-se por si, ou só com o auxílio de brasileiros de outras regiões – alguns dos quais, como recompensa dos serviços militares, pediriam ao rei terras no próprio Nordeste e aí se fixariam[4] –, dos invasores estrangeiros e dos negros aquilombados. E defendendo seus canaviais, seus rios, suas terras de massapê, começaram a sentir que estavam defendendo o Brasil. Quando em 1710, em 1817 e em 1824 tentaram constituir-se em república, já foi sobre esse sentimento de suficiência a esse desejo de estabilidade que lhes davam as terras férteis de cana.

A Independência do Brasil se realizou firmando-se principalmente sobre uma aristocracia quase feudal de senhores de terras de massapê – Paes Barrettos Cavalcantis, Albuquerques, os senhores baianos de Santo Amaro, mais tarde os fazendeiros da terra roxa. Quase feudal nas tendências e no gênero de vida e antimonárquica por natureza, essa aristocracia das terras gordas deu, entretanto, à coroa, quando colocada sobre a cabeça loura de um menino de quinze anos nascido no Rio de Janeiro, o prestígio e as condições de vida que doutro modo lhe faltariam em terra tão nova como o Brasil.

Os barões das terras de massapê seriam por algum tempo o melhor apoio da coroa. E embora sob Pedro II se acentuassem conflitos e até se dramatizassem divergências entre a justiça imperial e a autoridade do senhor de engenho poderoso, o interesse econômico atuaria por muito tempo no sentido da contemporização entre as duas forças rivais. Os engenhos melhores e mais ricos, do mesmo modo que as fazendas de terra roxa, seriam até às vésperas da abolição centros politicamente fiéis à monarquia e leais a D. Pedro II.

Os títulos de barão, que foram sendo aceitos pelos senhores mais arrogantes e até procurados pelos mais vaidosos, salpicaram de baronatos as terras de massapê. Raro um Presciano Accioly Lins, senhor de engenho em Serinhaém, recusando de modo absoluto, e até com insolência, o título de barão que lhe foi oferecido pelo imperador. Mas esse Presciano Accioly Lins foi uma figura esquisitíssima para o seu meio e para a sua época: ateu e republicano em pleno patriarcalismo do século XIX, um patriarcalismo se não devoto, pelo menos temente a Deus e amigo dos santos e do imperador. Presciano Accioly Lins foi nesse meio um desabusado; não batizou um filho; enfrentou o risco de o Diabo vir lhe dançar de noite no terreiro da casa e dos filhos pagãos virarem, os homens, lobisomens, as mulheres, mulas-sem-cabeça.

O massapê raramente deu desses homens zangados e agrestes, sem plasticidade e quase sem doçura nenhuma, que foram antes filhos dos sertões ou de engenhos de terras ásperas. De pedra de fogo, como D. Vital Gonçalves de Oliveira, cuja ortodoxia teve talvez a mesma dureza quase castelhana que a heterodoxia de Presciano Accioly Lins.

A terra mais macia do litoral e da "mata" do extremo Nordeste e do Recôncavo da Bahia parece ter influído sobre os seus próprios senhores – como sobre as próprias plantas terríveis no tipo da maconha, importada da África – amaciando homens do Norte agrário inteiro e não apenas da cidade da Bahia naqueles baianos maneirosos que Joaquim Nabuco retratou n'*Um estadista do império* – os políticos mais flexuosos e plásticos da monarquia: às vezes excessivamente flexuosos e até falsos, homens sem palavra, a ponto de "baiano" ter ficado para o resto do Brasil equivalente de "francês". E arredondando as mulheres naquelas iaiás dengosas que os Maciéis Monteiro e os Castro Alves cortejaram em versos tão sensuais e que foram umas criaturas diabólicas pelas graças do sexo, desde muito verde especializado para o amor; suavizando pernambucanos e alagoanos em estadistas e diplomatas do tipo de Araújo Lima, de Maciel Monteiro, de Francisco do Rego Barros, afrancesados que, entretanto, tiveram seus rompantes de independência em relação até com o papa; do tipo do próprio Joaquim Nabuco, a quem não faltaria nunca o gosto da contemporização, a plasticidade de atitudes e até de ideias, embora a altivez fosse também um dos seus traços mais pernambucanos. Do tipo de Carvalho Moreira e de João Alfredo que nos momentos mais ásperos de luta conservaram os punhos de renda: essa renda também tão do Nordeste, feita pacientemente por moças e velhas nos seus vagares para os vestidos das senhoras, as toalhas de mesa, os panos dos altares de santos, os enxovais de batizado e de casamento. Arte rival da do doce fino, da do quitute delicado, da de rede de plumas.

As terras de massapê foram no Brasil as terras por excelência das boas maneiras e dos gestos suaves, onde através do século XIX os homens cresceram mamando em negras gordas, mulheres de uma grande doçura, e tomando chá desde muito pequenos. Quase se podem fixar fronteiras entre as terras de massapê e as terras ásperas, por esse detalhe do leite de mãe-preta – em vez do da comadre-cabra dos sertões – e do uso de chá, a que a frase "tomou chá em pequeno" dá significação e importância sociológica. Nos sertões e nas zonas agrestes, o chá foi até quase nossos dias remédio de botica. E o açúcar, a rapadura. O chá acompanhou o açúcar branco e solto, guardado em porcelana da Índia ou de Macau, nos guarda-louças das casas-grandes e dos sobrados de azulejo. Seu predomínio marca a maior influência, a princípio asiática, depois europeia, e principalmente inglesa, nas terras mais vantajosamente especializadas na cultura da cana.

Com efeito, o Recife concentrou desde os favores do tratado de 1810 uma colônia grande de ingleses com juiz conservador, biblioteca, igreja, padre, cemitério e por algum tempo hospital. Vendedores de panos finos, importadores de chá, de cerveja, de presunto, de chapéu, de botina, médicos, leiloeiros, mestres de fundição, engenheiros especializados no conserto dos aparelhos de fabricar açúcar, como Harrigton & Starr e como os Mornay. Todo um grupo de homens de negócio e de técnicos, muito em relevo nos anúncios de jornais da primeira metade do século XIX e cujos interesses se identificaram de tal modo com os da aristocracia dos canaviais que vários terminaram ligados às terras de massapê, docemente abrasileirados em genros, sogros ou cunhados de brasileiros. Alguns até em senhores de engenho. Tal o caso Henry Koster,[5] cujo nome se aportuguesou em Henrique da Costa, capitão Henrique da Costa, talvez. Esse Koster não quis outra vida para os seus dias de tuberculoso menos romântico do que Robert Louis Stevenson senão a de plantador de cana, a de senhor de engenho, a de fabricante de açúcar. Nele cumpriu-se magnificamente a sentença de Nabuco: o aroma de mel embriagou-o a vida inteira. Embriagou-o até a morte. Prolongou-lhe talvez a vida.

Na Bahia, nas proximidades das terras de massapê e dos engenhos mais nobres, verificou-se o mesmo: grande concentração de ingleses. Ingleses com hospital, capela e cemitério.[6] Com juiz conservador, teatro, médicos que se tornaram famosos na história da medicina no Brasil.

O açúcar atraiu às suas melhores terras o chá, os ingleses, a porcelana da China, o móvel e o próprio livro europeu que tiveram talvez no Recife os seus melhores mercados, principalmente na primeira metade do século XIX. Deu ócio aos homens mais inteligentes das casas-grandes não só para o jogo como para os estudos de Filologia, tão pachorrentamente cultivados pelo Dr. Morais no seu engenho de Muribeca (de onde ele se correspondeu com alguns dos maiores letrados portugueses do seu tempo); não só para as charadas como para as boas leituras; e às iaiás, deu lazer para a música, para as rendas e para os doces finos de sobremesa.

De tal modo que Mansfield,[7] inglês, mestre em Artes que viajou nos meados do século XIX por terras de massapê, escreveu ter aqui encontrado casas-grandes de engenho que lhe deram a impressão das casas de campo da Inglaterra; moças tocando piano admiravelmente; doces finos à sobremesa; chá servido pelas senhoras.

E Herbert H. Smith,[8] anos depois, foi onde encontrou uma aristocracia brasileira de gostos e hábitos mais elevados: entre os senhores de engenho do Nordeste. Nas terras macias de massapê.

E era na verdade uma gente que tinha piano de cauda e livros em casa. Que recebia bem. Que apreciava a boa cozinha. O doce fino. O quitute delicado. O bolo bem feito.[9]

O naturalista norte-americano chegou a contrastar os senhores de engenho do Nordeste com os fazendeiros de café do Sul – que eram então a força nova e triunfante do império – para concluir pela superioridade dos aristocratas das terras de cana.

## Notas ao Capítulo 1

1. "Memória sobre a cultura da cana e elaboração do açúcar em *O auxiliador da indústria nacional*, n.ᵒˢ II-III, Rio de Janeiro, 1833. Diz ainda José Silvestre Rebelo "Cem annos, ou mais, antes que os Inglezes e os mesmos Hespanhoes mandassem bom assucar para a Europa, começarão os portuguezes a vender do Brazil e com abundancia." Sobre o assunto, veja-se também *A history of Barbados*, 1625-1885 (Oxford, 1926), por Vincent T. Harlow.

2. "Carta muito interessante do advogado da Bahia José da Silva Lisbôa para o Dr. Domingos Vandelli, director do Real Jardim Botanico de Lisbôa", Bahia 18 de outubro de 1781. Manuscrito no Arquivo do Ultramar de Lisboa, registrado no Inventário dos *Documentos Relativos ao Brasil Existentes no Arquivo de Marinha e Ultramar de Lisboa Organizado para a Biblioteca Nacional do Rio de Janeiro por Eduardo de Castro e Almeida*, Rio de Janeiro, 1914.

3. Von Spix e von Martius, *Através da Bahia* (excertos da obra Reise in Brasilien, trasladados ao português pelo Dr. Pirajá da Silva e Dr. Paulo Wolf), 2ª ed., Bahia, 1928.

4. Vejam-se os livros manuscritos de sesmarias e datas de terra do arquivo da antiga capitania de Pernambuco, na Biblioteca do Estado.

5. Autor do conhecido livro sobre o Nordeste, *Travels in Brazil* (Londres, 1816, traduzido para o francês por M. A. Jay sob o título *Voyages dans la partie serptentrionale du Brésil depuis 1809 jusqu' en 1815, Comprenant les provinces de Pernambuco (Fernambouc), Seara, Parahyba, Maragnon, etc.*, Paris, 1818. Sobre atividades britânicas no Nordeste veja-se nosso *Ingleses no Brasil – Aspectos da influência britânica na vida, na paisagem e na cultura do Brasil*, Rio de Janeiro, 1948.

6. Von Spix e von Martius, op. cit.

7. Charles B. Mansfield, *Paraguay, Brazil and the Plate*, Londres, 1856.

8. Herbert H. Smith, Brazil – *The Amazons and the Coast*, Nova Iorque, 1879.

9. Sobre doces do Nordeste, veja-se nosso *Açúcar, algumas receitas de doces e bolos do Nordeste* (Rio de Janeiro, 1939), onde reunimos receitas tradicionais de famílias de casas de engenho e sobrados do Nordeste agrário.

# 2 A CANA E A ÁGUA

Em 1929 *Sir* Halford Mackinder fez um discurso no Congresso Internacional de Geografia, reunido em Cambridge, defendendo a supremacia da água entre os elementos que nos devem preocupar no estudo de uma região e de sua paisagem. "A hidrosfera" – chegou a dizer *Sir* Halford – "deve ser considerada o tema central da geografia". Porque nada mais importante no estudo do homem que as suas relações com a água: com a água do mar, com a água dos rios, com a água condensada das nuvens, com a água de chuva ou de degelo, com a água subterrânea, com a água que corre na seiva das plantas ou que circula nas artérias e nas veias dos animais. Por conseguinte o próprio sangue e a própria vida do homem. Quase uma mística da água.

Já, entre nós, Artur Orlando, um dos publicistas mais vigorosos da sua geração, salientara a importância da água: da água que se ingere e que influi tanto sobre a vida do homem, como da água dos rios e dos mares, que atuam de maneira poderosa sobre as civilizações.

A verdade é que a água, mesmo sem ser preciso considerá-la quase misticamente, como *Sir* Halford, nos aparece em várias regiões como a nota dominante na vida da paisagem. Da paisagem física como da cultural.

No Nordeste da cana-de-açúcar, a água foi e é quase tudo. Sem ela não teria prosperado do século XVI ao XIX uma lavoura tão dependente dos rios, dos riachos e das chuvas; tão amiga das terras gordas e úmidas e ao mesmo tempo do sol; tão à vontade dentro de uma temperatura média que em Pernambuco é de 26,5° e de uma média anual de 176 dias de chuvas; tão feliz numa atmosfera cheia de vapor de água.

Os moinhos de vento não teriam substituído inteiramente a água dos rios e dos riachos nos trabalhos da lavoura e da moagem da cana. O vento, por melhor que seja, é um inconstante em comparação com a água dos rios pequenos mas regulares que só deixam de servir ao homem agrário nos dias verdadeiramente terríveis de seca, suas próprias cheias beneficiando, muitas vezes, a lavoura. E não por caprichos tolos e de momento como o vento.

Aliás os ventos têm sido amigos da lavoura da cana e da civilização do açúcar no Nordeste. Não tanto pela sua constância de direção como pela pouca violência a que chegam nos seus dias mais zangados, quando os sopros mais fortes – os de agosto – têm em Pernambuco como velocidade média máxima de apenas 15,97 metros por segundo. Se não chegam às grandes violências, por outro lado não faltam quase nunca, sendo tão raras as calmarias como as tempestades. Esse equilíbrio parece explicar certa temperança de atitudes e de gestos no pernambucano da área do açúcar.

A lavoura da cana no Nordeste – e pode-se acrescentar, no Brasil – parece ter começado nas terras de Itamaracá, à beira da água doce, como também da salgada; das duas águas ao mesmo tempo. E quando depois se regularizou, com Duarte Coelho, foi para acompanhar as "terras vizinhas das ribeiras".

O engenho patriarcal de Jerônimo de Albuquerque levantou-se nos arredores de Olinda, próximo à água,[1] e em meados do século XVI, parece que Vasco Fernandes de Lucena já moía cana em Igaraçu – terras alagadas e donde as canas podiam vir de barcaça pelo rio[2].

O primeiro donatário doou a Diogo Gonçalves as "terras do Beberibe", rio pequeno mas constante que foi logo se tornando um auxiliar poderoso da colonização agrária da região. À margem direita do rio, Diogo Gonçalves – que aqui casou com Da. Isabel Froes –

levantou engenho e construiu casa; e entre o engenho e a casa-grande, a capela, esta um tanto afastada para o oeste e a casa bem junto do rio; de forma que, "traçando-se uma linha de união sobre essas construções" – escreve um cronista – "teremos um perfeito triângulo".[3] Triângulos que adquiriram expressão política e não apenas econômica na vida brasileira.

Esses triângulos logo se tornaram clássicos: engenho, casa-grande (com senzala) e capela. Eles foram quebrando as linhas virgens da paisagem, tão cheia de curvas às margens dos rios, mesmo quando povoadas de tabas de caboclos. E introduzindo, nessa paisagem desordenada, aqueles traços novos de ordem e de regularidade. A geometria da colonização agrária.

Embora o colonizador português não tivesse a mística da Ordem como o espanhol nem como o inglês ou o holandês – que neste mesmo Nordeste seria o primeiro a cuidar de construir bairros e até uma cidade inteira (o Recife) dentro de um plano geométrico de urbanização –, foi ele que deu à paisagem desta parte da América seus elementos característicos de ordem: blocos de construção que representam um método ou um sistema de conquista, de economia, de colonização, de domínio sobre a água e sobre as matas. E não uma série de aventuras a esmo, cada qual a seu jeito.

O triângulo rural – engenho, casa, capela – se impôs à paisagem do Nordeste de massapê, como a sua primeira nota de ordem europeia. A água dos rios e dos riachos da região se subordinou ao novo sistema de relações entre o homem e a paisagem, embora conservando-se cheia de curvas e até de vontades. Sem se militarizar em canais rígidos à holandesa.

Mesmo assim, conservando curvas e à-vontades, que elemento da natureza regional agiu mais poderosamente no sentido de regularização da vida econômica e social dos colonos do Nordeste que esses rios pequenos do extremo Nordeste e da Bahia? Rios do tipo do Beberibe, do Jaboatão, do Una, do Serinhaém, do Tambaí, do Tibiri, do Ipojuca, do Pacatuba, do Itapuá. Junto deles e dos riachos das terras de massapê se instalaram confiantes os primeiros engenhos. Rios às vezes feios e barrentos, mas quase sempre bons e serviçais, prestando-se até a lavar os pratos das cozinhas das casas-grandes e as panelas dos mucambos. A confiança dos homens nesses rios não se pode dizer que fosse traída. A não ser por alguma seca terrível ou por alguma cheia extraordinária, uma ou outra vez; e pelas "febres das ribeiras" ou por doenças trazidas da África pelos escravos, numa como vingança contra os seus senhores nem sempre maus.

Mas sem que esses inconvenientes chegassem para desprestigiar o conjunto de vantagens de águas de ordinário tão regulares e fiéis; e às vezes tão saudáveis que os próprios colonos, imitando os índios e os negros e desembaraçando-se de preconceitos medievais, fizeram do banho de rio quase um rito de Iemanjá, como às margens do Capibaribe, na altura do lugar onde se levantou a Igreja de Nossa Senhora da Saúde. Mais de uma vez viu-se a água do rio curar os homens das febres e limpá-los das feridas.

O empobrecimento do solo, em tantos trechos do Nordeste, por efeito da erosão, não se pode atribuir aos rios, à sua ânsia de correr para o mar levando a gordura das terras, mas principalmente à monocultura. Devastando as matas e utilizando-se do terreno para uma cultura única, a monocultura deixava que as outras riquezas se dissolvessem na água, se perdessem nos rios.

O fato liga-se também à destruição das matas pelo fogo e pelo machado, em que tanto se excedeu a monocultura. Desapareceu assim aquela vegetação como que adstringente, das margens dos rios, que resistia às águas, tempo de chuva, não deixando que elas levassem o tutano das terras: conservando o húmus e a seiva do solo. As caraibeiras tiveram essa função útil às margens de alguns rios. Margens que se tornaram umas areias frouxas e incapazes de resistência quando esse arvoredo mais vigoroso do interior foi devastado; quando as plantas adstringentes foram destruídas para os canaviais se estenderem imperialmente por toda a parte. Ou quando essas plantas de margens dos rios ficaram expostas às cabras.

Alberto Löfgren observou no interior do Nordeste trechos devastados "onde nenhuma água mais para e as enxurradas cada vez carregam mais terra até a desnudação completa...".[4] Trechos desbastados de suas árvores e até da sua vegetação mais rasteira; perturbados pelo homem da maneira mais terrível.

De modo que não passa da mais vazia das retóricas culpar os rios do Nordeste por essa desnudação que vem de causas humanas:

da coivara, da queimada, da monocultura. Esses rios não têm sido ladrões de terras férteis senão a mandado ou por imposição dos homens. O grande "ladrão das terras", escreveu Bennett no seu estudo sobre a erosão do solo nos Estados Unidos, é o monocultor.[5] Ele nem sequer esgota a fertilidade dos campos no interesse de sua lavoura única, mas deixa que essa fertilidade se dissolva nos rios até se perder no mar.

Já procuramos fazer uma vez o elogio dos rios pequenos e destacar a importância que tiveram na formação rural do Brasil – com o que, em trabalho recente, deu-nos a honra de concordar, o ilustre geógrafo francês professor Pierre Monbeig. Essa importância onde se acentuou de modo mais característico foi precisamente na zona da "mata" do extremo Nordeste e nas terras de massapê do Recôncavo – as regiões mais profundas de cana-de-açúcar com seus rios constantes e equilibrados. Rios sanchos-panças, sem os arrojos quixotescos dos grandes; prestando-se portanto às tarefas da sedentariedade e da fixação; aos deveres pachorrentos, mas de modo nenhum vis, da antiga rotina agrícola.

As sesmarias e as datas concedidas por Duarte Coelho e pelos seus sucessores seguiram em Pernambuco as várzeas e as margens dos rios, tendo Iguaraçu, Olinda, Beberibe, Casa-Forte, Várzea, como os seus primeiros pontos de fixação e a cultura da cana como a sua base. Seguiram os vales do Capibaribe, na direção de Pau-d'Alho. Seguiram os vales do Ipojuca. Aprofundaram-se nas terras argilosas para se estenderem ralas e superficiais, pelas terras mais secas do centro, donde os rios só faziam procurar descer para a "mata" e para o mar.

Na Paraíba – terra de tão bom açúcar – a lavoura da cana lembra Joffily que nasceu no vale do Paraíba para estender-se logo ao Norte e ao Sul, "em linha paralela ao mar nos vales de outros rios...". No do Mamanguape. No do Camaratu, "em que o rio deposita enorme quantidade de 'paul' arrastado desde a Cupaoba, espraiando-se como um lago e perdendo quase a correnteza daí para baixo".[6] No do Miriri, no do Garamame, no do Abiaí. Em Alagoas, as terras que Cristóvão Lins escolheu para as suas lavouras de canas foram as que chamou de Santo Antônio dos Quatro Rios, onde logo se levantariam uma igreja em louvor de Maria Santíssima e sete engenhos de açúcar.[7]

Mas na várzea do Capibaribe é que primeiro se consolidou a cultura da cana no Nordeste – a lavoura que daria relevo tão grande à capitania de Duarte Coelho. Pouco depois do meado do século XVI já se falava na "gente da várzea do Capibaribe", como de um verdadeiro nervo da população colonial; e foi – pode-se dizer – onde criou raízes a primeira aristocracia brasileira de senhores de engenho, que também precisou da várzea de um rio e da fartura de água doce para desenvolver-se dentro da sedentariedade e da endogamia.

Foi essa várzea, na paisagem social brasileira, a primeira a povoar-se não de casas-grandes esporádicas e sós, mas de um verdadeiro conjunto delas, ligadas pela água do rio e pelo sangue dos colonos, através dos casamentos que se extremariam depois – aqui, como no Cabo de Santo Agostinho, na várzea do Ipojuca, na do Una, no Recôncavo da Bahia, no vale do Paraíba, em Santo Antônio dos Quatro Rios – na mais completa endogamia – os primos se casando com as primas, as sobrinhas com os tios. Para essa endogamia intensa dos brancos e quase-brancos das casas-grandes da mesma várzea, de que resultou um tipo físico tão característico de aristocrata de engenho, de que resultaram tipos de família, no Nordeste, tão definidos nos seus traços, nos seus vícios, no seu modo de falar – Paes Barrettos, Cavalcantis, Wanderleys, Souza Leões – concorreu poderosamente a água dos rios pequenos, fazendo de várias famílias uma só e de vários engenhos um sistema social e às vezes econômico. Verdadeiros clãs se desenvolveram às vezes à margem dos rios pequenos dominados pelo velho de uma casa-grande maior, mais dona do rio, da água e da várzea que as outras.

Em 1577 a várzea do Capibaribe já tem o engenho de São Pantaleão do Monteiro; em 1593 tem também o Apipucos; em 1598 o São Timóteo, do Jiquiá. Engenhos grandes donde sairiam engenhos menores, dotes a filhos, a netos, a sobrinhos. Engenhos favorecidos por tudo: boas manchas de terra, boas águas, boas matas, o mar perto, Olinda perto, os índios longe.

À sombra das mesmas condições favoráveis foram se levantando outros engenhos na várzea do Capibaribe: o São João, o Santo Antônio, o São Francisco, o Madalena, o Santos Cosme e Damião. Vários outros. Quase todos com nomes de santos, dos santos mais queridos da devoção portuguesa. Mas alguns já com nomes indígenas de rio ou de riacho: Apipucos. Com nome de mulher: Madalena. Outros com o apelido do dono: Curado. Desses vários tipos de denominação de engenhos do primeiro século de colonização da Nova Lusitânia quase não se afastariam os dos séculos seguintes. Alguns, entretanto, tomariam nomes africanos: Maçangana. Outros, nomes de madeiras e de frutas da terra: Pau-de-Sangue, Melancia, Cajueiro-de-Baixo, Jenipapo. Ou então verdadeiras frases ou exclamações: "Valha-me Deus!", "Cá-me-vou", "Cá-me-vouzinho!".

É de interesse salientar alguns dos numerosos nomes antigos de engenhos da região que conservaram sugestões da água: Lagoa-dos--Ramos-de-Baixo, Ribeiro-da-Pedra, Poço Comprido, Vertente-de-Cima, Vertente Grande, Alagoa do Meio, Água Azul, Ribeiro Grande, Três Poços, ÁguaVerde, Olho-d'Água-do-Tapuia, Dois Rios, Três Lagoas, Cachoeira-de-Cima, Várzea-do-Una, Poço Sagrado, Cachoeirinha, Cacimbas, Água Comprida, Redemoinho, Riachão, Água Fria, Água Clara, Serra d'Água, Pedra d'Água, Riacho-do-Padre, Águas Belas.

Sente-se nesses nomes de engenhos antigos o quase culto e certamente a poetização da água pela gente dos canaviais e das várzeas. A água foi elemento nobre na velha paisagem de engenho do Nordeste, onde a usina degradaria principalmente os rios. O engenho honrou a água; não se limitou a servir-se dela.

As boas casas-grandes do interior como os bons sobrados da Madalena e da Rua da Aurora, no Recife, e até os conventos, como o de franciscanos, em Serinhaém, foram edifícios levantados com a frente para o rio; com a face para a água; as melhores escadas das casas descendo até às canoas e aos botes. Canoas e botes às vezes com cachorros, dragões e leões esculpidos na madeira das proas. Dentro deles as iaiás passeavam de chapéu-de-sol aberto; os ioiôs também. Iam de canoa fazer visitas. O rio era honrado. Preferia-se a sua água aos caminhos cheios de poeira e de lama, por onde nos tempos mais antigos os carros de boi se arrastavam aos solavancos de um engenho a outro e no século XIX os cabriolés pulavam, as molas rangendo de raiva e de cansaço no fim da primeira légua.

De tal modo se desenvolveu o complexo do rio entre a gente mais ilustre do Nordeste, que se tornou *chic* tirar o retrato, nas fotografias francesas, dentro de botes ou de canoas, as sinhazinhas empunhando remos, os meninos fingindo remar. Os álbuns de família em Pernambuco, na Bahia, em Alagoas, estão cheios de velhas fotografias em que iaiás ou sinhozinhos aparecem dentro de botes afidalgados.

O banho de rio quando não era um rito, como os dos "romeiros da saúde" no Poço da Panela, era uma festa. Passava-se a festa – o Natal, o ano-bom, o Dia de Reis – junto dos rios. O rio recebia então muito corpo pálido de sinhá dengosa, moças quase tuberculosas de tanto viverem dentro das camarinhas. No rio elas se libertavam do escuro e do abafado dos seus quartos de doente: ficavam umas verdadeiras meninas gritando e nadando nuas. O rio recebia o corpo dessas moças finas e não apenas o dos moleques da bagaceira limpando-se do suor e do sujo do trabalho; ou o dos negros dando banho nos cavalos. Em 1855, o médico Carolino Francisco de Lima Campos recomendava nos seus "Conselhos Higiênicos" os banhos de rio, escrevendo que "para o asseio do corpo", os "banhos frescos de rio", com sabão, "além de preencherem o fim relativo à limpeza", concorriam para "fortificar os tecidos...".

Tollenare, nos começos do século XIX, viu no Capibaribe "famílias inteiras mergulhando no rio e nele passando parte do dia, abrigadas do sol sob pequenos telheiros de folhas de palmeira; cada casa tem o seu, perto do qual há um pequeno biombo de folhagem para se vestir e despir". O francês surpreendeu nesses banhos "a mãe amamentando o filho, a avó mergulhando ao lado dos netos e as moças da casa, traquinando no meio dos seus negros, lançarem-se com presteza e atravessarem o rio a nado". Algumas dessas moças ele chegou a ver nuas, as nádegas todas de fora, verdadeiras "náiades sem véu".

Mas não se limita a essa nota de volutuosidade o depoimento de Tollenare sobre as margens do rio pernambucano. O francês escreveu que era raro encontrar margens mais risonhas que as do Capibaribe. A água era tão clara que se enxergava o fundo de areia pura "que toma um colorido verde-esmeralda escuro do reflexo da folhagem em meio da qual vê-se esvoaçar o cacique, de ninho suspenso, o cardeal, vestido de escarlate, e mil pássaros adornados de brilhante plumagem". Em redor da canoa em que ele subiu o rio até o paço, viam-se de vez em quando "cardumes de pequenos peixes". Arrastando-se pelas margens, "miríades de caranguejos"; e "à entrada de suas tocas, pelos lugares mais elevados, tatus e cutias".[8] Só não chegou a ver jacarés nem os enormes sapos-cururus, tão temidos pelos meninos e muito utilizados no catimbó da região.

No interior é que Tollenare observou nem sempre se tirar todo o partido dos rios para o transporte do açúcar dos engenhos para o litoral. O rio que passava junto ao engenho Salgado, por exemplo, regava os canaviais de outros vinte engenhos, sendo navegável por embarcações de "mais de 150 toneladas". Mas não era aproveitado para o transporte do açúcar. Nem do açúcar nem dos negros e moleques que Bento José da Costa importava da África para os seus canaviais.[9] E tudo por uma crença sem fundamento: a de que os holandeses haviam metido a pique três navios entre a ponta de Nazaré e os recifes, tornando impraticável a passagem. O rio desaproveitado por incúria dos senhores de engenho.

Desaproveitado mas de modo nenhum degradado. O grande prazer em Salgado, como perto do Recife, às margens do Capibaribe e do Beberibe, era o banho de rio. Dois, três por dia.

Beberibe, Tambiá, Caxangá, tornaram-se pontos de banhos de rio alegres. Banhos de estudantes com atrizes, com pastoras, com mestras e contramestras de pastoral que iam para o rio de madrugada. Banhos de manhã cedo com cachaça e caju antes do primeiro mergulho na água fria. Banhos de moleques cuja nudez escandalizava as iaiás mais recatadas dos sobrados.

Os rapazes mais românticos, estudantes de Direito no Recife, estes fizeram das águas do Capibaribe e do Beberibe, as águas de suas confidências de amor. Muito estudante apaixonado recitou versos à namorada, vista de longe ou simplesmente adivinhada por trás de alguma varanda de sobrado ou de alguma janela acesa da Rua da Aurora, de Ponte d'Uchoa, da Madalena, varanda de sobrado de azulejo; janela de casarão ou de chalé, entre mangueiras e jaqueiras. E o estudante pálido, de fraque preto, de colarinho duro, de botinas de verniz, descendo o rio de bote, às vezes cantando para o lado da casa, já no escuro, da moça burguesa:

*"Desperta, abre a janela, Stela."*

ou

*"Oh, Maria, oh, Maria,*
*quantas noites por ti sem dormir*
*Oh, Maria, oh, Maria*
*em teus braços eu quero cair."*

Isto já no fim do século XIX ou nos princípios do XX. Os mais antigos haviam cantado outras cantigas: *Minha Nise adorada*, por exemplo. Ou *Chiquita*.

Às vezes se raptavam moças de bote. Nise ou Chiquita ou Stela acordava e se entregava ao rapaz de fraque. Maria abria-lhe os braços e às vezes as pernas morenas. Assaltavam-se casas, de bote. Ladrões, assassinos, don-juans, parece que o próprio Cabeleira, o grande bandido dos canaviais, vinham ao Recife dentro de botes, de canoas, jangadas, nas noites de escuro. O bote ou a canoa era por sua vez um objeto muito apetecido pelos ladrões: os jornais do século XIX estão cheios de notícias de botes e canoas roubadas.

Famílias inteiras faziam em botes as suas mudanças de jacarandás de um sobrado para outro. E quando veio a campanha da Abolição, o Capibaribe – em cujas margens penaram tantos moleques tristes, escravos de senzalas de senhores nem sempre bons – tornou-se um rio libertador. Pelas suas águas desceram negros fugidos, escondidos em cargas de madeira, de capim e de cana, nas barcaças que vinham dos engenhos para o mar.

Era em canoas que se trazia água às cidades. Em canoas que se vendia água pelo cais. Canoas expostas ao sol ou sujas de lodo que em 1837 o Dr. José Eustáquio Gomes já denunciava como uma das causas da insalubridade do Recife, em parecer sobre as erisipelas na cidade. Parecer que escreveu a pedido da Câmara Municipal.[10]

A barcaça, a canoa e até a jangada estiveram por muito tempo ligadas à cana, ao açúcar e ao negro de engenho. Tanto quanto o carro de boi. Ainda hoje não se quebrou de todo a ligação dos tempos de engenho de água. Faz poucos dias, vimos reunidos, em praia do norte de Alagoas, como no Nordeste de 1700, a jangada, o negro e o carro de boi. A barcaça quase no seco da praia e entre ela e um carro de boi, uma jangada fazendo de ponte de embarque. Os cabras quase nus, carregando açúcar. 1700 puro.

Os engenhos antigos do Nordeste viviam muito do mar e dos rios: dos peixes, dos caranguejos, dos pitus, dos camarões, dos siris, que a dona da casa mandava os moleques apanhar pelos mangues, pela água, pelos arrecifes. Esses pescadores a serviço da casa patriarcal tornaram-se jangadeiros iguais aos caboclos; tão peritos quanto eles no traquejo das jangadas, das canoas e da rede de tucum, na caça aos jacarés, às emas e aos veados das margens dos rios. Deram mesmo uma técnica mais doce ao manejo da canoa, impelida tão sem gosto pelos caboclos; nas mãos do preto o remo e a vara da jangada e de canoa tornaram-se instrumentos quase de gozo; às vezes até de certa delícia masoquista. Durval Vieira de Aguiar, em viagens pelo interior do norte da Bahia e pelo Recôncavo, nos últimos anos da monarquia, encontrou barcas de rio conduzidas por vareiros, apenas vestidos de tanga ou saiote de zuarte, um gorro da mesma fazenda na cabeça, homens de "um perfeito aspecto africano". "Munidos de grandes varas, ferradas na ponta, encostavam a outra extremidade ao caloso peito sem nenhum amparo, deixando muitas vezes, com o esforço, escorrer o sangue por garbo."[11]

O negro remava cantando e dentro de um ritmo – do mesmo modo que cantando e dentro de um ritmo carregava pelas ruas os sacos de açúcar, os pianos de iaiá, os jacarandás de ioiô. Alguns estrangeiros falam encantados da precisão de movimentos desses negros de canoas, que Henderson viu mais de uma vez descendo o Capibaribe.

O negro que a princípio só trabalhou no "verde-mar dos canaviais" depois tornou-se também operário do outro mar – o verdadeiro e cheio de mal-assombrado, das costas do Nordeste. Canoeiro. Jangadeiro. Vareiro. Curinga de barcaça. Não nos parece exata a generalização de que "o mar ainda é do caboclo". Nem o mar nem os rios: nem a jangada nem a canoa, nem o saveiro nem a barcaça. Os anúncios de jornal da primeira metade do século XIX já vêm cheios de negros canoeiros. Uma multidão de negros canoeiros. Era mulato ou curiboca o Francisco José do Nascimento, o jangadeiro cearense que se distinguiu na campanha da Abolição e ficou conhecido pelo nome de guerra de "Dragão do Mar". E hoje são multidão os negros barcaceiros e jangadeiros em Pernambuco, na Bahia e em Alagoas.

Tivemos há pouco ocasião de nos aproximar um pouco das barcaças de feitio colonial que ainda trazem açúcar e sal, madeira e cocos para o Recife. Vêm de Natal, de Goiana, de Gravatá, de Maceió. Quase todas são azuis ou brancas – o que nos parece refletir certo misticismo meio cristão da nossa gente do mar, semelhante ao das mulheres mais chegadas à Igreja que fazem promessa de só vestir as filhas de azul e branco em homenagem a Nossa Senhora e chegam a considerar o vermelho – tão do gosto da gente menos afetada por escrúpulos cristãos de branco e azul – cor para "vestido de rapariga", isto é, de prostituta.

De 115 barcaças que anotamos 63 eram todas azuis ou azuis e amarelas, sendo azuis e brancas 46. Têm, entretanto, na sua maioria, não nomes de santos – apenas 9, das 115 – mas de mulheres, de rios e de engenhos. Muitos dos barcaceiros, como os jangadeiros, acreditam em Iemanjá, guiam-se pelas estrelas, conhecem os ventos de longe, fumam maconha para sonhar com mulher nua ou moça bonita. Mas, mesmo assim, o misticismo que os domina parece que é o cristão. E entretanto é grande entre eles o número de negros.

Pode-se afirmar que a maioria da gente que trabalha nessas barcaças do Nordeste – pelo menos de Alagoas, de Pernambuco, da Bahia – já não é de caboclos, mas de negros, mulatos, cafuzos, curibocas.

Vê-se muito jangadeiro nas praias do sul de Pernambuco e do norte de Alagoas, morando em mucambos de um estilo meio indígena, meio africano; e no meio dessa gente, que o complexo africano da maconha domina, descobre-se, sem esforço, muito negro, muito mulato, muito curiboca, muito cafuzo. E não apenas brancos e caboclos.

O caboclo não é mais dono do mar nem da praia nem da jangada nem da canoa, mas só do que resta de mato virgem – e ali mesmo o negro tem se mostrado um competidor poderoso. A verdade é esta: no Nordeste da cana-de-açúcar o caboclo é cada vez mais uma alma do outro mundo: uma figura de retórica; o "espírito do caboclo" das sessões de baixo espiritismo; o "nós, os caboclos, que expulsamos os holandeses" dos discursos cívicos, das orações patrióticas; e nada mais. Já é quase uma curiosidade, quase um exotismo uma figura inteira ou predominantemente cabocla entre nós. Já se chama de "china" o próprio curiboca, mesmo quando é bacharel ou doutor. Nesta sub-região do

Nordeste o colono europeu e o colono africano fizeram com a paisagem humana o mesmo que o coqueiro, que a cana, que a mangueira, com a vegetação: dominaram-na a ponto de parecerem às vezes mais da terra que certos elementos nativos. Que o pau-brasil e que o índio.

Os peixes do mar e dos rios do Nordeste são muitos: peixes de alto mar; peixes de água funda; peixes das pedras, que não sendo os mais saborosos, são entretanto os mais bonitos e os mais cheios de cores vivas. Os peixes de cores vivas são tão bonitos que não se compreende que não sejam também os de melhor sabor: o aguiúba, vermelho; o piraúna, também vermelho; o tucano e o budião, azuis. Mas não são. E é a gente mais pobre que fica com esses peixes mais bonitos para o seu almoço e para a sua ceia com farinha de mandioca e molho de pimenta.

Muitas vezes temos visto as jangadas chegarem às praias cheias de peixes de cor, ainda vivos e pulando: peixes azuis, peixes encarnados, peixes roxos e cor-de-rosa, peixes listrados, peixes amarelados com salpicos pretos. "Só têm beleza", dizem os entendidos.

Sucesso é o do pescador que traz na sua jangada cavala-perna-de-moça, cioba, carapeba, tainha – os aristocratas das águas do Nordeste. Sucesso é o do negro que no seu balaio carrega as grandes lagostas, os lagostins, os pitus.

Os pitus do rio Una. O Una pernambucano tornou-se famoso pelos pitus que os senhores de engenho da várzea do Una tinham sempre à mesa nos dias dos grandes jantares. Do mesmo modo o rio Corrente, da Bahia, ficou célebre pelo dourado, "muito gordo e saboroso". Pitu do rio Una, dourado do rio Corrente, fritada de caranguejo, de siri, de camarão, de gaiamum, de "unha-de-velho"; polvo; sururu de Maceió; peixe cozido com pirão; peixe frito de tabuleiro; curimã de viveiro de casa-grande; peixe de coco; peixe de moqueca – tudo isso ligou de uma maneira muito íntima a água, o mar, o rio, à mesa e à vida da gente do Nordeste. A água ficou uma amiga das casas do litoral e da "mata". Das casas ricas e dos mucambos, tantos deles levantados bem junto da água.

A água parece, ainda, ter agido sobre a paisagem do Nordeste neste sentido estético: no de propagar por todo o litoral da região o coqueiro-da-índia, segundo as melhores evidências importado pelos colonos portugueses. A grande propagação do coqueiro se teria feito pelas marés e pelas correntes marítimas da costa conduzindo as sementes e depondo-as nas areias da praia.

Nem sempre têm sido idílicas as relações entre a gente e a água desta sub-região do Nordeste onde faltar para as necessidades maiores do homem, a água não falta nunca (porque os rios verdadeiramente da "mata" nunca secam de todo nem os olhos-d'água ficam estorricados), mas onde às vezes transborda desadorada e terrível. As grandes cheias deixam sem mucambo centenas de gente pobre. Às vezes se afoitam até pelas casas-grandes. José Lins do Rego já nos contou, em página extraordinária – uma das mais fortes que já se escreveram em nossa língua –, o que são essas cheias nos engenhos do Nordeste. A água de repente se torna o maior inimigo do homem, dos bichos, das plantas.

O colonizador africano do Nordeste, se aqui se ligou à água da maneira mais íntima e mais útil, foi também, ao que parece, um seu contaminador. Trouxe – pensam alguns pesquisadores – para alguns rios de engenho os vermes causadores da doença de Manson-Pirajá da Silva ou esquistossomose mansoni. Tornou o banho de rio em certos trechos da região uma aventura: um risco do indivíduo se expor às larvas de um verme que lhe atravessa brincando a pele e as mucosas para ir roer-lhe o fígado, os intestinos, os próprios pulmões.

Na América, a predominância do mal é nas áreas de açúcar que atraíram maior colonização negra: nas Antilhas, no Peru, na Venezuela, na Colômbia, nas Guianas. E no Brasil, "toda a faixa litorânea do Brasil desde o Pará ao sul da Bahia". O Nordeste da cana-de-açúcar e as suas margens: do Pará ao sul da Bahia. Na Bahia, o mal africano foi estudado por um mestre notável – Pirajá da Silva – que completou as observações de Manson. Em Pernambuco, vêm estudando-o os colaboradores e continuadores do professor Ageu Magalhães e última e notadamente o médico Luís Tavares; sua geografia, determinaram-na o professor Meira Lins e o Dr. Fernando Wanderley. Estes verificaram procederem os seus doentes de rios de engenho: o Capibaribe, o Goiana, o Una, o Jaboatão, o Ipojuca.[12]

Mas o que há hoje de patológico nas relações do homem com a água do Nordeste dos canaviais não se limita a essa contaminação dos rios, ao que parece, pelos negros. Resulta, em grande parte, do desprezo do homem poderoso da região pela água do rio.

O monocultor rico do Nordeste fez da água dos rios um mictório. Um mictório das caldas fedorentas de suas usinas. E as caldas fedorentas matam os peixes. Envenenam as pescadas. Emporcalham as margens. A calda que as usinas de açúcar lançam todas as safras nas águas dos rios sacrifica cada fim de ano parte considerável da produção de peixes no Nordeste.

Na semana do Natal de 1936, o rio Goiana, em Pernambuco, recebeu tanta calda que a quantidade de peixe podre foi enorme. Parecia uma praga do Velho Testamento. Os peixes mais finos fedendo de podres, ao lado dos mais plebeus.[13] O cheiro de peixe podre misturando-se ao de fruta podre, das margens sujas dos rios.

Quase não há um rio do Nordeste do canavial que alguma usina de ricaço não tenha degradado em mictório. As casas já não dão a frente para a água dos rios: dão-lhes as costas com nojo. Dão-lhe o traseiro com desdém. As moças e os meninos já não tomam banho de rio: só banho de mar. Só os moleques e os cavalos se lavam hoje na água suja dos rios.

O rio não é mais respeitado pelos fabricantes de açúcar, que outrora se serviam dele até para lavar a louça da casa, mas não o humilhavam nunca, antes o honravam sempre. Admitiam-no à sua maior intimidade. Contavam-lhe suas mágoas de namorados e as suas saudades de velhos. Faziam das pontes e dos cais seus recantos preferidos de conversa, noite de lua no Recife.

Esses rios secaram na paisagem social do Nordeste da cana-de--açúcar. Em lugar deles correm uns rios sujos, sem dignidade nenhuma, dos quais os donos das usinas fazem o que querem. E esses rios assim prostituídos quando um dia se revoltam é a esmo e à toa, engolindo os mucambos dos pobres que ainda moram pelas suas margens e ainda tomam banho nas suas águas amarelentas ou pardas como se o mundo inteiro mijasse ou defecasse nelas.

Só o mal-assombrado povoa ainda de sombras românticas as águas imundas dos rios do Nordeste prostituídos pelo açúcar. Mal--assombrado de estudante assassinado que o cadáver aparece boiando por cima das águas, ainda de fraque e flor na botoeira. Mal-assombrado de menino louro afogado que o siri não roeu e o anjinho aparece inteiro. Mal-assombrado de moça morena que se atirou no rio doida de paixão e os seus cabelos se tornaram verdes como o das iaras.

Pouca gente acredita que o passado dos rios do Nordeste tenha sido tão bonito e tão ligado à nossa vida sentimental. Mas foi.

A água nobre é hoje a do mar – esse mar nuns lugares tão azul e noutros tão verde que banha as areias do Nordeste. Iemanjá mesma já não é adorada pelos pretos de Xangô na água dos rios mas principalmente na água do mar. E entretanto faz pouco mais de um século que essas praias ilustres não eram senão imundície. Faz pouco mais de um século que nelas só se fazia atirar o lixo e o excremento das casas; se enterrar negro pagão; se deixar bicho morto; se abandonar esteira de bexiguento ou lençol de doente da peste.

## Notas ao Capítulo 2

1. O Engenho Nossa Senhora de Ajuda, que depois se chamou Forno da Cal.
2. "Em carta de 22 de março de 1548 dirigida ao rei, comunica o donatário que o almoxarife Vasco Fernandes de Lucena queria levantar um engenho em suas terras que lhe dava, para cujas despesas pedia licença para explorar e exportar algum pau-brasil para Portugal, o que certamente obteve, em face dos favoráveis conceitos com que o donatário se expressa..." (Pereira da Costa, *Origens históricas da indústria açucareira em Pernambuco*, Recife, 1905).

    Lembra um estudioso estrangeiro das origens brasileiras – Otto Schmieder, no seu "The brazilian culture hearth", publicado no vol. 3, nº 3 de *University of California publications in geography* (agosto,1929) – que a superioridade das terras de cana do Nordeste, no século XVI, sobre as terras de Cabo Verde, Canária, Valência e Índia estava principalmente no fato de não necessitarem, como essas terras exploradas já há tempo, de irrigação e adubo. Era tão rápida a prosperidade de alguns plantadores de cana que a "a year's crop sold for more than the price of the whole *fazenda*", lembra o mesmo pesquisador para quem "*the type of tropical plantation work which they* [os portugueses] *introduced develop from the beginning a particular social structure*". Desta estrutura caracterizada por uma "aristocracia colonial", procuramos traçar o perfil em relação com o meio do Nordeste, em pequenos ensaios que datam de 1925: anteriores, portanto, ao estudo de Schmieder que alguns apresentam como pioneiro no assunto.

    Estamos informados de que ilustre historiadora paulista, a professora Alice Canabrava, prepara interessante e minucioso ensaio em que desenvolve a tese apresentada à Universidade de São Paulo e publicada no Boletim nº 5 da cadeira de História da Civilização Brasileira da referida Universidade sobre a história da indústria do açúcar no Brasil, especialmente no Nordeste, comparada com a história da mesma indústria noutras áreas da América, especialmente nas Antilhas inglesas e francesas. Assunto por nós considerado há anos como de máximo interesse para a interpretação do passado brasileiro, dados os contatos e as interpenetrações de influência – por meio do judeu e do negro, principalmente – entre algumas, pelo menos, dessas áreas. Veja-se o que a respeito sugerimos desde 1937 em uma de nossas *Conferências na Europa* (Rio de Janeiro, 1938): justamente a escrita para ser lida na Universidade de Londres. Tais conferências posteriormente aparecem em nova edição e com caráter de pequenos ensaios, em *O mundo que o português criou* (Rio de Janeiro, 1940).

    Ainda sobre o assunto leia-se o sugestivo ensaio do professor Alfredo Ellis Júnior, "*O ouro e a paulistânia*", nº 8, da *História da civilização brasileira* (São Paulo,1948). Especialmente o capítulo V, intitulado "Declínio do açúcar nordestino". No capítulo XX, concorda conosco o mesmo historiador em que a primeira grande expressão de civilização brasileira – a baseada no açúcar – foi particular ao Nordeste, isto é, ao Brasil agrário que se estendia do Recôncavo da Bahia ao Maranhão.

3. Pereira da Costa, loc. cit. Sobre a importância política dos engenhos do Nordeste como centro da chamada "civilização do açúcar" no Brasil, veja-se o ensaio do sociólogo paulista professor Fernando de Azevedo, *Canaviais e engenhos na vida política do Brasil*, Rio de Janeiro, 1948.

Vejam-se também o estudo de Olavo Batista Filho, "Aspectos da economia açucareira no nordeste no século XVI", Revista do Arquivo Municipal, São Paulo, 1939, e A. P. Canabrava, "A Influência do Brasil na técnica do fabrico do açúcar nas Antilhas francesas e inglesas no meado do século XVII", *Anuário da Faculdade de Ciências Econômicas e Administrativas*, São Paulo, 1946-1947.

4. Alberto Löfgren, *Contribuições para a questão florestal da região do nordeste do Brasil*, Inspetoria de Obras contra as Secas, Rio de Janeiro, 1912. Veja-se também sobre o assunto o estudo do agrônomo professor Vasconcelos Sobrinho, *As regiões naturais de Pernambuco, o meio e a civilização*, Rio de Janeiro-São Paulo, 1949, especialmente o tópico "A rápida intoxicação dos solos tropicais".

Além dos estudos do professor Vasconcelos Sobrinho sobre a ecologia do Nordeste, vejam-se os ensaios de outro agrônomo preocupado com os aspectos sociais dos problemas de agronomia regional, o Sr. Pimentel Gomes: *Contribuição para a solução do problema agrícola do nordeste brasileiro* (João Pessoa, 1936) e *Contribuição ao estudo da ecologia nordestina* (Rio de Janeiro, 1914). Os ensaios dos professores Angione Costa, Migração e cultura indígena (São Paulo, 1939) e Estêvão Pinto, *Os indígenas do nordeste* (São Paulo,1935) – são igualmente contribuições – estas de caráter etnográfico – ao estudo da ecologia nordestina.

5. H. H. Bennett, "Soil erosion, a national menace", U.S. *Department of Agriculture*, Circular nº 33, 1928. Sobre o assunto veja-se também "The increased cost of soil erosion", pelo mesmo autor, em *The annals of the american academy of political and social science*, CXLII. Também W.W. Ashe, "Soil erosion and forest cover in relation to water power in the southeast, Engineering world, XXIII. E ainda o excelente *Soil exhaustion as a factor in the agricultural history of Virginia and Maryland* (1926), por A. O. Craven.

Veja-se também o estudo citado, do professor Vasconcelos Sobrinho, especialmente o capítulo "Os rios".

Concordando com a nossa sugestão de que os rios pequenos mas regulares foram colaboradores valiosos do colono agrário do Nordeste, o pesquisador sergipano Felte Bezerra no seu recente estudo *Etnias sergipanas* (Aracaju, 1950) salienta o exemplo da sub-região sergipana: "Por isso em Sergipe criaram-se às suas margens as zonas açucareiras por excelência: do Japaratuba, da Cotinguiba (bacia do rio Sergipe), do Vaza-Barris, do Piauí."

6. I. Joffily, *Notas sobre a Paraíba*, Rio de Janeiro, 1892.
7. Pedro P. da Fonseca, "Fundação de Alagoas – Apontamentos históricos, biográficos e genealógicos", 1886, manuscrito.

    Sobre o assunto veja-se também o recente e substancioso ensaio do pesquisador alagoano Manoel Diegues Júnior, *O banguê nas Alagoas*, Rio de Janeiro, 1949, com o qual é interessante contrastar o estudo sociológico do Nordeste árido ultimamente publicado pelo pesquisador paraibano Lopes de Andrade, *Introdução à sociologia das secas*, Rio de Janeiro, 1948. Dentre os trabalhos mais sérios aparecidos nos últimos anos sobre a chamada "civilização do açúcar", que teve sua área de maior vitalidade social, e não apenas econômica ou política, no extremo Nordeste – de Sergipe ao Maranhão – e no Recôncavo da Bahia, destaca-se o ensaio do historiador baiano Wanderley de Pinho, *História de um engenho do recôncavo* (Rio de Janeiro,1947). Ainda sobre o assunto vêm aparecendo, nos últimos anos, numerosos estudos e valioso documentário, publicados pelo Instituto do Açúcar e do Álcool (Rio de Janeiro). Sabemos que está em elaboração interessante história da Sociedade Auxiliadora da Agricultura, do Recife, tarefa de que a tradicional sociedade, tão ligada ao passado econômico do Nordeste agrário, incumbiu o historiador José Antônio Gonsalves de Melo, neto. Sobre Olinda e sua irradiação na vida e na cultura do Nordeste, através do Seminário, prepara também um ensaio, *Padres de Olinda*, o jovem pesquisador Haroldo Carneiro Leão: trabalho que será para o velho Seminário o que para a Faculdade de Direito do Recife é o estudo do professor Odilon Nestor. Sobre atividades norte-americanas no Nordeste, especialmente durante o século XIX, colhe material outro pesquisador, o Sr. Diogo de Melo Menezes, que a respeito do assunto já publicou nota prévia na *Revista do Brasil* (Rio de Janeiro) e a quem se deve a coordenação de notas para *Memórias de um Cavalcanti*, publicadas com introdução nossa.

8. "Notas dominicais tomadas durante uma viagem em Portugal e no Brasil em 1816, 1817 e 1818 por L. F. de Tollenare" (parte relativa a Pernambuco traduzida do manuscrito francês inédito por Alfredo de Carvalho), *Revista do Instituto Arqueológico e Geográfico Pernambucano*, n[os] 61-62,1904.

    Sobre o rio Capibaribe prepara interessante ensaio o historiador José Antônio Gonsalves de Melo, neto.

    Dos rios de Alagoas, do ponto de vista da economia agrário-patriarcal, ocupa-se no seu recente e já citado estudo sobre *O banguê nas Alagoas*, Manoel Diegues Júnior. Do assunto já se ocupara pioneiramente o Sr. Octavio Brandão, em interessante trabalho de mocidade, de que acaba de aparecer nova edição, sobre as lagoas e os canais de Alagoas. Vejam-se também sobre o assunto o ensaio de Aydano do Couto Ferraz, "Traços da influência da água na paisagem social do nordeste e do recôncavo", *Revista do Arquivo Municipal*, vol. 60, São Paulo,1940 e a do professor Josué de Castro, *Fatores de localização da cidade do Recife*, Rio de Janeiro, 1948.

9. Livro de assentos de Bento José da Costa, manuscrito do arquivo particular do engenho Salgado.
10. Manuscrito Seção de Manuscritos da Biblioteca do Estado de Pernambuco.

    Sobre a pesca no Nordeste, estamos informados que prepara interessante ensaio o pesquisador rio-grandense-do-norte Osvaldo Lamartine que, em torno do assunto, já publicou sugestiva nota prévia, ilustrada, na revista *Nordeste* (Recife), publicação dirigida pelos Srs. Aderbal Jurema e Esmaragdo Marroquim e dedicada principalmente a assuntos regionais. Com a mesma orientação vêm aparecendo nos últimos anos várias revistas, inclusive *Região* (Recife), dirigida pelos Srs. Edson Régis e Laurêncio Lima e em Natal, *Bando*, inspirada nas tendências regionalistas do historiador e folclorista Luís da Câmara Cascudo. Nessas revistas, nas publicações do Departamento de Cultura da Prefeitura do Recife, da Prefeitura de Salvador e da Prefeitura de Goiana, e em livros, vêm ultimamente aparecendo estudos de folcloristas, ecologistas, nutrólogos, higienistas e historiadores voltados para o estudo do folclore e da história da pesca, da vegetação, da população e de outros assuntos regionais: Mário Sette, há pouco falecido, Lauro Borba, Castro Barreto, Aníbal Fernandes, J. A. Trindade, Getúlio César, Osvaldo Gonsalves Lima, Nelson Chaves, Rui Coutinho, Olímpio Costa, Astolfo Serra, Césio Regueira Costa, José Maria de Melo, Josué de Castro, Ascenso Ferreira, Sousa Barros, Valdemar de Oliveira, Veríssimo de Melo, Aderbal Jurema, Osvaldo Lamartine, Pimentel Gomes, Ademar Vidal, René Ribeiro, Mário Melo, Olívio Montenegro, Amaro Quintas, Estêvão Pinto, Mário Lacerda, Vasconcelos Sobrinho, Cavalcanti Proença. Sabemos que deverão ser publicados breve trabalhos reunidos pelo 1º Congresso de Regionalismo no Brasil (Nordeste), iniciativa que coincidiu com a publicação, em 1925, do *Livro do Nordeste comemorativo do 1º centenário do Diário de Pernambuco* e marcou o início de verdadeiro movimento de estudo objetivo e valorização de assuntos de região e de província do nosso país.

11. Durval Vieira de Aguiar, *Descrições práticas da província da Bahia*, Bahia, 1898. Sobre jangadas e barcaças de mar do Nordeste, veja-se nosso *Olinda, 2º guia histórico, prático e sentimental de cidade brasileira*, 3ª ed., Rio de Janeiro, 1960.

12. Meira Lins e Fernando Wanderley, "Geografia médica da esquistossomose em Pernambuco", *Anais da 4ª Reunião Anual, Sociedade de Medicina de Pernambuco*, setembro, 1934. Vejam-se também os estudos de A. Bezerra Coutinho, "Aspectos histológicos das localizações viscerais da esquistossomose de Manson", *Anais da Faculdade de Medicina do Recife*, nº 1, 1934 e Lauro M. Gama, "Esquistossomose de Manson", *Medicina Acadêmica*, nº 6, 1936, Recife, Luís Tavares, *Estudo médico-cirúrgico da esquistossomose de Manson*, Recife, 1945, J. Rodrigues da Silva, "Estudo clínico da esquistossomose Manson", *Revista do Serviço Especial de Saúde Pública*, tomo III, nº 1, Rio de Janeiro, outubro, 1949.

13. No Recife os peixes da região se acham oficial ou quase oficialmente classificados da seguinte maneira:

    – *1ª Classe* – Camorim, Cioba, Pescada, Serra, Guarajuba, Carapeba, Curimã, Garoupa, Pampo, Beiju, Pira, Arabaiana, Serigado, Xaréu, Aracibora, Bicuda e Tainha.

    – *2ª Classe* – Caranha, Carapitanga, Pirapitinga, Dourado, Pargo, Araicó e Camarão.

    – *3ª Classe* – Alcabarra, Galo, Camurupim, Agulha, Sauna e Mero.

    – *4ª Classe* – Xira, Agulhão, Espada, Caró, Bagre, Budião.

– *5ª Classe* – Cangulo, Arraia, Polvo, Cação e outras espécies indeterminadas.

O rei – ou a rainha – dos peixes regionais é considerado em Pernambuco a "cavala", afrodisiacamente denominada "perna-de-moça".

Há também uma classificação, embora sem cunho algum oficioso ou oficial, das frutas mais características da região. Das mangas, coloca a gente do Nordeste na 1ª classe a de Itamaracá, a de Itaparica, a Jasmim, a Rosa; na 2ª, a Carlota, a Espada, numerosas outras; na 3ª, as comuns; faz do abacaxi-pico-de-rosa (em geral de Goiana e da Paraíba), o rei dos abacaxis, do mesmo modo que o abacaxi é considerado o rei das frutas regionais; exalta o caju-banana sobre os demais cajus; distingue o cajá-manga dos comuns. Dos abacates, os arredondados são geralmente considerados superiores aos comuns, com forma de pêra; os verdes, superiores aos roxos. O mamão-de-caiena é considerado superior aos demais. Das laranjas parece que, depois das de "umbigo", da Bahia, as superiores são as de Vitória (Pernambuco). São famosas as mangabas de Prazeres (Pernambuco), os cajus do Bessa (Paraíba), as "laranjas-da-bahia" de Itapuá (Paraíba), os bacuris (Maranhão).

# 3 A CANA E A MATA

Sabe-se o que era a mata do Nordeste, antes da monocultura da cana: um arvoredo "tanto e tamanho e tão basto e de tantas prumagens que não podia homem dar conta".

O canavial desvirginou todo esse mato grosso do modo mais cru: pela queimada. A fogo é que foram se abrindo no mato virgem os claros por onde se estendeu o canavial civilizador, mas ao mesmo tempo devastador.

O canavial hoje tão nosso, tão da paisagem desta sub-região do Nordeste que um tanto ironicamente se chama "a Zona da Mata", entrou aqui como um conquistador em terra inimiga: matando as árvores, secando o mato, afugentando e destruindo os animais e até os índios, querendo para si toda a força da terra. Só a cana devia rebentar gorda e triunfante do meio de toda essa ruína de vegetação virgem e de vida nativa esmagada pelo monocultor.

Já os traficantes franceses tinham derrubado muito pau-brasil. Os primeiros portugueses continuaram a derrubar a madeira de tinta com o auxílio dos índios. E a apanhar macacos e papagaios, a matar animais para o comércio de peles e de penas.

Mas foi com o começo da exploração agrícola que o arvoredo mais nobre e mais grosso da terra foi sendo destruído não aos poucos, mas em grandes massas: a baraúna, o pau-d'arco, o angelim, a sucupira, o amarelo, o visgueiro, o angico, o pau-ferro. Madeiras hoje de uma raridade tão grande – informa-nos um estudioso especializado no assunto – que sai mais barato ao senhor de engenho comprar nos armazéns do Recife madeira do Pará que utilizar a dos seus restos da mata.

Poucas dessas madeiras foram utilmente aproveitadas para trave de casa-grande, roda-d'água de engenho, carro de boi. Grande parte foi a coivara que simplesmente desmanchou em monturo; foram as fornalhas de engenho que engoliram; os portugueses que levaram para construir navio e porta de convento em Portugal. Às vezes esbanjou-se madeira de lei fazendo-se cercas enormes dividindo um engenho de outro. Luxo de privatismo. Vaidade de senhor de engenho patriarcal.

A cana começou a reinar sozinha sobre léguas e léguas de terras avermelhadas pela coivara. Devastadas pelo fogo.

Nunca foi mais violento nos seus começos o drama da monocultura que no Nordeste do Brasil. Nem mais ostensiva a intrusão do homem no mecanismo da natureza.

A natureza, sabe-se pelos estudos de ecologia do animal ou da planta, que é "essencialmente variada". O homem rompe o equilíbrio que depende dessa variedade quando faz que uma planta única e no momento valorizada mais do que as outras cresça sobre uma região inteira. É o drama da monocultura.

Em estado de variedade, tudo se concilia e se compensa. Em estado de monocultura absoluta, tudo se desequilibra e se perverte na vida de uma região. A história natural – como a social – do Nordeste da cana, nestes quatro séculos, é uma história de desequilíbrio, em grande parte causado pelo furor da monocultura. Suas fomes, algumas de suas secas e revoluções são aspectos desse drama.

Não que a cana fosse aqui um intruso ou um indesejável como o coelho foi na Austrália, onde perturbou todo o equilíbrio entre a vida animal e a das plantas; como o cambará, levado do Brasil para o Ceilão, foi na Indochina e na Índia. Ao contrário: a cana é um dos casos de transplantação mais felizes. Encontrou aqui terra ótima. O drama que se passou e se passa ainda no Nordeste não veio do fato da introdução da cana, mas do exclusivismo brutal em que, por ganância de lucro, resvalou o colono português, estimulado pela coroa na sua fase já parasitária.

Desse drama, um dos aspectos mais cruéis foi o da destruição da mata, importando na destruição de vida animal e é possível que em alterações de clima, de temperatura e certamente de regime de águas. Alterações desfavoráveis à própria cana e ao próprio senhor de engenho. Desfavoráveis à vida do homem e dos animais da região.

Além do que, com esse estado de guerra entre o homem e a mata, que foi aqui tão franco, não puderam desenvolver-se entre os dois aquelas relações líricas, aquele sistema meio misterioso de proteção recíproca entre o homem e a natureza, aquele amor profundo do homem pela árvore, pela planta, pelo mato, pela terra, que os sociólogos e os economistas estão fartos de nos apontar como característico das sociedades verdadeiramente rurais. Das mais saudáveis, pelo menos, e não pervertidas pela monocultura furiosa.

A monocultura da cana no Nordeste acabou separando o homem da própria água dos rios; separando-os dos próprios animais – "bichos do mato" desprezíveis ou então considerados no seu aspecto único de inimigos da cana, que era preciso conservar à distância dos engenhos (como os próprios bois que não fossem os de carro). E não falemos aqui da distância social imensa que a monocultura aprofundou, como nenhuma outra força, entre dois grupos de homens – os que trabalham no fabrico do açúcar e os que vivem mal ou volutuosamente dele.

Com a destruição das matas para a cana dominar sozinha sobre o preto, o roxo ou o vermelho dessa terra crua, a natureza do Nordeste – a vida toda – deixou de ser um todo harmonioso na sua interdependência para se desenvolverem relações de extrema ou exagerada subordinação: de umas pessoas a outras, de umas plantas a outras, de uns animais a outros; da massa inteira da vegetação à cana imperial e todo-poderosa; de toda a variedade de vida humana e animal ao pequeno grupo de homens brancos – ou oficialmente brancos – donos dos canaviais, das terras gordas, das mulheres bonitas, dos cavalos de raça. Cavalos de raça tantas vezes tratados melhor que os trabalhadores da bagaceira.

Desenvolveu-se entre nós, como adiante se salientará neste ensaio, um amor todo especial do aristocrata da cana pelo cavalo, que lhe completava a figura senhorial. E com esse amor, um conhecimento minucioso do cavalo pelo senhor de engenho, com prejuízo do seu interesse pelos outros animais, sobretudo pelos do mato, simples animais de caça, um ou outro, de curiosidade, sendo então conservado em casa, nas gaiolas do corredor ou em alguma árvore do quintal – o saguim, o papagaio, a arara, o galo-de-campina, o canário. Mas estes próprios conservados mais para as "brigas de canário", tão dos engenhos patriarcais, e por conseguinte, com um fim todo sádico, do que por interesse, mesmo superficial, pela sua cor ou pelo seu canto. Os passarinhos favoritos dos senhores de engenho eram os canários de briga e não os cantadores ou de cor viva e plumagem bonita.

O brasileiro das terras de açúcar quase não sabe os nomes das árvores, das palmeiras, das plantas nativas da região em que vive – fato constatado por tantos estrangeiros. A cana separou-o da mata até esse extremo de ignorância vergonhosa. Na mata, ele vê vagamente o pé de árvore e às vezes, quase desdenhosamente, o pé de pau. Quase que só o caboclo, o descendente de caboclo, do índio, do nativo, ou então do quilombola, em matas como a de Catucá – o negro fugido que se fez íntimo da natureza da região – pode nos guiar pelos mistérios dos restos de floresta do Nordeste, dando-nos a conhecer pelo nome – o nome indígena, em grande número de casos – cada árvore que nos chame a atenção; o valor de cada pé de pau para a medicina caseira, para a serraria, para os ninhos de aves.

Foi certamente com caboclos ou negros curandeiros que se instruíram sobre as raízes, ervas, plantas do Nordeste aqueles portugueses que, no século XVIII, puderam escrever para a metrópole cartas como esta: "Em 4 de Março proximo passado tive a honra de remetter a V. Exa. um mapa das raizes e hervas de que usam os moradores da comarca das Alagoas no curativo das suas molestias, e com que experimentam saudaveis effeitos; as quaes raizes e hervas foram em um caixote: e continuando a informar a V. Exa. sobre o mesmo interessante objeto, remetto a respeitável prezença de V.Exa. as raizes, hervas, cascas e frutos de que usam para o curativo de algumas molestias, feridas, chagas ou mordeduras os indios, e mais habitantes da capitania da Parahyba do Norte em tres caixões que levam as divizas que as distinguem, e o fazem conhecer pelos seus proprios nomes, exceto as batatas que só reconhecerão pelos frutos de casca preta, dos quaes vae uma boa porção no caixote numero 1: tudo entregue a Jacyntho Gonsalves de Oliveira capitão do navio Nossa Senhora Conceição, e S. José Flor do Mar; e inclusa nesta vae um abcedario em que se declaram as applicações de cada uma das mesmas raizes, hervas, cascas, e frutos; sobre os quaes poderá V. Exa. Mandar fazer as provas que julgar necessarias para se conhecer a utilidade que o reino pode tirar das plantas que há naquella capitania. Recife 8 de maio de 1788. Martinho de Mello e Castro." Carta que se encontra entre os manuscritos da correspondência com a corte, do arquivo da antiga capitania de Pernambuco (ano de 1788), conservados na Biblioteca do Estado de Pernambuco.

Por ela se vê que dos homens portugueses de governo destacados no Brasil alguns preocuparam-se sensatamente com o assunto. Mais, talvez, do que os já brasileiros por várias gerações de casa-grande.

Nunca nos esqueceremos do dia em que entramos por uns restos de matas virgens do sul de Pernambuco com o seu dono, nosso bom amigo Pedro Paranhos, senhor de Japaranduba. Ele sabia quase tão mal quanto nós, menino de cidade, os nomes das árvores da mata grande do seu engenho. Entretanto eram suas conhecidas velhas desde o tempo de menino. Mas simples conhecidas de vista. Foi preciso que o caboclo nos fosse dizendo: isto é um pé disso; isto é um pé daquilo; isto dá um leite que serve para ferida brava; isto dá um chá que serve para as febres.

Essa distância entre o colono branco e a mata, entre o dono de terra e a floresta, explica o nosso quase nenhum amor pela árvore ou pela planta da região, quando se trata de arborizar as ruas das cidades do litoral. Explica a indiferença com que deixamos que a arborização das cidades do Nordeste vá se estandardizando no fico benjamim e no eucalipto australiano.

Ninguém diz que nos devemos fechar às novidades e aos brilhos da planta exótica. Da acácia de Honolulu, por exemplo, ou da vitória-régia.

Há muita árvore, hoje nossa para todos os efeitos, que nos veio de fora: a mangueira, a jaqueira, a fruta-pão. Mas só pelo fato de não se ter desenvolvido entre nós nenhum lirismo entre o homem e a mata, se explica a indiferença, tão da gente do litoral do Nordeste, pela árvore da terra. Desprezada desse jeito, a árvore da terra acabará talvez vencida de todo pela estranha ou pela simplesmente aclimada aqui, nos antigos hortos del-rei. E essa vitória assim à grande, com consequências infelizes quase certas do ponto de vista ecológico.

Os estetas que, em diferentes épocas, nos têm querido impor aos parques ou às ruas, numa generalização contra toda a harmonia da natureza regional, plantas de fora – o fico benjamim, o cacto mexicano, o eucalipto australiano, a acácia de Honolulu – devem lembrar-se de uma coisa: que não se brinca em vão, ou sem correr algum risco sério, com a vida vegetal de uma região; que esta, afetada na sua interdependência de relações por planta estranha ou por animal intruso, que se torne predominante, pode desequilibrar-se a ponto de perturbar o próprio homem na sua economia e nas suas fontes mais puras de subsistência. É lição dos ecologistas, e não simples grito de alarme dos sociólogos românticos.

Com relação ao eucalipto, o professor Konrad Guenther, que é um fitopatologista notável, já escreveu alarmado com a sua propagação no próprio Nordeste: "nesta árvore o pássaro brasileiro não tem onde se refugiar".[1] Parece a lamentação de um poeta e é a advertência de um cientista.

Se o passarinho do Nordeste não pode se refugiar no eucalipto, nem fazer o seu ninho nessa árvore magra e godera, que suga tanto a terra e dá tão pouca sombra ao homem e tão pouco abrigo ao animal, a sua disseminação em parques e até em matas inteiras significa um perigo para a vida não só vegetal, como animal e humana, da região. Porque dessas aves, que estão sendo sacrificadas pelo triunfo cada vez maior do eucalipto, depende a saúde de muita planta útil ao homem e à economia da região, que os pássaros defendem, como nenhum agrônomo, das lagartas e dos vermes daninhos. O caso do anum ou do alma-de-gato, por exemplo, cuja ação profilática dificilmente se pode exagerar.

Qual a vantagem do fico? A de crescer depressa. A do eucalipto? A de crescer depressa e a de chupar a água dos pântanos, saneando-os e acabando com o mosquito das águas paradas. Mas os naturalistas nos dizem que há uma variedade de árvores nossas que crescem depressa e se prestam melhor que o fico e que o eucalipto à arborização das cidades. Árvores capazes de dar às ruas as melhores sombras do mundo, sem arrebentar as calçadas com as suas raízes escandalosas e intrusas.

E quanto ao fato do eucalipto se prestar tão gulosamente a nos secar os pântanos, ecologista nenhum se limita a ver aí a vantagem, tão exaltada pelos higienistas dos subúrbios e pelos burocratas das prefeituras, da extinção dos mosquitos nos arrabaldes: há que enxergar também desvantagens e até perigos para a natureza da região no seu todo. Desse saneamento do pântano pode resultar, na verdade, desequilíbrio profundo sob o ponto de vista ecológico: o eucalipto australiano viria concorrer, com as suas raízes tão exageradamente gulosas de água, para diminuir a própria umidade do nosso solo, talvez relacionada com a maior doçura do clima.

Os que se têm ocupado da fitogeografia do Nordeste estão cansados de destacar a importância da vegetação, como garantia de condições de umidade. Mas vegetação adequada, é claro; e não do tipo do eucalipto australiano, quase doentiamente especializado em sorver o melhor suco da terra.

A propagação de árvores desse tipo entre nós, longe de vir resolver o problema do reflorestamento da região, viria talvez comprometê-la ainda mais na sua saúde econômica, já tão má, e nas suas condições de vida e de equilíbrio, cada dia mais precárias. Pois não nos esqueçamos da advertência do agrônomo Vasconcelos Sobrinho em estudo recente: a de que as regiões intertropicais como o nordeste do Brasil "estão muito mais sujeitas ao desgaste do solo que as temperadas".[2]

Essas condições já se acham comprometidas de modo mais profundo pela devastação das matas, alarmante no mais industrializado Pernambuco. A "Zona da Mata" no Nordeste é hoje uma sub-região de restos de mata, de sobejos da coivara. Sub-região onde o canavial e o engenho se instalaram sem outra consideração que a de espaço para a sua forma brutal de explorar a terra virgem. Sem nenhum cuidado pela parte agrícola dessa exploração. Simplesmente devastando-se a mata a fogo, plantando-se a cana e só a cana pela mão de negro indiferente e abandonando-se a terra aos primeiros sinais de cansaço. O sistema agrícola da monocultura latifundiária e escravocrata foi aqui o quase militar da conquista de terras para fins imediatos de guerra ou de campanha. Não se pensou nunca no tempo, mas só no espaço; e no espaço, em termos de um só produto a explorar desbragadamente – o açúcar. Exploração com fins imediatos.

A monocultura teve de ser latifundiária e escravocrata pelas suas próprias condições de sistemas de exploração agrícola quase militar, talvez necessário em terras como as do Brasil de 1500; teve de ser essa conquista, à grande e pelo fogo, de espaços sempre novos e quanto possível virgens; essa conquista militar, e sem amor, da natureza bruta, antes da devastação pelo colonizador português apenas arranhada na sua virgindade pelos começos de lavoura do índio.

Dentro de tais condições não era preciso que se desenvolvesse aqui a figura do lavrador: bastava a do senhor de engenho gritando para o negro do alto da casa-grande ou de cima do cavalo; bastava a do escravo cumprindo as ordens do senhor ou do feitor; bastavam as mãos e os pés do negro; bastava o seu sexo capaz de larga procriação. Nem precisava que ele trouxesse uma alma capaz de se ligar às árvores, aos pássaros e aos bichos.

O escravo africano é que não se deixou reduzir a mãos e pés nem mesmo a sexo. Ao mesmo tempo que ele, vieram para aqui algumas das árvores e plantas da África mais queridas à sua alma e aos seus olhos. E às vezes o negro amou e respeitou nas árvores, nas plantas e nos bichos da terra, para ele estranha, as árvores, as plantas e os animais parecidos aos do seu país de origem. Mas nada disso impediu que ele, como escravo agrícola, se tornasse o instrumento do sistema bruto de exploração agrícola que tornou possível a rápida civilização do açúcar do Nordeste. Rápida, porém mórbida. E mórbida sobretudo nos seus prolongamentos atuais.

Porque tal sistema militar de agricultura nos viria até hoje. Declinaria com o maior número de engenhos – fenômeno da segunda metade do século XIX – para se acentuar com o maior prestígio das usinas na paisagem da região – fenômeno dos últimos cinquenta anos. Com a concentração da propriedade territorial no Nordeste em verdadeiros principados.

Como salientou há pouco, numa das páginas mais inteligentes que já se escreveram sobre o problema da devastação das matas entre nós, o professor da Escola Superior de Agricultura de Tapera, D. Bento Pickel, "o sistema de latifúndios que se está apoderando das terras tem tendência de unir as plantações, derrubando-se para este fim as faixas de matas para 'emendar'.[3] Emendar os canaviais.

O sistema de latifúndio moderno é o da usina: sua ânsia, a de "emendar" os campos de plantação da cana, uns com os outros, formando um só campo, formando cada usina um império; seu espírito, aquele militar, a que já se fez referência. O espírito do senhor latifundiário que procura dominar imperialmente zonas maciças, espaços continuados, terras que nunca faltem para o sacrifício da terra, das águas, dos animais e das pessoas ao açúcar.

Açúcar com A maiúsculo. Açúcar místico. Um açúcar dono dos homens e não ao serviço da gente da região. Quando muito, ao serviço de uma minoria insignificante. Mas nem isto. O usineiro é, em geral, ele próprio um deformado pelo império do açúcar.

Philipp von Luetzelburg, figura quase romântica de cientista alemão que durante longos anos ligou sua vida ao estudo germanicamente minucioso das plantas e das matas do Nordeste, acredita que as matas de Pernambuco cubram hoje 14% da área do Estado, contra 34% da que cobria primitivamente.[4] Para o agrônomo Vasconcelos Sobrinho a área coberta pelas matas é ainda mais reduzida: mesmo incluindo os capoeirões, não atinge 10% da superfície total do Estado.[5] É quase a saarização.

Chega-se mesmo a esta previsão melancólica: a continuar o resto da mata de Pernambuco a fornecer lenha, dormentes e madeira para o Estado inteiro e até para alguns estados vizinhos – para as usinas, as fábricas de tecidos, os engenhos, a Great Western, as padarias, as cozinhas, num volume, segundo cálculo oficial, de aproximadamente dois milhões e meio de metros cúbicos por ano –, dentro de poucos anos as últimas reservas pernambucanas de floresta estarão desaparecidas de todo. Só restará o arvoredo mais magro e mais resistente. Os ossos da mata.

Entretanto, há quatro séculos, o arvoredo do Nordeste era "tanto e tamanho e tão basto e de tantas prumagens" que "não podia homem dar conta". Surpresa dos europeus. Espanto dos primeiros cronistas.

O que Portugal retirou de madeira do Nordeste do Brasil – madeira gorda e de lei, que a outra lhe dava até repugnância – para levantar ou reparar seus conventos, suas igrejas, seus palácios, toda a sua arquitetura volutuosa, para construir seus barcos e seus navios, forma um capítulo da história da exploração econômica do Brasil pela Metrópole, na sua fase já parasitária, que um dia precisa ser escrito com vagar e minúcia. Quase não há edifício nobre em Portugal que não tenha um pedaço de mata virgem do Brasil resistindo com uma dureza de ferro à decadência que vem roendo a velha civilização portuguesa de conventos e palácios de rei. É o que se vê através de mais de um documento da *Correspondência da Corte*, do arquivo da antiga capitania de Pernambuco, que se conserva na Seção de Manuscritos da Biblioteca do Estado de Pernambuco: a grande importação de madeira de lei do Nordeste pela metrópole. Entre esses documentos, carta do marquês de Pombal de 6 de dezembro de 1775 exigindo que do Brasil só fosse para Portugal pau-brasil do melhor e "em toros grossos": nada de paus "miúdos" ou "bastardos".[6]

Essa devastação pelo machado se fez ao mesmo tempo que a do fogo, embora em escala muito menor. Não se cuidou a sério de replantio nem de reflorestamento: só da exploração das matas e da terra. Só da plantação da cana e do fabrico do açúcar. Fazia-se ouvido de mercador às ordens del-rei a favor das árvores.

O brado do primeiro donatário de Pernambuco contra a devastação das matas ficou uma voz clamando num deserto cada vez maior. Duarte Coelho viu o drama que se iniciava sob os seus olhos de lavrador e, ainda no século XVI, bradou contra o mal. Contra a pirataria de madeira em vez da colonização agrária de que ele foi o grande patriarca.

A cana se estendendo pelos claros abertos a fogo e a machado no mato virgem atenuou o mal da devastação. Porque em alguns desses claros, desde o primeiro século de colonização se levantaram no Nordeste casas de pedra-e-cal, igrejas, colégios de padres; escolas onde se começou o estudo do latim, com os alunos ainda sentindo no rosto o calor das queimadas.

A floresta tropical, devastada pelo colonizador português no interesse quase exclusivo da monocultura da cana ou da metrópole faustosa, era um obstáculo enorme a ser vencido pela colonização agrária do Nordeste. O colonizador português venceu tão poderoso inimigo, destruindo-o. O colonizador negro, não: venceu-o, em parte, adaptando-se à floresta, em parte adaptando a floresta às suas necessidades de evadido da monocultura escravocrata e latifundiária.

Esse esforço magnífico de adaptação e ao mesmo tempo de domínio sobre a natureza realizado aqui pelo negro, ainda não teve quem lhe fizesse a análise vagarosa e profunda. É um dos aspectos mais expressivos da colonização africana deste trecho da América tropical. O negro, a princípio tão medroso do tapuia e do mato grosso, se assenhoreou depois de algumas das florestas mais profundas do país e submeteu às suas tentativas rudes de colonização policultora, realizadas quase dentro das florestas virgens – que eram uma proteção contra os capitães-de-mato a serviço dos grandes monocultores brancos –, mulheres e até populações indígenas. O máximo de aproveitamento da vida nativa. Inclusive das palmas das palmeiras para numerosos fins, a começar pela habitação: arte em que o negro tornou-se o rival do indígena, a ponto do mucambo de palha ter se tornado tão ecológico como qualquer palhoça indígena. Assunto ferido por nós em ensaio publicado no Rio de Janeiro em 1937, *Mucambos do nordeste*, e em várias notas prévias.

O exemplo de Palmares já se tornou clássico. E é tão conhecido que seria banal recordá-lo ainda uma vez. Mesmo porque não é o único na história do Nordeste.

Também em Catucá, matas de Pernambuco vizinhas de alguns dos engenhos mais antigos da capitania, um grupo afoito de quilombolas se estabeleceu na floresta e se assenhoreou dela com uma capacidade de adaptação ao meio e de domínio sobre a vida vegetal e animal da região, que surpreende, em simples evadidos de engenhos de açúcar e sem grandes recursos técnicos para aventura tão arriscada. Catucá surge diante de nós quase como uma afirmação da capacidade do negro para se adaptar rapidamente aos trópicos americanos e às sombras de suas florestas mais profundas, em contraste com a incapacidade dos nórdicos. Porque nessas mesmas matas de Catucá lembraram-se de ir estabelecer-se, em colônia à parte da civilização monocultora fundada pelos portugueses, algumas famílias alemãs. Famílias arrojadas que, entretanto, em poucos anos se degradaram em simples fabricantes de carvão, entrando em conflito com os negros da floresta pernambucana e alguns até perecendo em luta com os pretos quilombolas que os alemães pretenderam expulsar de matas tão dominadas por eles.[7]

Na Bahia, Durval Vieira de Aguiar, escrevendo nos últimos dias da monarquia e referindo-se às matas de Orobó, salientou a dificuldade da colonização europeia nos trechos de vegetação mais tropical do Nordeste: o europeu só se dispunha a vir para aí conservando, com auxílio do governo, sua alimentação especial: e com ferramentas, pastores, médicos, boticários, escolas, igrejas que o mesmo governo mandasse vir da Europa ou levantasse para proveito deles, depois de derrubadas e roçadas as matas, naturalmente pelos escravos negros. Por isto as matas menos afastadas e de terreno melhor pareciam-lhe dever pertencer aos nacionais – que seriam, em sua maioria, os negros e os negroides. Estes nacionais se não trabalhavam é porque não tinham onde: "porque as terras de lavoura que possuíam ou são as grandes e distantes matas do Estado ou os terrenos monopolizados como verdadeiros feudos, onde o despotismo com a escravatura e os costumes disso consequentes estabelecerão praxes e arbítrios a que um homem livre não pode nem deve se sujeitar, sem uma plena garantia de seu futuro, de sua propriedade, de seus haveres, tudo ainda à mercê do capricho do proprietário".[8] Por outro lado, sem o sistema latifundiário e escravocrata, teria sido talvez impossível a fundação de lavoura à europeia nos trópicos, tão cheios de matas, e o desenvolvimento, aqui, de uma civilização a que não faltariam as qualidades e as virtudes das civilizações aristocráticas, ao lado das perversões sociais e dos defeitos econômicos e políticos.

Por baixo dessa civilização aristocrática e volutuosa de seda, de rubis, de azulejo, de latim, de versos, de cama de jacarandá, de cadeira de balanço, de mulher bonita, de cavalo de raça, de licor de caju, de doce fino, deixou-se secar tanta fonte de vida que era natural que a exploração da cana-de-açúcar fosse o que foi neste trecho do Brasil: uma fase, em certo sentido, criadora e sob vários aspectos brilhantíssima; mas tão separada de certos elementos da natureza regional e tão artificial em algumas de suas condições de vida, que apodreceu ainda verde: sem amadurecer direito.

O Maranhão, com seus sobrados grandes se esfarelando de podres e seus grandes homens discutindo gramática, há quase um século é uma ruína da civilização do açúcar. Pernambuco começa a ser outra. Serinhaém e Rio Formoso parecem terras por onde passou um inimigo brutal e não onde se processou uma colonização regular pela agricultura.

A Paraíba, Alagoas, o Rio Grande do Norte, Sergipe, menos oprimidos pelo que já se chamou de "passado aristocrático" – tão intenso e brilhante em Pernambuco e no Recôncavo da Bahia, de senhores menos parecidos com os da capital baiana do que com os de Pernambuco – reagem com maior vantagem contra a decadência a que a monocultura latifundiária e escravocrata do açúcar reduziu tão grande parte do Nordeste, depois de lhe ter dado "a grandeza" que um homem profundamente do Sul, o professor Coelho de Sousa, ainda há pouco sentiu animar ainda no Maranhão, "a igreja da Sé onde pregou Vieira" e "os sobrados de mirante, telhado de beiral, sacada rendilhada, frente de azulejo... azulejos cor-de-rosa e floridos... verdadeiras joias".[9]

# Notas ao Capítulo 3

1. Konrad Guenther, *A naturalist in Brazil* (trad.), Londres, 1931.
2. Vasconcelos Sobrinho, *As regiões naturais de Pernambuco*, cit.
3. D. Bento Pickel, "A vingança da natureza", *Boletim da Secretaria da Agricultura, Indústria e Viação* (Pernambuco), tomo III, n.º 3, 1934.
4. Philipp von Luetzelburg ocupa-se do problema da devastação das matas do Nordeste em trabalho notável, em três volumes: *Estudo botânico do Nordeste* (Inspetoria Federal de Obras Contra as Secas), Rio de Janeiro, 1922-1923.
5. Vasconcelos Sobrinho, "Ensaio de fitogeografia de Pernambuco", separata de *Fronteiras*, Recife, 1936. Sobre o assunto vejam-se também: A. T. Sampaio, *Fitogeografia do Brasil*, S. Paulo, 1934, e os discursos do deputado Renato Barbosa, nas sessões de 5 a 26 de novembro de 1936 da Câmara Federal. Também o capítulo "O problema da degradação da natureza do Nordeste", no recente ensaio do professor Vasconcelos Sobrinho, *As regiões naturais de Pernambuco*, cit.
6. Em carta de 30 de agosto, o marquês de Pombal exigia que do Nordeste do Brasil remetessem para Portugal pau-brasil de "qualidade" e "de Ley", em "toros grossos como antigamente vinha, para ter a devida substancia, sendo todo legítimo para tintas vermelhas, e para que esta ordem tenha o seu devido effeito, fique V. Sa. encarregado de fazer visitar por pessoas intelligentes todo o Páo que se recolher nesses armazens, e achando-se algum que não seja legitimo, e de boa ou ao menos regular qualidade, o faça logo separar e queimar publicamente, para que não succeda carregar-se algum para esta cidade, nem para alguma outra parte, não se pagando a despesa do Córte da conducção, se não do que for bom, e capaz de se carregar; tendo ao mesmo tempo particular cuidado e toda a vigilancia em que não possa haver extravio, por minimo que seja no dito genero. Deos guarde a V. Sa. Lisbôa 30 de Agosto de 1775. Marquez de Pombal". (Manuscrito da Correspondência da Corte, Arquivo da antiga capitania de Pernambuco, 1775.) E em carta de 6 de dezembro do mesmo ano insistia:

    "Pela minha antecedente de 30 de Agosto proximo passado fis sciente a V. Sa. que El Rey meu Senhor fora servido prorogar o contracto do consumo de Páo Brasil por outros nove annos, aos mesmos contractadores David Purry, e Gerardo Devisme, para principiar em primeiro de Janeiro proximo futuro de 1776, com obrigação de extrahirem vinte mil quintaes do dito genero em cada anno. Encommendei a V. Sa. de continuar a promover os competentes córtes e regular as remessas, de que está encarregada essa Direcção da Companhia Geral de Pernambuco e Parayba, em termos que aqui não falte annualmente a dita quantidade de Páo; e com a advertência de que não se córte, nem se carregue algum que não seja de Ley, de boa qualidade, e em tóros grossos; e que todo seja legitimo para tintas vermelhas, e não falsificado, para cujo effeito se deverão faser os necessarios exames, e escolhas nesses armasens, afim de se separar, e queimar todo o que não for legitimo e de boa qualidade e não se pagando a despesa do córte se não do que fôr bom, capas de carregar na referida forma, e recommendando-lhe ultimamente a evitar todo, e qualquer extravio, ou descaminho do referido genero, agora devo accrescentar que em coordenação de outras representações dos sobreditos contractores alem do referido contracto, em que muito interessa a fasenda Real, hé o mesmo Senhor Servido Ordenar novamente que, na referida inspecção que tenho encarregado a V. Sa. sobre o córte, recolhimento, remessas, e extravios do Páo Brasil, haja de observar, e fazer observar, as mais advertencias que se seguem.

1.º) – Que todos os toros que se carregar sejam bons de receber, sem que haja algum de Ramos secos, ou de troncos carunchosos, nem de Páo Branco, ou falso.

2.º) – Que não exceda cada hum dos tóros de seis palmos sendo todos limpos e despidos de toda a sua casca e todos marcados distinctamente com a marca R de fogo em ambas as extremidades.

3.º) – Que se cuide muito em precaver que não se molhe o dito Páo, como algumas veses tem succedido, ou com chuva ou com a maré quando o apanha nas prayas depois de tirado das embarcações pequenas que condusem, por pouco cuidado de o recolher Logo nos armasens, não se atendendo o que agora lhe tira toda a substancia.

4.º) – Que se carregue o Páo dividido com proporção pelos navios que no decurso do anno houverem de o condusir a Lisboa, para evitar o inconveniente e grande prejuiso que poderia seguir-se a este contracto se huma porção grande carregada em hum navio viesse acahir toda junta em navios de inimigos, ou Piratas.

5.º) – Que a entrega do Páo aos capitãos ou mestres dos navios, que o condusirem para Lisboa se faça com toda cautela, a exactidão, assim na quantidade dos tóros, como no prazo, para que eles não possam faser o contrabando que se tem verificado em alguns anos passados; para que não se achem a cada passo differenças de mais, e de menos, nas entregas que fasem na casa da India.

6.º) – Que se tomem todas as cautelas, e haja todo o cuidado em todos os portos dessa Capitania para impedir qualquer exportação do dito Páo por contrabandos ou extravios, seja por navio estrangeiro, ou portuguez ou de qualquer outro modo que possa acontecer; fasendo-se castigar rigorosamente qualquer delicto a este respeito com as penas da Ley.

E para que todas estas providencias tenham em todo a devida observancia, hé outro sim Servido o mesmo Senhor que V. Sa. as faça registar na secretaria desse governo, e que annualmente se me dê conta de tudo o que occorrer emcontrario. Lisbôa 6 de Dezembro de 1775. Marquez de Pombal".
(Manuscritos da Correspondência da Corte, Arquivo da antiga capitania de Pernambuco, 1775.)

7. Nos livros de Correspondências dos Cônsules conservados em manuscrito na Seção de Manuscritos da Biblioteca Pública do Estado de Pernambuco, encontram-se várias referências ao estabelecimento da colônia de europeus do Norte em Catucá. Essa colônia de europeus do Norte em matas quase virgens do Nordeste foi uma das primeiras tentativas de colonização alemã do Brasil. O ponto escolhido, "o lugar da Cova da Onça, vulgarmente chamado Catucá, sete leguas desta cidade [Recife] no centro de Matas feixadas, que até agora erão occupadas por negros fugidos, que ali viverão reunidos em formidaveis Quilombos", informa o presidente da província Tomás Xavier Garcia de Almeida em ofício de 14 de dezembro de 1829 dirigido a José Clemente Pereira (manuscrito na Biblioteca Pública do Estado). O mesmo ofício esclarece a origem da colônia: que em aviso de 28 de setembro (1829) S. M. o Imperador fora servido determinar que o presidente "fizesse estabelecer como colonos no logar que julgasse mais conveniente os individuos que vierão ter a esta Provincia vindos de Amsterdam no Brigue Hollandez – Activo – dando-lhes pequenas datas de terras que possão cultivar, mandando-lhes levantar cazas para se recolherem, e assistindo-lhes por espaço de hum anno com o Subsidio diario de 160 p.ª as pessôas grandes e 120 p.ª as de menor idade". Eram os colonos 103 entre homens, mulheres e crianças. E "como tenhão pretendido ser igualmente admitidos à classe de Colonos alguns soldados, Alemãs do Batalhão 2º do Granadeiros aqui destacado, que obtiverão escusas p. haver preenchido o tempo do seu engajamento" o presidente consultou a respeito o presidente, parecendo que também estes se estabeleceram em *Cova da Onça ou Catucá*. Quanto aos outros, segundo carta do encarregado do consulado dos Países-Baixos, Jacob Lefolle, dirigida ao presidente da província em data de 13 de setembro de 1828, eram prussianos, "na maior parte artistas, e agricultores, que se propuzerão livremente a ser colonos no Brasil". A colônia de Cova da Onça não prosperou. Em ofício de 13 de outubro de 1830 informava o então presidente da província Joaquim José Pinheiro de Vasconcelos que a colônia se achava com noventa e seis indivíduos, vivendo de plantações de mandioca e feijão, cultivando frutas e morando não já em casas de palha, mas de telha. Mas o cientista inglês Gardner, que aqui esteve em 1835, visitou *Cova da Onça*, surpreendendo sinais de decadência – a maior parte dos homens entregues simplesmente ao fabrico de carvão. Deve-se notar que vários dos colonos alemães que vieram para Pernambuco em 1828, dissolveram-se aqui, casando com famílias antigas da região.

Da Correspondência dos Cônsules é o seguinte documento de interesse sobre a colonização de Catucá por prussianos:

"Achando-se no porto do Assú um Brigue Hollandez que se destinava ao Rio de Janeiro, com, pouco mais ou menos, cento e quarenta Prussianos, na maior parte artistas, e agricultores, que se propuzerão livremente a ser colonos no Brasil; e podendo talvez ser de grande utilidade pa. esta provincia, que n'ella se estabeleção aquelles individuos; tenho a honra d'o propor a VExa., estando informado pelo Capm do d.º Brigue, que elles não terão dúvida d'acceitar este convite da parte de VExa., uma vez que lhes proporcione meios para darem princcipios a seus estabelecimentos, como homens livres.

Se esta proposição for do agrado de VExa. terei o prazer de contribuir quanto mi for possível para se concluir este tracto que considero favoravel pa. esta Provincia; da qual sinceramente desejo todos os augimentos e prosperidades, como a hum pays que tão benignamente me tem acolhido.

Deos Guarde VExa.

Consulado dos Paizes Baixos em Pernambuco 13 de Setembro de 1828.
Illm.º e Exm.º Senr. Francisco de Paula Cavalcante d'Albuquerque.
Vice Presidente da Provincia de Pernambuco.
Encarregado do Consulado dos Paizes Baixos.

Jacob Lefolle."

8. Durval Vieira de Aguiar, op. cit.
9. "São Luís", *Diário de Notícias*, Porto alegre, 18 de abril de 1950.

# 4 A CANA E OS ANIMAIS

A cultura da cana, no Nordeste, aristocratizou o branco em senhor e degradou o índio e principalmente o negro, primeiro em escravo, depois em pária. Aristocratizou a casa de pedra-e-cal em casa-grande e degradou a choça de palha em mucambo. Valorizou o canavial e tornou desprezível a mata.

Nesse sistema de relações que dividiu os homens e as suas habitações e a própria paisagem, em metades tão diferentes e até antagônicas, pode-se dizer, para efeito de generalização, que o cavalo ficou no primeiro e o boi no segundo grupo. E estes foram os dois grandes animais da civilização da cana-de-açúcar no Nordeste do Brasil.

Essa civilização tornou-se desde os primeiros tempos acentuadamente cavalheiresca. Sem o cavalo, a figura do senhor de engenho do Nordeste teria ficado incompleta na sua dignidade de dono de terras tão vastas e na sua mística de fidalgo de casas-grandes tão isoladas. Incompleta nos seus movimentos de mando, nos seus gestos de galanteria, nos seus rompantes guerreiros.

Não se alterou, antes se acentuou, no cavalo importado para os engenhos do Nordeste, a sua qualidade de animal por excelência aristocrático e até autocrático. Seu trote, o ruído imperial de suas patas, se tem feito ouvir através da nossa história social com a majestade do próprio ritmo da ordem, da autoridade, do domínio. Os dominadores da terra quase não tem ganho nenhuma vitória sobre os revoltados, sobre os insubmissos, sobre os mal satisfeitos – gente quase sempre de pé, sem terra e sem cavalo –, que não tenha sido uma vitória de homens majestosamente a cavalo. Só o cavalo do gaúcho do Rio Grande do Sul ou o de certo tipo de sertanejo ou de matuto escapa a essa caracterização do cavalo brasileiro como o animal, mais que qualquer outro, a serviço do domínio dos defensores da Ordem sobre a massa.

Essa função, o cavalo do senhor de engenho desempenhou-a magnificamente. O senhor de engenho do Nordeste foi quase uma figura de centauro: metade homem, metade cavalo. E esse centauro, um "defensor da Ordem", embora para defendê-la a seu modo às vezes desobedecesse ao rei ou se revoltasse contra ele.

Impossível imaginá-lo – a esse centauro – fora de rede patriarcal, sem ser o homem a cavalo, chapéu grande, botas pretas, esporas de prata, rebenque na mão, a quem a gente dos mucambos tomava a benção como a um rei. Do alto do cavalo é que esse verdadeiro rei-nosso-senhor via os canaviais que não enxergava do alto da casa-grande: do alto do cavalo é que ele falava gritando, como do alto da casa-grande, aos escravos, aos trabalhadores, aos moleques do eito. O cavalo dava ao aristocrata do açúcar, quando em movimento ou em ação, quase a mesma altura que lhe dava o alto da casa-grande nas horas de descanso.

Para tal efeito, devia ser majestoso no porte e belo nas formas o cavalo do senhor. O mais possível dentre os cavalos de origem árabe que no Nordeste foram diminuindo de tamanho.

E devia ser pampa, malhado de branco; ou castanho "andrinho", castanho verdadeiro, castanho-amarelo, barriga de veado, alazão, ruço-pombo, ruço verdadeiro, melado-raposo, "rudado", "rudado apatacado", argel (pé direito branco). Isso é que era cavalo de senhor de engenho. Mas, de preferência, que fosse branco da "mão direita" e do "pé esquerdo": "mão de lança" e "pé de cavalgar". Os "galvões", isto é, os especialistas em conhecer cavalo pela pinta ou pela cor, advertiam os compradores contra cavalo argel: podia trazer desgraça para o dono; contra o cavalo "cacete", isto é, sem sinal no membro: cavalo que via alma de noite; contra o cavalo gázeo-sarará. Bom era o alazão. Ótimo para correr o cardão-pedrês. Bom e bonito o melado caxito.

Outras especializações de animal aristocrático foram lhe dando o bom trato nas estrebarias das casas-grandes, o banho de rio, a mão do moleque que lhe esfregava o pelo até ficar brilhando, a alimentação farta e boa que o arredondava em animal volutuoso, ancas quase de mulher. O cavalo do senhor de engenho se diferenciava por todos esses carinhos de tratamento de qualquer outro – do de cangalha; do de matuto, do de sertanejo. Cavalos angulosos e ossudos. Também se salientava de qualquer outro animal criado à sombra do mesmo engenho, mas sem as mesmas regalias. A não ser um outro carneirinho mocho de menino ou um ou outro gato de iaiá solteirona criado no colo.

Exigiam-se do cavalo do senhor de engenho certas qualidades militares. Devia andar de baixo, meio, esquipado, misturado. Saltar valado. Atravessar com elegância riacho. Saber sair. E fosse bom o cavaleiro, saber chegar.

Era então o cavalo ortodoxo do senhor de engenho; o que ele cobria de prata quando saía em visita aos parentes ou a passeio pelos engenhos vizinhos, o escudeiro ou pajem de lado, num cavalo menos senhoril.

Mas não foi só o cavalo de sela o mimado com tanto exagero pelos homens das casas-grandes do Nordeste: também o cavalo de carro teve seus regalos. O cabriolé de engenho tornou-se uma das notas mais características da paisagem rural do Nordeste no século XIX.

Antes quase que era só a rede que a gente mais comodista viajava de um engenho a outro: a rede ou a liteira. Pelo barro vermelho só rodavam carros de boi. As grandes rodas de madeira, chiando como umas desadoradas, eram as únicas que se aventuravam pelo massapê, pela lama, pelos catabis dos caminhos quase impossíveis a outro trânsito que não fosse o do negro, o do burro e o da besta de carga – o proletariado do transporte de água, de açúcar, de mantimentos no Nordeste do Brasil.

Com a maior influência inglesa e francesa sobre a vida da região – influência que se acentuou tanto na administração do barão de Boa Vista em Pernambuco – o Recife se encheu de traquitanas, de seges, de cabriolés de médico, de todos os estilos novos de carruagem. Antes quase que só o bispo e o governador rodavam de carro.

O palanquim – que na cidade de Salvador ia ter ainda quase meio século de vida – na capital do extremo Nordeste, cidade plana, prestando-se melhor que as ladeirosas ao rodar nem sempre macio das carruagens, desapareceu quase de repente depois da Independência. Tornou-se um arcaísmo colonial.

Essa vitória rápida do veículo inglês ou francês não se limitou ao Recife e aos seus subúrbios: estendeu-se às terras de senhores de engenho mais ricos e mais em contato com as atualidades inglesas e francesas. Tornou-se um luxo – porque não era de modo nenhum uma necessidade – andar em carros ligeiros. E com esse gosto de ligeireza, afirmou-se nova superioridade do cavalo sobre o boi: como animal de carro da família patriarcal.

Nos engenhos tornou-se luxo dos senhores brancos bolearem eles próprios os seus carros. Às vezes em disparada, como carros de triunfadores esquecidos de que eram mortais. Era outra forma de ostentação de domínio, na qual o cavalo completava magnificamente a figura do senhor de rédeas na mão, guiando, governando, chicoteando levantando poeira, espantando os moleques e os animais. Alguns senhores de engenho gabavam-se de saber passar com a roda direita ou esquerda do carro, por cima de quantas moedas de vintém atirassem no chão. Cavalo e roda de carro os obedeciam com a mesma docilidade das mulheres e dos escravos.

O carro de cavalo do senhor de engenho, sobretudo quando boleado pelo dono, tornou-se na paisagem do Nordeste uma nota imperial, um elemento vivo de domínio do homem rico sobre a massa, sobre a distância, sobre a natureza e não apenas uma marca de decoração social em que rivalizassem as casas-grandes, umas com as outras.

Como nas cidades, com relação às ruas, o carro de cavalo influiu, nos engenhos, sobre os caminhos, submetendo a natureza ao maior domínio do homem. Ainda hoje se encontram caminhos de engenhos empedrados para o rodar mais fácil das carruagens do barões, tempo de chuva, quando o massapê tornava-se, em tantos trechos, uma papa de terra. Papa de terra onde as patas dos cavalos e a rodas dos carros só faltavam se sumir como em areia gulosa.

Koster, que tanto viajou por esses caminhos, quando as carruagens ainda eram raras até no Recife e o transporte dos senhores, dos vigários, dos frades e das iaiás, de rede, de palanquim, de cavalo, de burro, de carro de boi, notou o horrível das comunicações no Nordeste. Desde Alagoas ao Maranhão.[1] No Recôncavo, escrevia em 1821 o desembargador João Rodrigues de Brito que era um pavor. As estradas da vizinhança mesmo da cidade eram impraticáveis para os carros, "fazendo-se por isso os transportes ás costas de escravos muito mais dispendiosamente." Duro fisiocrata, notava o desembargador a respeito das estradas íngremes por onde não podia rodar carro: "Bastaria a despeza que se gasta em uma procissão para fazer desapparecer todas essas ladeiras".² Ladeiras e atoleiros onde em tempo de chuva pereciam muitos bois e cavalos.

Mas é a Charles B. Mansfield que devemos as observações mais minuciosas sobre os caminhos do Nordeste antes da viação férrea vir alterar o sistema de comunicações por terra entre os engenhos e as cidades do litoral. Notou Mansfield que "exceto as estradas reais em certas direções", as "coisas denominadas caminhos, pelos quais os produtos são exportados dos engenhos, são absolutamente intransitáveis para os veículos de rodas".³ De modo que quase todo o açúcar vinha, ou em barcaças pelos rios e pelo mar, ou nas costas dos cavalos e dos burros. No recôncavo, nas costas dos negros.

Os caminhos eram apenas o suficiente para o tráfico, e este mesmo penoso, dos pobres cavalos e burros; ou dos carregadores a pé. Negros e cavalos dos senhores de engenho; burros e bestas de matutos ou tropeiros. Estes faziam a viagem de pernas cruzadas sobre um dos animais da tropa; na volta, o animal já descarregado, é que o matuto se escanchava nele, mas se utilizando de uma simples corda, em vez de estribo.

"Em alguns lugares" – observou Mansfield em suas excursões pela zona da cana-de-açúcar do Nordeste – "a lama, nos sulcos, é tão espessa que a pata do cavalo, ao tempo de ser tirada do lamaçal faz pela sucção um *fit-top*, quase o mesmo que uma peça de artilharia." Alguns cavalos resvalavam nos buracos mais fundos, quebrando a perna, rachando o casco, morrendo. Mansfield observou os rodeios de certos cavalos, sua cautela em escolher o caminho, para se furtarem aos lugares suspeitos. Era divertido vê-los nesses rodeios de gatos; mas devia ser também doloroso.

Os arquivos dos senhores de engenho antigos estão cheios de cartas e papéis sobre cavalos e carros de cavalo; as gazetas coloniais e do tempo do Império, cheias de anúncios de cavalos e carros. Cartas comerciais e anúncios de venda e troca de cavalos, descritos com a mesma minúcia, às vezes com as mesmas palavras, com que se descreviam os negros.

Em 1837 Manuel de Araújo Lima escreve do engenho Antas em papel com coroa, já cheio de pretensões a lorde, uma carta a Manuel Tomé de Jesus, do engenho Noruega – o "cap.ᵃᵐ Mór Manoel Thomé de Jezus", seu "mui Bom Am.º" do seu "cordeal affecto" – toda sobre cavalos. Sobre um cavalo castanho muito bonito, pé e mão esquerdos calçados. Sobre um poltro "fazendo ou igualando a ultima muda". Um poltro que era um encanto: "castanho, quatro pés calçados, uma estrella na testa, uma malhasinha no buço de cima".⁴

E o próprio bispo de Pernambuco, D. João da Purificação, correspondia-se do Palácio da Soledade com o capitão-mor do antigo Engenho dos Bois sobre cavalos de carro. Em 1º de maio de 1840 dirigia-se o bispo ao senhor de engenho, em larga folha azulada de papel de carta inglês: "Remetto a V. S. dois cavallos para q. com mais vagar faça o favor de me arranjar huma parelha de quartaos russos por troca com a q. vai, ainda que haja excesso no preço q. satisfarei com aviso de V. S. e tenha paciencia com os meos incommodos pois q. não sei o q. heide fazer p.ª estabelecer o arranjo da carruagem. Desejo 2 quartaos possantes, novos e russos p.ª emparelhar com os 2 q. cá tenho".⁵

Nos anúncios de jornal os cavalos só faltam pisar os pobres negros fugidos, os próprios moleques à venda. Assim um cavalo alazão que salta que nem cavalo de príncipe de um anúncio do *Diário de Pernambuco* de 1836: "clinas brancas, muito novo por estar ainda a igualar, bastante carnudo", e "exento de todos os achaques, carregador baixo de redeas soltas, com bonita figura e bôa redea." Ou o "cavallo alasão rosilho muito bom paceiro e esquipador, bonita figura" que salta de outro anúncio. Ou a "parelha de muito bons cavallos de carro e em bôas carnes" que se anunciava para vender numa casa da Rua do Rosário, no Recife. Ou, ainda, o "cavallo melado caxito" com bom passo picado "da estribaria do snr. Sauer". Ou o "cavallinho castanho muito manço, proprio para menino", que aparece noutro anúncio.

Mas aparecem cavalos fugidos com suas marcas de doenças, seus sinais de maus tratos, seu ar tristonho de cavalos de pobre. Confundem-se às vezes com os negros doentes, com os moleques maltratados. Tal certo "russo pedrez pequeno carregador com clinas cahidas e a cauda comprida..." "Duas sicatrizes uma bem visivel na banda esquerda junto ao rabo e a outra junto ao queixo do lado direito... Ou outro ruço, esse rudado, descarnando, crinas também caídas, "raxadura em um dos cascos dos pés"⁶ de tanto andar a trabalhar para senhor pobre.

Nem todos os cavalos, nas cidades, nos engenhos e sobretudo nas engenhocas de senhores pobres – com poucos escravos e poucos animais – tiveram os bons tratos e os regalos que tornaram célebres as estrebarias de certos engenhos grandes, onde os cavalos faziam inveja aos negros das senzalas, aos brancos e caboclos dos mucambos.

Os cavalos de Sebastião do Rosário, um dos Wanderleys mais opulentos de Serinhaém e Rio Formoso, só faltavam estourar de gordos. Os senhores de engenho gostavam de cavalos que fossem como as mulheres: gordos e bonitos. O cavalo e a mulher estavam quase no mesmo plano para o senhor de engenho do Nordeste, como para o homem senhoril de outras regiões. É o que nos ensina o folclore da região, neste talvez contaminado pelo da região gaúcha:

> *Sou velho, tive bom gosto*
> *Morro quando Deus quiser*
> *A maior pena que eu levo*
> *Cavalo bom e mulher.*

O senhor de engenho tinha tanto horror e ódio ao ladrão de cavalo como ao ladrão de negro. Sinhozinho (Sousa Leão) do Almeçaga chegava a ser cruel com os ladrões de cavalo. Ainda hoje dificilmente se pode humilhar de modo mais cru a um homem, no Nordeste, do que chamando-o ladrão de cavalo. Entretanto havia afoitos que se aventuravam a roubar cavalos até de desembargadores presidentes da Relação. Uma noite furtaram do sítio do Hospício, no Recife, pelo portão do corredor do bispo, arrombando-se a fechadura do mesmo portão, "um cavalo alasão, capado bem reforçado e espadaudo da sege do dezembargador Presidente da Relação".[7] Um anúncio de jornal exprime a mágoa do desembargador e a sua esperança de achar o cavalo tão afoitamente roubado de sua casa. Cavalo de estimação, bem tratado, bem lavado, bem alimentado.

Na alimentação do cavalo do Nordeste açucareiro – na do cavalo de luxo como na do cavalo de cangalha – tornou-se clássica a ração, maior ou menor, de melaço ou de mel-de-furo. Essa ligação da cana-de-açúcar com o cavalo do senhor de engenho e mesmo com o do matuto merece todo o destaque. Talvez se expliquem por ela, não completamente, é claro, mas em parte, certos característicos que se desenvolveram no cavalo desta sub-região do Nordeste.

Se o cavalo de Kentucky é hoje um animal que os entendidos distinguem quase à primeira vista dos cavalos de outras regiões americanas e do cavalo inglês, seu avô, o mesmo parece que é possível fazer-se com o cavalo de engenho do Nordeste do Brasil. Cavalo pequeno, às vezes até nanico, sobretudo se o colocarmos junto de um cavalo normando, ele se apresenta, entretanto, com qualidades nada vulgares de resistência. E com arredondados de forma bem característicos, que o ideal de cavalo "gordo e bonito" consagrou como o tipo do cavalo bom.

Artur Orlando pretende que o cavalo de Pernambuco tenha "ganho em força e vigor o que perdeu em corpulência e estampa";[8] e lembra que se tem procurado explicar o fato pela origem árabe, geralmente atribuída ao animal. Mas a causa de maior importância, na diferenciação de qualidades do cavalo de engenho do Nordeste, parece ter atinado com ela o velho ensaísta: a predominância da ração de melaço na dieta do animal.

A verdade, entretanto, é que aqui, como em outras áreas da América de colonização agrária, o cavalo, de que o agricultor fez sempre o seu animal de maior estimação, a expressão mais viva de sua autoridade, do seu domínio quase militar sobre as terras e os moradores, tratando-o o senhor de engenho brasileiro como a nenhum outro animal, preocupando-se com a sua alimentação e com a sua higiene, com a sua ração de mel-de-furo e com o seu banho de rio, não foi o animal mais útil à lavoura, ao sistema econômico baseado sobre a monocultura latifundiária e escravocrata. O aliado fiel do escravo africano no trabalho agrícola, na rotina da lavoura de cana, na própria indústria do açúcar, foi o boi; e esses dois – o negro e o boi – é que formaram o alicerce vivo da civilização do açúcar.

Em 1833 José Silvestre Rebelo na sua *Memoria sobre a cultura da canna e elaboração do assucar* já fazia o elogio do boi: "o boi nutre-se de capim, e não he delicado na escolha; não precisa de ração; agradece ao homem o cuidado que com elle tem, com paço vagaroso mas certo; trabalha dando provas do seu brutal agradecimento; quando os annos o inutilizam vai servir de nutrição, qualidade que os outros não tem". Enquanto ao cavalo, "todo o serviço rural o desgosta, e humilha; custa a manter; requer capim escolhido; exige ração regular; ao mesmo animal que arribita as orelhas, rincha ao som de hum clarim, murcha as mesmas, e parece que murmura á voz do lavrador, que o conduz, ou para as carretas, ou para a almanjarra".

Repetia Rebelo o que já fora dito pelos estudiosos dos problemas de economia agrária nas colônias inglesas da América, alguns seus conhecidos: que feito o balanço entre os préstimos do boi e os do cavalo, os do boi se apresentavam bem maiores. Thomas Spalding chegara a particularizar o confronto com relação à lavoura de cana e à indústria do açúcar: "em todos os trabalhos de que depende a plantação da cana, a elaboração do açúcar... o boi parece ser o melhor companheiro para o homem; ele lavra melhor; é mais dócil, e obediente, nas moendas; e ainda que se mova lentamente, anda com regularidade". E Dwight escreveria que as vantagens do emprego do boi sobre o do cavalo, na lavoura, eram várias: o boi era mais resistente, mais constante, custava menos, dava menos trabalho, era mais livre de doença, e quando velho ou desvalorizado para o trabalho por algum acidente, servia para *beef*.[9] A única vantagem do cavalo estava na sua ligeireza.

Esse contraste entre o cavalo e o boi, do ponto de vista agrícola, lembra-nos um pouco o que se pode estabelecer, no caso do Brasil e da sua colonização agrária, entre os préstimos do índio nômade, que foi uma espécie de cavalo pelas suas tendências ao movimento, à ligeireza, à aliança com o homem menos sedentário e mais guerreiro, e os préstimos do negro, espécie de boi, pela sua adaptação melhor e mais segura à rotina da lavoura da cana, à sedentariedade e ao vagar do trabalho agrícola. O negro foi na verdade o pé-de-boi da colonização agrária do Brasil. Sem ele, a colonização do Nordeste pela cana-de-açúcar não se teria realizado tão solidamente.

Por outro lado, sem o boi, só com o cavalo, o engenho não teria se firmado como se firmou. Até as vezes da égua o boi fez nas almanjarras. Até as vezes da besta. E até as vezes da mulher a vaca fez para os meninos de engenho.

Nos princípios do século XVII, o autor dos *Diálogos das grandezas do Brasil* calculava que cada engenho devesse dispor para seu sustento – além dos elementos já destacados neste ensaio, tanto quanto possível, na ordem de sua importância material: 1) boas *terras*, 2) bastante *água* para as moendas, 3) *matas* situadas perto do engenho para a extração de lenha e de madeira – de 50 peças de bons escravos e de 5 ou 20 juntas de bois com seus carros. Terra, água, matas. Negros e bois.

Em meados do século XVIII, D. Domingos do Loreto Couto, no ensaio que escreveu com minúcias de frade-senhor-de-engenho sobre "um engenho de lavrar assucar" – talvez o capítulo mais fascinante do seu *Desagravos do Brasil e glórias de Pernambuco* – calculava que para sustento de uma fábrica de Pernambuco eram necessários tantos bois quantos negros: no mínimo 60 escravos e 60 bois. Bois para trazer lenha do mato nos carros: "em uma safra de 1500 pães de assucar gastam-se 3000 carros de lenha, levando cada carro mais de 50 arrobas de peso". Bois para carregar cana. Bois para carregar açúcar. Sem contar os bois para o corte, conservados à distância da fábrica e do canavial. Sem contar as vacas de leite.

As almanjarras de bestas, ou *molinotes* – tipo de engenho de que se utilizou o colonizador do Nordeste, diante da falta ou dificuldade que às vezes encontrou em fazer girar a fábrica a roda-d'água – foram precedidos pelas almanjarras de bois, ou *trapiches*. Os *molinotes* descreve-os D. Domingos: "no eixo do meio não tem bolandeira... e tem umas traves no dito eixo que chamam aspas, e nas pontas se pregam outras traves, que vem quase ao chão, ficando em cruz, quatro em que se fazem assentos para as pessoas que tangem as bestas, pondo-se em ajojo duas em cada parte, com correntes de ferro e couro cru, que prendem a trave chamada almanjarra, e para circular carece de oito bestas, que andam de tres em tres horas".

Nesses *molinotes* em forma de cruz penou muita besta. A besta de almanjarra foi um verdadeiro mártir da cana-de-açúcar. Mas penou também muito boi na cruz dos trapiches. "Em outro tempo moiam tambem com bois. Só a grande falta de bestas obriga a servirem-se delles, pelo tardo com que circula a moenda, por terem o passo, ou galope, mais vagoroso, o qual, sendo mais rápido e violento, dá mais expedição á moagem."

Vagarosos, mas constantes, os pobres dos bois. Para se alimentarem, nenhum luxo. E uma capacidade quase mística para o sofrimento, para a rotina, para o serviço do homem.

O escravo vindo da África não encontrou aqui melhor companheiro do que o boi para seus dias mais tristes. Para os seus trabalhos mais penosos.

Quando depois o boi associou-se também aos dias alegres do negro de engenho – os de dança, de cachaça, de festa – na figura do bumba meu boi, é natural que o negro tenha feito desse drama popular um meio de expressão de muita mágoa recalcada: a glorificação do boi, seu companheiro de trabalho, quase seu irmão.

Já houve quem enxergasse no bumba meu boi "a sátira dorida do negro e do índio oprimidos contra a prepotência do branco".[10] Talvez haja aí exagero e um pouco de retórica. O que principalmente se sente no grande drama popular do Nordeste – talvez de remota origem bântu, segundo a ideia de Artur Ramos sobre as festas populares do boi, mas aqui colorido por influências nitidamente regionais – é a glorificação da figura do boi; sua exaltação; sua apologia. O cavalo fica um "maricas meu bem". A glorificação do boi é que se torna a nota dominante do drama.

No bumba meu boi o boi é de fato, "a grande figura apoteótica", como diz Júlio Belo, tão entendido no folclore dos engenhos do Nordeste. A figura máscula, dominadora, poderosa e até terrível do drama.[11]

O boi Janeiro, de chifres enormes e cheio de chocalhos, grandão, tristonho, o rabo comprido, depois de muito varrer o terreno, de atacar Mateus e Catarina, de correr zangado contra os brancos mais mimosos da assistência, de repente morre, como se a revolta e a luta o tivessem extenuado:

> *"Meu boi morreu*
> *Que será de mim?"*

Há através do drama uma evidente identificação do boi com o negro; o negro se sente no boi; não se sente no cavalo. No cavalo ele sente o animal meio maricas do senhor; o animal cheio de laços de fita e mesureiro; o animal "abaianado", isto é, urbanizado, civilizado, capaz de graças e mesuras de que é incapaz o cavalo rústico e não apenas o boi:

> *"Cavalo-marinho*
> *Maricas meu bem"*

ou

> *"Cavalo-marinho*
> *Dos laços de fita*
> *Faz uma mesura*
> *Às moças bonitas"*

ou ainda:

> *"Cavalo-marinho*
> *Dança bem baiano*
> *Nem parece ser*
> *Um pernambucano"*

como mais de um folclorista tem colhido os versos populares em meios pernambucanos. *Nem* e não *bem* como registrara Pereira da Costa.

A distinção que aqui procuramos salientar entre o boi e o cavalo através das relações de um e de outro com a monocultura da cana, com o senhor branco e com o escravo do Nordeste – hoje simplesmente com o senhor e com o trabalhador – se surpreende não só nesse poderoso drama de expressão e quase de revolta popular que é o bumba meu boi, como nos nomes dados pelos donos dos engenhos aos bois de seu cercado e aos cavalos de sua estrebaria. Os nomes aos cavalos são mais respeitosos; por eles se reconhece no animal um aliado, melhor e mais nobre que o boi, do senhor de engenho, da propriedade, da família fidalga. Os cavalos se chamam com frequência Marajá, Rajá, Príncipe, Guararapes, Sultão, Capitão, Bonaparte, Serinhaém, Monjope, Maipió. Nomes ilustres. Nomes nobres. Nomes finos. Os bois são quando muito "Valorosos"; mas em geral "Meia-Noite", "Malunguinho", "Moleque", "Traquino", "Veludo", "Desengano". Quase os mesmo nomes dados pelos ioiôs complacentes aos negros de estimação.

De onde veio para o Nordeste o gado de várias espécies, cuja presença contribuiu para alterar a fisionomia da paisagem em tantos dos seus traços essenciais, não é fato estabelecido com inteira segurança. Afirma-se que de Cabo Verde. Outros supõem que já da capitania de São Vicente. O que é certo é que em princípios do século XVII estavam inçadas de gado as duas bandas do rio em seu curso inferior, diz Capistrano de Abreu referindo-se ao São Francisco; e fundada em toda essa sub-região, do Nordeste, como em outros do Brasil, a "civilização do couro" que o velho historiador caracterizou admiravelmente em uma de suas páginas mais felizes. "Civilização do couro" que pelo seu exclusivismo de vida baseada quase que só sobre a pecuária representaria um tipo de organização antagônica ao da civilização da cana-de-açúcar.

Não cabe nos limites nem na natureza deste ensaio, apreciar, mesmo de passagem, o papel, sem dúvida importantíssimo que o gado representou e representa ainda nesse tipo de civilização quase de fronteira, movediça e áspera, dura e ascética. Sem casas-grandes mas também sem senzalas. Sem rios em que o homem pudesse confiar para as largas permanências, para os esforços profundos de lavoura. Sem água e sem solo que justificassem a agricultura hierárquica, com o senhor a cavalo mandando o negro fazer isso, fazer aquilo, e o escravo a pé fazendo tudo, junto com a besta e com o boi.

Se nestas páginas se acentua o contraste entre as duas grandes sub-regiões é para salientar-se ainda uma vez o fato de que a monocultura da cana repeliu o gado para os sertões como se enxotasse animais danados. Repeliu o gado do mesmo modo que as matas, que os pássaros, que as plantas, que os indígenas mais agrestes. Só se conservaram nos engenhos os cavalos, os bois, as plantas, as caboclas e a mata a serviço imediato do açúcar e dos aristocratas do açúcar.

Daí desequilíbrios profundos na vida e na alimentação da gente do "litoral" e da "mata", sobretudo da gente das casas de barro, a gente pobre e aparentemente livre, moradora nos engenhos de cana; mas impedida, como se fosse escrava, de criar bicho, de plantar legume, de cultivar a terra de outro jeito que não fosse a serviço – e serviço imediato – da monocultura da cana e dos seus senhores.

Daí a falta de carne, de leite, de queijo, de legume, de fruta na mesa de grande parte da gente do Nordeste açucareiro – fato que já procuramos destacar em trabalho anterior, contrariando a suposição de que os velhos engenhos patriarcais fossem todos pedaços idílicos de algum extraordinário país de Cocagne. O arquivo, ainda inédito, da antiga capitania de Pernambuco – a correspondência da corte e outros livros que se conservam em manuscritos – como também o do Ultramar ou Histórico colonial, em Lisboa, estão cheios de documentos sobre o assunto: constantes crises de víveres inclusive da farinha, nas terras mais dominadas pela monocultura.[12]

No Nordeste, à proporção que se estenderam os latifúndios do açúcar, a área pastoril, como a de mato grosso, foi diminuindo rapidamente. O pastoreio de tal modo se reduziu, em algumas províncias, a trechos quase saarizados da região que, em alguns desses trechos, tempo de seca, têm chegado a morrer – calculam alguns criadores – cerca de 90% dos bovinos.

Desde dias já remotos que o gado para as necessidades da gente dos engenhos vem de distâncias enormes. Vem do Piauí; "lá do Piauí":

*"Meu boi morreu*
*...manda buscar outro*
*lá no Piauí."*

Não só essa especialização rígida, intensa, extenuante, do solo, numa zona remotíssima e seca de criação e em outra, agrícola, de uma extensão considerável, devido à gula de terra virgem, ao método da coivara, ao latifundismo desdenhoso de cuidados com o solo, como outros vícios do sistema agrícola da monocultura, vêm concorrendo para acentuar o desequilíbrio entre a pecuária e a lavoura no Nordeste.

As queimadas, de que a monocultura da cana fez o seu sistema oficial de limpar a terra para a plantação, não são estranhas ao empobrecimento cada dia maior das pastagens do Nordeste. "Vão desaparecendo os princípios nutritivos das forragens, provindas de um solo que nada recebe em troca dos elementos nobres que o pastoreio de quatro séculos e o fogo anual lhe retiram" lembrava há anos o agricultor Samuel Hardman em estudo sobre a agricultura e a pecuária do Nordeste que escreveu para o primeiro esforço que já se tentou entre nós de estudo das condições e dos característicos da região: o livro editado em 1925 pelo *Diário de Pernambuco* para celebrar seu centenário. "Não há provisão de alimentos para os meses da estiagem... Os rebanhos encantonados em 'largas' ou 'mangas' reduzidas não podem, como outrora, fugir dos rigores das secas, procurando a distância, alimento e água, com que ao menos mantenham a vida."

Como já salientamos em trabalho anterior,[13] a monocultura da cana e a pecuária exclusivista olhando-se de longe e com olhos de inimigos criaram na economia da região um verdadeiro sistema balcânico de especialização de áreas de que se tivesse afastado toda a ideia de colaboração entre a lavoura e a criação de gado. Especialização de áreas verdadeiramente belicosas. O resultado é importar o Nordeste açucareiro, do Sul do Brasil e até do estrangeiro, uma quantidade enorme de produtos animais que podiam lhe vir mais baratos do outro Nordeste: banha, queijo, manteiga, sebo, charque e até couros e peles. Economicamente, quase tudo está por ajustar ou reajustar entre os dois Nordestes e entre as duas atividades: a pastoral e a agrícola.

Se a cabra dá ao Nordeste pastoril lugar de importância na produção mundial de peles – até recentemente, o segundo lugar –, é à custa de sacrifício sério para a vegetação regional.

Criada à solta, a cabra é um inimigo terrível, não só de toda a lavoura, como de toda a planta. O botânico Alberto Löfgren, em seus estudos sobre o problema florestal do Nordeste, notou que a cabra do nordestino "criada como é, sem a mínima vigilância, num território onde as cercas não são feitas para dividir terrenos mas unicamente para resguardo dos 'cercados', ou pequenas plantações, fácil é compreender por que em toda a área para a qual as cabras têm livre acesso não é possível para planta alguma chegar a um desenvolvimento maior, a não ser que tenha em si algum meio de defesa, como espinhos, glândulas fortemente aromáticas ou sucos que afugentem esses inimigos".[14] Mas nem assim. A própria "cabeça-de-frade" dos sertões, a cabra acha jeito de abri-la com os casacos: come então a gosto os miolos.

Daí o botânico Löfgren não ter hesitado em incluir bicho tão daninho, quando criado à solta, entre as "causas artificiais" que vêm contribuindo para o aumento da desnudação nos trechos já meio saarizados do Nordeste. Dificulta-se assim a renovação da vegetação, alta e mesmo baixa, em trechos outrora de mato grosso e hoje de mato ralo, devido à invasão, primeiro da cana, hoje do algodão. Devido à monocultura sem método agrícola: *manu militari*. E esses trechos só fazem se estender, acinzentando a paisagem.

Criada de outro jeito, isto é, sob vigilância ou dentro de cercado, a cabra poderia ser um animal realmente útil aos dois nordestes, dando-lhes o leite e excelente requeijão – e não apenas a pele para o grande comércio israelita de peles. Mas sem lhes destruir as plantas. Criando-lhes os filhos e fornecendo-lhes mais facilmente que a vaca a manteiga e o queijo. Sendo a perfeita "comadre cabra", como diz quase franciscanamente o sertanejo de cabra menos arisca que dá leite aos seus filhos.

Curioso é o fato de certos anunciantes de jornal do século passado, nos avisos de cabras de leite à venda, falarem de animal em termos tão imprecisos que o leitor fica na dúvida se se trata de mulata ou de animal. Por isto os anunciantes mais sensatos têm o cuidado de advertir: "cabra-bicho". Para ficar bem claro que não é "cabra-mulher" – criatura de melhor leite para os meninos e menos daninha às plantas.

Mas a cabra não foi decerto o maior inimigo da civilização do açúcar, nem o mais direto. O canavial do Nordeste teve inimigos mais terríveis na raposa, no guaxinim, no guará, no porco-do--mato. Sem contar as pragas propriamente ditas: o pão-de-galinha e o besouro.

Claro que aqueles animais do mato, inimigos do canavial civilizador, espécie de última defesa da vegetação bruta contra a planta invasora, foram mais numerosos nas épocas de mato mais denso, quando foram também mais numerosas as cobras que picavam o negro e o boi, às vezes o branco e o cavalo.

Inimigo maior do cavalo do senhor de engenho foi talvez o morcego, contra o qual as estrebarias se conservavam acesas, os estribeiros vigilantes. O morcego, de que agora se ocupa tão atentamente o Instituto de Pesquisas Agronômicas de Pernambuco.

A verdade é que a ação da cobra venenosa nos canaviais do Nordeste – a ação da cascavel, da surucucu, da coral, da jararaca – nunca se apresentou tão poderosa como nas plantações das Índias Ocidentais, onde a cana-de-açúcar não avançou sobre um trecho virgem de terra que não fosse com o sacrifício de muito negro picado de cobra.

Contra a raposa e o guará, o homem do canavial recorreu à "espera"; ao veneno na banana, para a raposa; ao veneno no peixe, para o guará. E a caça se juntou à queimada, para a destruição de quanto animal do mato teve a afoiteza de querer resistir ao avanço civilizador da cana; o sonho de poder viver em paz com os novos donos da terra. Pacas, cutias, tatus, capivaras, tamanduás, onças, gatos-do-mato, tudo foi ficando raro, à proporção que o mato grosso foi desaparecendo para a cana imperar sozinha.

Também foram ficando raros os pássaros nas terras conquistadas tão brutalmente a fogo pela cana-de-açúcar: os sabiás quase sem palmeira onde cantar; os xexéus, os canários, os sanhaçus, os curiós, as gurinhatãs, os pintassilgos, as almas-de-gato, sem o arvoredo gordo que os protegia, sem as árvores grandes, ramalhudas, onde faziam tão à vontade os seus ninhos; e expostos às baladeiras dos moleques, às espingardas dos mulatos vadios, às arapucas dos meninos de engenho.

O bicho-de-pé furando os dedos dos homens, roendo os pés dos moleques dos engenhos, o carrapato e a varejeira perseguindo o gado, abrindo feridas nas vacas, foram outros elementos de defesa de mato bruto, contra a invasão do canavial civilizador. Mas a defesa mais terrível do mato contra o homem do canavial foi talvez a que se exerceu através do mosquito ou da muriçoca. Através do transmissor do impaludismo e das febres. Através dos vermes da terra e das águas dos rios.

O homem da casa-grande, sem saber ao certo quais seus inimigos mais perigosos, foi criando um medo exagerado do ar, do "sereno", da água, do sol; de toda a proximidade da mata; do contato com a terra pegajenta; com a água barrenta. As portas e as janelas das casas-grandes foram se trancando a ferrolho e travessão às primeiras sombras da noite por precaução contra inimigos misteriosos que andavam no ar, que vinham do mais profundo das matas e das águas. "Miasmas". Bichos. Era preciso fechar as casas contra bichos e miasmas. As casas e o próprio corpo. Em 1855, o médico Carolino Francisco de Lima Santos, em seus "Conselhos Higiênicos", escrevia que "tornando ainda à higiene das vestiduras diremos que, além da vantagem que elas têm de conservarem na pele o asseio e flexibilidade, o que facilita a transpiração, fazem mais que é resistirem por meio de sua superfície aos miasmas úmidos, preservando deles a economia, pelo que não podemos passar sem fazer a censura de que são credoras todas aquelas pessoas que passam a mor parte do tempo com os peitos expostos ao ar ou às diversas variações do dia; mas as vestiduras devem ser não só apropriadas ao clima, como mesmo ao corpo, e de modo que não impeçam os movimentos e obstem à circulação do sangue." No inverno "as roupas de lã" eram "as melhores"; no estio, "quando o calor se torna no Brasil abrasador", "as lãs", considerava-as o dr. Carolino, "por demais nocivas, constituindo um estímulo demais, além do natural".

Vários viajantes estrangeiros que visitaram os engenhos de açúcar do Nordeste – um deles, Tollenare – observaram o fato da maioria das casas ficarem em grandes espaços inteiramente nus; quando muito um jardinzinho ou um laranjal de lado, detrás da casa, algumas touceiras de bananeira onde se defecava de manhã cedo. Mas nenhuma intimidade com as grandes árvores da terra que era para evitar intimidades com os bichos. Os bichos que ficassem ao longe, grande número deles desconhecidos na gente da casa-grande, sem nome, vagos. Simplesmente *bichos*.

Um ou outro desses bichos era admitido à intimidade das casas ficando em gaiolas pelo terraço, pelo corredor, pelas salas; algum papagaio, algum periquito, algum saguim, alguma arara. Poucos chegavam à intimidade da cozinha; a paca, o tatu, o veado. Porque nem na culinária da casa de engenho o bicho do mato teve saliência. A civilização do canavial avançou pelo mato levando consigo, como em campanha militar, os seus próprios animais de corte para regalo do colono patriarcal: o porco, o boi, o carneiro, o pombo. O bicho de caça ou do mato aparecia à mesa do senhor de engenho uma ou outra vez. Era prato quase exótico.

A superioridade militar do bandeirante sobre o senhor de engenho parece, em grande parte, consequência disto: da alimentação do bandeirante ter se tornado rapidamente quase a mesma alimentação do indígena. Bichos e frutas da terra. A do senhor de engenho não: conservou-se o mais possível portuguesa, absorvendo depois muito elemento negro e assimilando aos seus estilos os frutos, os animais e os produtos da terra utilizados pelos indígenas.

Também o cachorro e o gato tornaram-se animais a serviço do avanço civilizador da cana-de-açúcar, em oposição ou antagonismo aos animais da mata. Principalmente o cachorro, companheiro do caçador e vigia do terreiro da casa-grande; sempre na tocaia de algum bicho do mato mais atrevido que aparecesse para os lados da casa de engenho, querendo beber mel, comer galinhas, roubar pinto. Às vezes quase ligado à própria vida emotiva dos homens, como o cachorro que José Américo de Almeida faz passar por algumas das páginas mais intensas de *A bagaceira*. Romance verdadeiramente ecológico, de tal modo os animais e as plantas da região parecem participar da dor e da vida dos homens.

O gato foi útil às casas de engenho, pela perseguição aos ratos, tão perigosos às civilizações do açúcar, grande como tende a ser a sua proliferação no azedo das bagaceiras e dos trapiches. Em Java o rato chegou a ser ameaça seriíssima para os engenhos: diz-se que só em volta de uma fábrica, mataram-se, durante uma epidemia, entre nove e doze mil ratos.

Os sapos parece que têm direito a lugar entre os bichos úteis às casas-grandes e aos engenhos, não devendo ser incluídos entre os daninhos como os ratos, os morcegos, as baratas. E o mesmo se deve dizer das corujas, tão caluniadas como os sapos como animais agourentos mas, na verdade, prestimosos como devoradores de bichos daninhos.

Útil foi também, até certo ponto, à civilização do açúcar no Nordeste o urubu, ainda hoje, e apesar de todos os perigos de sua presença repugnante, considerado insubstituível em certos trechos rurais e até urbanos da região, como consumidor de carniça ou devorador de restos de bicho morto. Ao urubu deve-se ainda a propagação do dendezeiro pelo Nordeste da cana-de-açúcar, que foi uma propagação útil. Útil e esteticamente significativa.

O carneiro parece que nunca foi animal de corte cuja carne fosse consumida à grande no Nordeste ou nas demais regiões do Brasil, agrário ou pastoril. Nash notaria o fato nos nossos dias.[15] Luccock observou-o há mais de um século, interpretando-o, segundo informações que pôde colher sobre o assunto, como resguardo ou abstinência de caráter místico ou religioso.[16] Tratando-se do animal simbólico do redentor – "Cordeiro de Deus que tira os pecados do mundo" – teria se desenvolvido na população estranha repugnância pela carne do carneiro. O fato é que não há animal que passe pelos anúncios de jornal do século XIX entre palavras de tanta ternura como o carneiro. Sobretudo o carneirinho mocho com um laço de fita azul no pescoço. O carneirinho capado, quase uma bola de lã de gordo, que quando desaparecia de alguma casa, roubado por algum cigano, ou ladrão mais afoito, era deixando saudades enormes aos meninos e às pessoas grandes. Também aparecem com frequência nos anúncios, entre palavras muito meigas, "as ovelhas de muito bom leite".

Um animal muito dos anúncios – o que indica a sua importância na vida do antigo Nordeste patriarcal – é o "papagaio falador, e bom" como o que há cem anos tinha para vender a botica de Cypriano Luz da Paz, à Rua do Colégio, no Recife; papagaio com "os encontros encarnados e algumas penas encarnadas nas pontas das azas", como o que um dia fugiu do sobrado que foi do doutor Bernardo defronte do Carmo em Olinda.[17]

Alguns animais exóticos parece que se tornaram conhecidos nos engenhos e nas feiras do Nordeste, através dos ciganos que iam de um engenho a outro, diz a tradição que com meninos, às vezes roubados, que faziam acrobacias sobre cavalos, geralmente também roubados; com ursos verdadeiros, ou então fingidos – só a pele ou a imitação da pele do animal por cima de um homem – que dançavam ao som de pandeiros; com macacos ou macacas grandes, vestidas de sinhás, cheias de laços de fitas, que também dançavam e faziam graças. Mas esses ciganos, alguns morenos e bigodudos, foram sobretudo ladrões de cavalos, de bois e de escravos da região; às vezes revendedores de escravos e de cavalos; ou caldeireiros: consertavam peças de engenho. É possível, ainda, que, gente em extremo porcalhona, os ciganos, desde o século XVII desterrados no Nordeste – desde 1686, pelo menos –, fossem grandes propagadores da pulga e do percevejo por esta região brasileira. Parece que foram eles os primeiros a serem chamados "gringos" no Nordeste. É pelo menos o que pensa Pereira da Costa, em nota que se encontra entre seus manuscritos.

Os animais têm na vida do brasileiro do Nordeste da cana-de-açúcar uma importância mística considerável. Estão em suas histórias, nos cantos populares, na poesia da gente do povo, no anedotário obsceno – consequência de sua ligação íntima com a vida sexual do menino e do moleque de engenho. Mas é curioso notar que os animais importados e não tanto os da terra – o cavalo, o boi, a vaca, o burro, a besta, o carneiro, a ovelha, o porco, a cabra, o gato. É certo que também se encontram nas histórias o tatu, a onça, o cágado, a cobra, a raposa, da terra, às vezes substituindo animais exóticos de histórias europeias, asiáticas ou africanas. Para a grande parte da gente do litoral a maioria dos animais da terra continua sendo, entretanto, criaturas quase indiferenciadas dentro da expressão vaga: "bichos". E os animais mais familiares, e mais identificados com o homem, os trazidos da Europa.

As ferraduras de cavalos e os chifres de boi – precisamente os dois animais mais ligados à civilização do açúcar, à conquista da mata pelo canavial – dão felicidade. Os mariscos e búzios, os dentes de jacaré e de cobra, pendurados no pescoço dos meninos, livram-nos do mau-olhado. Borboleta preta é agouro. Coruja é agouro. Besouro-mangangá é agouro. Coruja e sapo são bichos agourentos.

Enquanto isto, o jogo de bicho, tão popular no Nordeste do Brasil, e de origem talvez remotamente oriental, conserva na população do litoral e da "mata", a mística do bicho, dando significação convencional aos sonhos com animais. Mas principalmente aos sonhos com animais de origem europeia.

# Notas ao Capítulo 4

1. Koster, op. cit.
2. Desembargador João Rodrigues de Brito e outros, *Cartas econômico-políticas sobre a agricultura e comércio da Bahia*, Lisboa, 1821. (Reeditadas pelo Governo do Estado da Bahia no ano de 1924.)
3. Mansfield, op. cit. Sobre as primeiras substituições dos maus caminhos por estradas de ferro no Nordeste, veja-se o recente ensaio do professor Estêvão Pinto, *Uma estrada de ferro do Nordeste* (Rio de Janeiro, 1949), em que traça a história da Great Western. Veja-se também nosso *Ingleses no Brasil*, Rio de Janeiro, 1948.
4. Manuscrito do arquivo particular do engenho Noruega (Pernambuco).

    O transporte de gente e artigos em costas de cavalos e burros tornou o Nordeste agrário região particularmente rendosa para os ciganos, negociantes de cavalos junto aos senhores de engenho.

    O pesquisador Felte Bezerra, autor de *Etnias Sergipanas* (Aracaju, 1950), observa que "a designação de cigano, entre nós, tem mais sentido cultural do que étnico, traduz vida nômade e sustentada por trocas e barganhas." E a propósito lembra que no "Livro das Denunciações do Santo Ofício", de D. Marcos Teixeira (*Anais da Biblioteca Nacional*, vol. XLIX), está citada uma Joana Ribeiro, a cigana, moradora em Sergipe del-Rei "que é apontada como israelita". O que talvez explique também a extensão antes cultural do que étnica da designação de "gringo" no Nordeste e em outras regiões do Brasil. Designação que inclui ingleses, norte-americanos, italianos, judeus, depois de ter se aplicado principalmente, segundo o historiador Pereira da Costa, a ciganos.

5. Manuscrito do arquivo particular do engenho Noruega (Pernambuco).
6. Coleção do *Diário de Pernambuco* (1825-1850).
7. Coleção do *Diário de Pernambuco*. Veja-se também, a propósito de caracteriologia equina conservada ou desenvolvida em várias sub-regiões do Nordeste pela sabedoria popular – e da qual as descrições nos anúncios de jornal são às vezes reflexo – os estudos dos mestres de folclore regional Gustavo Barroso (*Terra de Sol*, Rio de Janeiro, 1930), Leonardo Mota ("O cavalo na paremiologia brasileira", *Jornal de Alagoas*, 5 de setembro de 1937), Luís da Câmara Cascudo (*Geografia dos mitos brasileiros*, Rio de Janeiro, 1947), e Theo Brandão que em seu *Folclore de Alagoas* (Maceió, 1949) dedica um capítulo inteiro a "O cavalo no folclore". Aí recorda o pesquisador alagoano

vários ditados brasileiros ou regionais, relativos a cavalos: "Praga de urubu não mata cavalo gordo", "Coices de garanhão, para égua carinho são", "Quem quer viver sossegado, tenha mulher feia e cavalo capado", "Faca só areada, cavalo só rudado" ou "Dinheiro só trocado, cavalo só rudado" etc.

Alguns desses ditados recolheu-os outro pesquisador alagoano, Mendonça Júnior, em trabalho, "Os ladrões de cavalo", publicado no *Jornal de Alagoas* em 1948 e citado pelo sr. Theo Brandão no seu interessante estudo.

Em capítulo anterior, "Paremiologia alagoana" anotara o sr. Theo Brandão:

*"Cavalo de cara branca*
*Homem chamado Messias*
*Mulher de quarto empinado*
*Tibi, Vôte, Ave Maria!!"*

8. Artur Orlando, *O Brasil – a terra e o homem*, Recife, 1913.
9. Leia-se sobre o assunto Louis Bernard Schmidt, (ed.) *Readings in the economic history of american agriculture*, Nova Iorque, 1925.
10. Artur Orlando, op. cit.
11. Júlio Belo, *Memórias de um senhor de engenho*, Rio, 1937.

Vejam-se também os estudos sobre folclore e teatro de Samuel Campelo em *Novos estudos afro-brasileiros*, Rio, 1937, e no *Livro do Nordeste, comemorativo do 1º centenário do Diário de Pernambuco*, Recife, 1925.

12. Vê-se por esses documentos que a falta foi menos das administrações portuguesas que do privatismo dos senhores de engenho e dos plantadores de mandioca, dominados pela fúria monocultora. O governador D. Tomás José de Melo chegou a ser quase violento nas suas medidas a favor da plantação da mandioca, como se vê no seu edital de 9 de maio de 1792 e sua "Carta circular aos correg.$^{es}$ das cam.$^{as}$ sobre as plantações de mandioca", 10 de janeiro de 1797. Manuscritos que se conservam na Biblioteca do Estado de Pernambuco. A carta vai aqui transcrita:

"Como não tem chegado a secretaria deste governo os mapas de plantação da mandioca na conformidade do meu edital de 9 de maio de 1792, a carta de 6 do dito, e vejo que continua a falta de farinha absolutamente indispensavel para a manutenção destes povos para se dar em especie a tropa e nunca em dinheiro, como determinão as Reaes Ordens, e pelas que tive de remeter deste genero para os Reaes Arcenaes, provindo talvez esta falta de se não executarem as providências que por varias vezes tenho dado para animar aquella plantage amortecida pela do algodão, que cegos d'ambição plantão geralmente os agricultores sem attenderem á necessidade da farinha que he o Pam comum, cordenario deste Paiz. Novamente recomendo, e encarrego a vm$^e$ da execução de meu sobre dito edital, que vm$^e$ deve exactamente fazer cumprir athé pela sua obrigação de corregedor, e cobrará infalivelmente, e com toda possivel brevidade os mapas que lhe devem dar os capitaens mores emconformidade do § 5.º do dito edital, os quais examinará e verificará para me dar omissão que eu tenha na execução do que lhe determino nesta minha carta, e de havella recebido me dará parte para a todo tempo constar nesta secretaria qu'eu tenho sempre em vista hum objecto de tanta consideração. No caso q' dos capitaens mores, aos quaes comunicar á esta minha terminante resolução, não terem feito a obrigação que lhes encumbe o sobre dito edital pm lho extranhará por ordem minha pela primeira vez, e lhe consignará tempo certo, que julgar proporcionado, para lhe apresentarem os mapas, e se no fim do tempo aprazado, ainda continuarem na mesma omição, lhes ordenará que logo compareçam a minha presença sem perda de tempo para eu os castigar conforme me parecer, devendo ainda participar-me por escripto do dia em que lhe determinou esta minha ordem, afim de eu vir no conhecimento se tiveram descuido de aporem logo em execução; cuja parte me deve ser remetida por correios a custa dos mesmos capitaens mores.

Deos guarde a Vm.ᵉ muitos annos. Olinda 10 de janeiro de 1797 – Thomaz José de Mello."

13. *Casa-grande & senzala*, cuja primeira edição apareceu em dezembro de 1933.

Sobre famílias que do Nordeste do açúcar, com o empobrecimento de terras ou por outros motivos, se transferiram para o do algodão e o do pastoreio – enquanto outras, com as secas, desceram ou regressaram do alto sertão para o litoral –, tem em preparo interessantes páginas, que incluirá em livro a aparecer breve, o sr. José Augusto Bezerra de Medeiros, antigo governador do Estado do Rio Grande do Norte, ele próprio aparentado com famílias que do Nordeste do açúcar se deslocaram para aqueles outros Nordestes igualmente patriarcais como os Galvão, os Araújo, os Barbosa. Este foi também o caso do ramo da família Albuquerque Cavalcanti conhecido por Arcoverde, em recordação do sangue ameríndio que desde o início da colonização europeia do Nordeste tornou-o um dos grupos mais teluricamente nordestinos dentre as famílias de prol. Desse ramo era descendente o ilustre Joaquim Arcoverde de quem Roma fez o primeiro purpurado na América Latina. Não nasceu ele em casa-grande autêntica das terras de massapê do Nordeste, como Araújo Lima, nem em sobrado nobre de cidade do litoral, como Joaquim Nabuco, mas em casa só simbolicamente grande de terras então sertanejas, pela sua condição de bravas e de distantes dos antigos rios de engenhos da zona da "mata". Para essas terras foram vários os filhos de famílias de prol do Nordeste do massapê que emigraram em um como bandeirismo de proporções apenas regionais mas, nem por isto, destituídos de aspectos heróicos de pioneirismo não só romântico como construtivo.

14. Alberto Löfgren, op. cit.

15. Roy Nash, *The conquest of Brazil*, Nova Iorque, 1926.

16. John Luccock. *Notes on Rio de Janeiro and the southern parts of Brazil, taken during a residence of ten years in that country from 1808 to 1818*, Londres, MDCCCXX.

17. Coleção do *Diário de Pernambuco* (1825-[ ]).

# 5 A CANA E O HOMEM

Pode-se atribuir à monocultura da cana a formação – pela sedentariedade, pela endogamia profunda, pela especialização regional de condições de vida, de habitação e de dieta, e ainda, pelas restrições sociais à seleção sexual entre a gente das casas-grandes – do tipo mais puro de aristocrata brasileiro: o senhor de engenho. Principalmente o senhor de engenho pernambucano, misto de "baiano" de cidade e de gaúcho.

Também a formação, menos pela sedentariedade e pela endogamia que pela especialização regional de condições de vida, de trabalho e de alimentação, de um tipo rural de homem do povo, caracteristicamente brasileiro. Para esse tipo concorreram diferentes figuras, hoje quase desconhecidas na sua pureza, do antigo sistema agrário e patriarcal: o cabra de engenho, o moleque da bagaceira, o capanga (de ordinário caboclo ou mulato), o mulato vadio caçador de passarinho, o malungo, o pajem, o branco pobre, o "amarelo" livre, a mãe-preta, a mucama, o negro velho, o curandeiro, o caboclo conhecedor da mata e dos seus bichos, a ama-de-leite tapuia ou negra, a "cabra-mulher".

O homem do povo do Nordeste tem hoje um pouco de todas essas figuras, um pouco dos característicos em que se especializou cada uma delas. Do mesmo modo que tem o sangue de todas mais o sangue-azul das casas-grandes. E, em certos trechos, é talvez o mestiço brasileiro mais próximo daquela relativa estabilidade de traços, semelhante à do polinésio,[1] que um dia permitirá talvez falar-se de uma raça ou quase-raça brasileira de homem moreno do Nordeste, se alguma massa considerável de imigração estrangeira não vier, em dia mais próximo, perturbar a miscigenação dos elementos tradicionais. Mas perturbá-la de modo tão violento, que lhe destrua os característicos já quase assentados, entre alguns traços ainda instáveis e variados.

Foi a monocultura da cana que criou condições de vida, de habitação e de alimentação particularmente favoráveis, pela relativa uniformidade ou quase semelhança dos processos e dos valores utilizados em cada uma daquelas esferas de população – na alta e na baixa – para a formação dos dois tipos de homem regional: o aristocrata e o homem do povo.

Na alimentação de ambos, mas especialmente na do aristocrata, o próprio açúcar de cana teve uma importância que os velhos cronistas, como D. Domingos do Loreto Couto, no século XVIII, já salientavam e que os mais recentes – como há quase meio século, Artur Orlando – ainda põem em destaque.

D. Domingos considerava o tipo pernambucano influenciado pelo uso do açúcar, talvez maior no Nordeste dos canaviais do que em outras regiões brasileiras. Apresentando restrições ao aforismo da época – "todo doce se converte em colera" – e aos doutores que atribuíam o aumento de "humor bilioso" ou "humor colerico" à comida de doces, o beneditino acreditava que o açúcar, em vez de corrosivo, como pretendia Mirandelo, fosse "excellente preservativo": "o que bem se experimenta em todas as fructas que as preserva de toda a corrupção". "Será assim" – acrescentava – "que a continuada e demasiada comida de doces augmenta o humor colerico, mas a experiencia nos mostra que pessoas muito amigas de doces são fleugmaticas; e talvez que da abundancia deste humor proceda aquella preguiça que a tantos reduz a um miseravel estado."[2] Ora precisamente o "humor fleugmatico", "que predominando no homem, o faz em tudo vagoroso, descansado, tardo, sonnolento e preguiçoso", parecia ao beneditino o característico, se não dos cabras de engenho – capazes de tão duros trabalhos –, dos senhores das casas-grandes, que ele próprio retrata tão indolentes e morosos. Se com efeito o açúcar tornava os homens "biliosos", isto é, dinâmicos, pensava D. Domingos que o seu uso só poderia ser benéfico à população no Nordeste, mais chegada ao "pestilento humor fleugmatico" que ao "bilioso". Pelo menos a camada aristocrática da população: os brancos arredondados e lentos das casas-grandes, alguns de voz ou fala tão arrastada que era como se tivessem preguiça de falar. Tal o caso dos Wanderleys, ainda hoje lentos no falar e no andar.

Mansfield notaria um século depois de D. Domingos – tão entusiasta do emprego do açúcar no preparo dos doces de conserva pois toda fruta adquire, uma vez açucarada, "novo ser" e "dilatada a duração e com preciosa existencia se conserva" – verdadeiro abuso do açúcar no preparo desses mesmos doces.[3] As goiabadas, as marmeladas, os doces de caju perdiam o gosto da fruta para adquirir unicamente o de mel de engenho.

Esses doces eram muito apreciados, particularmente o de goiaba, no tempo de Mansfield o doce mais característico da sobremesa das casas-grandes do Nordeste.

As sinhás e os meninos eram doidos por doce; doidos por açúcar até em forma de alfenim, de alfeolo, de confeito, tão saboreados pelos meninos e pelas moças quanto o doce ou a geleia de goiaba e de araçá pelos senhores maduros e até pelos velhos.

Os próprios senhores de engenho eram uns gulosos de doce e de comidas açucaradas. Houve engenho que ficou com o nome de "Guloso". E Manuel Tomé de Jesus, no seu engenho de Noruega, antigo dos Bois, vivia a encomendar doces às doceiras de Santo Antão; vivia a receber presentes de doces de seus compadres. Os bolos feitos em casa pelas negras não chegavam para o gasto. O velho capitão-mor era o mesmo que menino por alfenim e cocada. E como estava sempre hospedando frades e padres no seu casarão de Noruega, tinha o cuidado de conservar em casa uma opulência de doces finos.

Em seus papéis velhos encontramos mais de uma conta de doceira. Mais de uma carta de compadre lhe mandando presente de doce. Uma das doceiras, dona Isabel, preparou para uma festa que o capitão-mor deu em casa em 1833 verdadeira montanha de gulodices de açúcar: "bolinhos de raiva, pudim de milho, pão-de-ló, bolinhos de manteiga, suspiros, bolinhos de ovos, queijadinhas de alfenim e ovos, tortilhas, tapiocas de ovos, pasteis de qualhada, cocadinhas de ovos, laranjas seccas, cajús seccos, limão de calda". Todos esses doces e mais "Trez pyramides de assucar refinado para enfeite do meio da mesa"; "cujas pyramides" – acrescentava gentilmente Da. Isabel – "nada custam".⁴

Não admira, diante dessas pirâmides de açúcar, que as iaiás de engenho fossem senhoras tão gordas; que os próprios senhores e sinhô-moços fossem muitos deles, enormes de gordos, alguns até obesos, como certos Wanderleys louros de Serinhaém, ainda hoje doidos por mel de engenho com farinha; quebrando por amor dele sua dieta de diabéticos. O muito açúcar concorria para arredondar os ioiôs, as iaiás, as mucamas, as mães-pretas, os cavalos em criaturas volutuosamente gordas. E fazia até de filtro amoroso para os don-juan e para os namorados.

No arquivo de outro senhor de engenho, o barão de Jundiá, encontramos uma carta que é um elogio ardente da goiabada feita em casa, em certo engenho do Nordeste. O doce pernambucano teria agido como verdadeiro filtro amoroso sobre uma mulher bonita do Rio de Janeiro. A carta é datada da corte e assinada por uma figura ilustre do tempo do império, muito da intimidade política e pessoal do marquês de Olinda, e homem erudito e sisudo. Mas ao amigo ele se abre: "Dize a senhorzinho que eu lhe envio hum abraço muito apertado não só como symbolo da nossa amizade como tambem em agradecimento dos grandes effeitos que sua goiabada tem me aqui produzido. Si elle soubesse, ou pudesse suppôr, que aquelle bello doce fez aqui brilhantes conquistas, em favor de meo coração, de linda cara e saboroso corpo, certamente de inveja não m'o teria dado. Oh! Que bellas noites á custa da goiabada!...".⁵

Sabe-se que algumas famílias de engenho do Nordeste ligaram o nome a doces e bolos finos, feitos em casa com todo o esmero e quase em segredo. Uma verdadeira liturgia do doce. Uma quase maçonaria de família ou de cozinha. O bolo Sousa Leão é um dos mais característicos desse privatismo exagerado dos tempos patriarcais das almanjarras e dos banguês. Uma das tradições mais ilustres da antiga civilização patriarcal do açúcar: do que o seu ócio e os seus vagares produziram de mais típico – desde a casa-grande de engenho Magaípe ao poema de Maciel Monteiro *formosa qual pincel em tela fina* (diz-se que inspirado por certa iaiá muito bonita cujo retrato pintado a óleo, ainda conhecemos na sala de visitas de velho casarão do Recife); desde o punhal fino de Pasmado à festa do Santo Cristo de Ipojuca com senhores de engenho se humilhando na presença dos negros, carregando cruzes enormes de madeira, caminhando pelas ladeiras de pé no chão e cobertos de mortalhas. Mas ao mesmo tempo pagando promessas faustosas de muitas arrobas de cera. E terminada a procissão, comendo muitos doces, muitos bolos, muita comida de açúcar. Ou mesmo comendo-os durante a procissão, como era uso desde o século XVI. Flagelando-se, mas com açúcar na boca.

A goiabada de Pernambuco por muito tempo foi doce feito liturgicamente em casa. Se hoje é um doce industrializado, um simples doce de lata sem mistério nenhum e quase sem gosto, a ponto de perder em sabor para a goiabada de Campos, teve seu período de glória nos grandes dias da civilização patriarcal do açúcar. A geleia de araçá, o doce de caju também. Em nossos dias, o bolo Sousa Leão, o bolo Cavalcanti, o bolo dr. Constâncio, o bolo do major, o Fonseca Ramos, o Guararapes resistem à industrialização, não só pela sua natureza mais complexa como pelo ciúme de sinhás-donas ilustres que conservam as receitas dos velhos bolos como joias de família. Relíquias quase sagradas das avós gordas, das tias pálidas que desciam elas mesmas à cozinha para fazer os doces da casa como para um ato quase de religião.

Mas o açúcar de cana não teve só entusiastas. Ao muito doce na alimentação da gente de engenho, alguns críticos foram atribuindo uma série de males. Que os maus dentes dos aristocratas das casas-grandes – das próprias sinhás, segundo salientaram observadores holandeses do século XVII – resultavam do muito açúcar que consumiam. Que algumas moças dengosas só se alimentando de doces – com vergonha de comer carne e pirão – definhavam. Que os meninos criavam lombriga do muito doce que as pretas davam a eles.

"Frequentes vezes se tem dito que o uso do assucar faz cahir os dentes – escrevia em 1839 um redator do *O auxiliador da indústria nacional*; "mas de certo que não são os dos negros dos engenhos porque elles os teem todos e brancos como perolas." Os moleques, com efeito, chupavam muita cana. Os meninos, também: muito rolete de cana. E além de alfenim, bebiam muita garapa, muito caldo de cana. Mas parece que no interior das casas-grandes, dentro das camarinhas, é que era maior o consumo de doce; e lá é que se encontravam as pobres moças bonitas mas de dentes podres que alguns observadores tanto lamentaram no Brasil patriarcal. As moças que não se alimentavam senão de caldos de pintainhos, bichinhos de alfenim, geleia, doce, confeito. As de dieta mais variada, de vida mais livre, se desenvolviam em iaiás gordas, corpulentas, às vezes até em amazonas, andando a cavalo melhor do que os ioiôs. Sinal de que a causa do enlanguescimento não era o açúcar. Eram outros erros de dieta e de vida.

Quanto aos negros, não seria durante a colheita das canas, "apezar de nessa epoca o seu trabalho se tornar mais fatigante", que eles ficavam "mais gordos e de melhor saude, e mais alegres que em todo o resto do anno", como os retratou um cronista dos princípios do século XIX? Eles, como os bois, que então comiam muito bagaço de cana e tornavam "a tomar toda a sua força e nidiez, perdidos na outra metade do anno". Vários cronistas dão o mesmo depoimento que esse, recolhido pelo *O auxiliador da indústria nacional*. Tempo de colheita de cana era tempo de negro gordo e de boi gordo. De negro são e de boi sadio. Os quais também se regalavam no tempo de verão com os cajus de que no litoral se espaçava o chão nas terras de engenhos favorecidos com cajueiros.

Nos princípios do século XIX, e é possível que desde época mais remota, já se acreditava, no Brasil, na vantagem da cana-de-açúcar contra o escorbuto. Mal de que tanto sofriam os pretos e os brancos nas longas viagens de mar e até, em terra, sob os rigores da monocultura, quando finda a safra de cana, faltavam frutas e legumes verdes aos engenhos mais descuidados dos "mantimentos" e dos pomares; das culturas ancilares.

Parece que o fato de em alguns pontos do país se terem encontrado, desde os princípios do século XVI, plantações de cana – dando origem às muitas discussões sobre a sua origem entre nós –, se prende à crença, que teriam os portugueses da época (tão experimentados nas viagens longas de mar), na vantagem do suco da cana contra o escorbuto dos marinheiros.[6]

O açúcar de cana entrou no preparo de várias mezinhas características da medicina caseira do Nordeste – algumas descritas pelo folclorista e historiador Luís da Câmara Cascudo em suas recentes e sugestivas "Notas sobre o Catimbó", publicadas nos *Novos estudos afro-brasileiros* – conservando o seu antigo papel de droga, de artigo vendido nas boticas da Europa do século XVI para remédio, para emplastro, para bruxedo. Ou simplesmente para disfarçar o amargo de certos sucos de plantas medicinais dos curandeiros negros e caboclos. E não só a medicina popular da região mas a poesia do povo ficou impregnada de açúcar de cana, do seu gosto, do seu cheiro, do seu visgo.

Faltam aos modernos estudos afro-brasileiros as pesquisas, iniciadas por Macedo Soares – pioneiro que está sendo tão esquecido –, sobre a influência brasileira em vários trechos da África. Influência que se exerceu através de colônias de ex-escravos, não tanto de engenho, mas de armazém e de trapiches de açúcar, que ali se estabeleceram tomando o nome de "brasileiros" à maneira dos colonos portugueses que outrora enriqueciam no Brasil voltando às aldeias, "brasileiros" e "ricos" cheios de latas de doce de goiaba e de sacos de farinha de mandioca e conservando gostos, costumes e estilos de vida adquiridos aqui. O gosto da farinha. O do mel de engenho. O do milho.

Feitas essas sondagens – e agora mesmo estamos empenhados nelas com a valiosa colaboração do pesquisador francês Pierre Verger, há de ver-se que os negros do Recôncavo da Bahia como os do extremo Nordeste, que conseguiram voltar à África e aí se estabelecer à margem de duas culturas, vivendo uma vida sociologicamente híbrida, isto é, sem pertencerem definidamente a nenhuma cultura, levaram para as aldeias africanas muita coisa do complexo brasileiro da cana-de-açúcar. O gosto do açúcar é dos que conquistam o homem de maneira poderosa. Principalmente quando adquirido na meninice: mesmo na meninice do escravo, nem sempre menos alegre que a do menino branco.

O negro tornou-se parte do grande complexo brasileiro de cana-de-açúcar. A civilização do açúcar não se teria feito sem ele – diga-se mais uma vez. Diga-se sempre. O padre Vieira viu no negro o Cristo da civilização do açúcar; "não ha trabalho nem genero de vida no mundo mais parecido a Cruz e á Paixão de Christo que o vosso em um desses engenhos". E o padre Cardim já notara que muito sofrimento custava ao negro o fabrico de açúcar; e muito pecado ao branco.

A civilização brasileira do açúcar, que culminou em Pernambuco, teve de depender do escravo negro de modo absoluto. Duarte Coelho compreendera desde os seus primeiros dias de donatário que o homem necessário à lavoura da cana e ao fabrico do açúcar era o africano. Daí a importação de escravos para a sua capitania se ter feito logo e com intensidade, dando à Nova Lusitânia as condições de permanência e de continuidade de esforço agrícola que faltaram a outras capitanias.

Por sua vez, Duarte Coelho e Da. Brites – eles e o grupo de portugueses sólidos, da pequena nobreza do norte de Portugal, que os acompanharam a Pernambuco – trouxeram para o Nordeste do Brasil a profunda afeição à terra, que faltou a tantos outros donatários e colonos. A cultura da cana correspondia melhor a esse seu gosto de "portugueses velhos" afeiçoados à terra que a exploração do pau-de-tinta, da canafístula, das peles, tão sedutoras para os simples aventureiros e para os cristãos-novos.

No caso de Duarte e de seus colonos, a aliança do homem com a cana foi o que se pode chamar um casamento de amor; e não simplesmente de interesse. Duarte Coelho fez da cana, não um substituto vegetal do ouro e dos rubis que não se encontraram aqui – para desapontamento dos colonos mais aventureiros –, mas a base de uma organização agrícola que só o seu amor à terra – amor de velho agricultor – teria conseguido estabelecer com tanta bravura e com tanta segurança nos trópicos. Combatendo os índios e os animais mais contrários ao avanço do canavial, do engenho, da casa-grande, da capela, ele combateu também, entre os seus, os simples aventureiros que pretendiam fazer fortuna derrubando árvores e matando bichos para vender a pele.

Sua voz já lembramos que foi a primeira grande voz de português que se levantou na América, e talvez nos trópicos, a favor da mata e da árvore. Ele não queria a mata devastada a esmo e brutalmente. Pelo seu gosto o canavial teria avançado com o mínimo de destruição da riqueza nativa.

Quando já no fim da luta, Duarte Coelho se descreve quase biblicamente a si próprio como "quem ganhou a terra e com tanto trabalho, gasto, fadiga e derramamento de sangue a pôs no estado em que está e que é o próprio pastor", parece lamentar as canseiras de esforço de soldado que o desviaram tantas vezes de sua grande vocação: a de fundador de lavoura. Lavoura que o prendesse para sempre, através dos filhos e dos netos, à terra conquistada.

"Pode-se atribuir à monocultura da cana a formação (...) do tipo mais puro de aristocrata brasileiro: o senhor de engenho".

Desenhos a bico de pena de Poty, 1972. Acervo da Fundação Gilberto Freyre.

O triângulo rural do Nordeste: casa, engenho e capela.

Desenho de Manoel Bandeira, 1937. Acervo da Fundação Gilberto Freyre.

"O massapé tem outra resistência e outra nobreza. Tem profundidade. É terra doce sem deixar de ser terra firme: o bastante para que nela se construa com solidez engenho, casa e capela".

1. Engenho Jaboatãozinho, Moreno - PE. Foto de Alcir Lacerda, 1980.
2. Engenho Botafogo. Foto de Raimundo Gomes, 1990.
3. Usina São José, Itapissuma - PE. Foto de Claudionete Lira, 1990.
Acervo da Fundação Gilberto Freyre.

"No Nordeste da cana-de-açúcar, a água foi e é quase tudo. Sem ela não teria prosperado do século XVI ao XIX uma lavoura tão dependente dos rios, dos riachos e das chuvas (...)"

1. Açude Botafogo. Usina São José, Itapissuma - PE. Foto de Claudionete Lira, 1990.
2. Goiana - PE. Foto de Jonas Cavalcanti, 1990.
Acervo da Fundação Gilberto Freyre.
3. Foto de Lula Cardoso Ayres. Acervo do Instituto Cultural Lula Cardoso Ayres.

1. Engenho Tinoco. Município de Rio Formoso – PE. Foto de Alcir Lacerda, 1990.
2. Abreu e Lima - PE. Foto de Jonas Cavalcanti, 1990.
3. Igarassu - PE. Foto de Jonas Cavalcanti, 1990.
Acervo da Fundação Gilberto Freyre.

1. Cabo - PE. Foto de Cristiano Fernandez.
2. Ipojuca - PE. Foto de Cristiano Fernandez, 1990.
3. Engenho Jaboatãozinho, Moreno - PE. Foto de Alcir Lacerda, 1984.
Acervo da Fundação Gilberto Freyre.

"Pelo barro vermelho só rodavam carros de boi. As grandes rodas de madeira, chiando como umas desadoradas, eram as únicas que se aventuravam pelo massapé, pela lama, pelos catabis dos caminhos quase impossíveis (...)"

"(...) o trabalho de engenho e de trapiche de açúcar quase não é mais de negro – já não existe, talvez, negro verdadeiramente puro da região – mas de cabra, de mestiço, de mulato".

1. Cabo - PE. Foto de Cristiano Fernandez, 1990.
2 e 3. Canhotinho - PE. Fotos de Jonas Cavalcanti, 1990.
Acervo da Fundação Gilberto Freyre.

"Porque a verdade é que o cabra de engenho ou trapiche de açúcar – ou seja o mulato mais característico do Nordeste agrário (...) se apresenta um tipo forte e capaz de esforço constante".

Fotos de Lula Cardoso Ayres. Acervo do
Instituto Cultural Lula Cardoso Ayres.

Desenho de Poty, 1972. Acervo da Fundação Gilberto Freyre.

Ao chegar ao Brasil com a mulher, com a parentela, talvez com escravos negros, com bois, com cavalos, com sementes, já o animava um sentido profundo de permanência, o desejo de continuidade e não de aventura. Ele não seria dos que "tudo queriam para Portugal", utilizando-se das terras de cana, "não como senhores, mas como usufrutuários, só para a desfrutarem e deixarem destruída", como disse frei Vicente de Salvador da maioria dos colonos do seu tempo. Nem dos que a célebre crônica dos princípios do século XVII – os *Diálogos das grandezas* – retratou em traços tão vivos: os que aqui apenas se contentavam em fazer seus pães de açúcar, não se dispondo a plantar árvores frutíferas nem fazer benfeitorias nas plantas nem a criar gado; nada que custasse muito esforço ou levasse tempo. Só a monocultura de lucros imediatos, que entretanto não deixava de exigir condições de estabilidade e de permanência, dispensadas pelo simples comércio de pau-de-tinta e de peles.

Duarte Coelho amou as árvores e se afeiçoou à terra; a sua conquista de Pernambuco foi uma colonização criadora: onde dominou a influência do velho Duarte, o canavial avançou sempre com a capela e a casa-grande animando a paisagem de elementos novos, dando-lhe cores novas, novas fontes de vida e não apenas matando os índios, os animais e as árvores.

Nessas terras conquistadas aos índios pelos colonos de Duarte Coelho, se semearam sementes e se plantaram árvores vindas da Índia e da África. Se abriram caminhos para os carros de boi e para os cavalos dos engenhos. Se criaram vacas, cabras, carneiros. Vários rios se encheram de barcaças. Novos estilos de embarcações resultaram do encontro do estilo português de barco com o indígena, de piroga. Houve um contato fecundante do europeu com a terra virgem, e não apenas devastação e conquista.

Jerônimo de Albuquerque, antes de casar-se com uma Melo, talvez feia, vinda do reino para sua esposa oficial, fez de uma índia, filha de cacique, mãe da numerosa família brasileira de que sairia o primeiro cardeal da América do Sul. Outras índias, diz a tradição que sempre muito bonitas, embora nem todas princesas, tornaram-se mães ou troncos de famílias, depois ilustres, do Nordeste.

A aristocracia dos canaviais tomou um pouco de sangue indígena, antes de aprofundar-se na endogamia intensa das várzeas de rio, onde os traços e até as taras de algumas famílias se fixariam de modo tão característico, tornando inconfundível, em Pernambuco, um Wanderley de Rio Formoso, um Sousa Leão de Ipojuca, um Cavalcanti legítimo, um Albuquerque autêntico, um Pontual de Escada, um Correia de Goiana, um Albuquerque Maranhão, um Rego Barros, um Correia de Araújo, um Carneiro da Cunha, um Accioly Lins, um Santos Dias, um Bandeira de Melo. Traços eugênicos. Traços cacogênicos. A forma do nariz, o jeito de andar, a boca, o tamanho das orelhas, o volume das nádegas. Esses traços, o espírito popular às vezes os tem fixado em apelidos, trovas, quadrinhas onde se destaca o "nariz de papagaio" de uma família, a "cara de cavalo" de outra, a "boca de sapo" ou o "queixo de tamanco" de uma terceira, a "bunda de tanajura" de uma quarta.

Aliás é interessante surpreender-se o reflexo das tendências para a endogamia em vários ditados da região. Outros ditados se apresentam de interesse antropológico ou psicológico-social pela caracterização de famílias aristocráticas através de traços físicos: testa estreita – pouca inteligência; orelha muito pegada – tendência para enriquecer; orelha mole – preguiça; nariz grande – sensualidade; muito cabelo – maldade etc.

Em nenhuma parte do Brasil a formação da família se processou tão aristocraticamente como entre os canaviais da Nova Lusitânia. Quer pela origem dos colonos trazidos por Duarte Coelho, quer pelo gênero de vida das gerações que se sucederam. Vida "à lei da nobreza". Vida fidalga. Vida de casa-grande. Endogamia. Casamentos de primo com prima, de tio com sobrinha. A seleção sexual às vezes perturbada, mas, em geral, favorecida pelas considerações de "boa raça", pelos preconceitos da família, de sangue, de antepassados.[7]

As tradições rurais de que aqueles colonos foram aqui os continuadores e as facilidades que encontraram para a cultura da cana favoreceram o desenvolvimento dessa aristocracia quase feudal. Jerônimo de Albuquerque Melo foi bem o continuador de Duarte Coelho: "filho legitimo do patriarca" – comenta Oliveira Lima, em estudo sobre a Nova Lusitânia na *História da colonização do Brasil* –, "viveu tão satisfeito com a vida de campo que deu ocasião a ser conhecido com o apelido de carreiro fidalgo".

A civilização do açúcar no Nordeste criou nesta região brasileira juntamente com o tipo de casa nobre, característica dos engenhos, o seu tipo de aristocrata, o seu tipo de escravo, o seu sistema regional de relações entre senhores e escravos.

Estas tudo indica que foram mais doces nos engenhos – sobretudo nos grandes, onde os escravos eram numerosos e passavam de pai a filhos – do que nas Minas, do que no Pará, do que entre paulistas. No Nordeste do açúcar, mais do que nas Minas ou em São Paulo, o escravo se especializou na figura do negro fiel, capaz de dar a vida pelo seu branco. Na figura da mãe-preta. Da mucama quase pessoa de casa. Do malungo quase membro da família.

Dos elementos que foram, por vários motivos, transbordando da estrutura rígida – senhores e escravos – e constituindo-se, pela fuga e pela ascensão social, na gente livre das casinhas de taipa, dos casebres de barro, dos mucambos de palha; nos "sertanejos" pobres – tantos deles louros, como se esta circunstância influísse no fato de evitarem, mais do que os outros, a zona escravocrata onde quase teriam de confraternizar com os negros ou com os mulatos livres; nos quilombolas; nos "matutos"; nos mucambeiros dos arredores do Recife e das outras cidades da região – é que se desenvolveu no Nordeste uma especialização regional de gente do povo, às vezes trepidante. Uns sob a influência indireta dos grandes monocultores de açúcar; outros independentes deles e até hostis às casas-grandes.

No dia em que for bem estudada a chamada Guerra dos Mascates, talvez se verifique que os mestiços do Recife estiveram, muitos deles, do lado de mecânicos e até de "mascates" portugueses; ao lado del-rei e contra a aristocracia dos homens dos engenhos – os "patriotas" de 1710, tão ligados a interesses de classe agrária. Em 1817 sabe-se que os mestiços pobres e os negros do Nordeste se dividiram – uns a favor, outros contra aquela revolução regional em que padres e senhores de engenho tomaram parte tão saliente.

Em 1819, a propósito de um alferes do regimento dos Henriques que participara da revolução de 1817, escrevia para Lisboa o governador Luís do Rego Barreto: "Illmo. e Exmo. Senhor – Ponho na prezença de V. Ex. o requerimento de Francisco José de Mello alferes, que foi do extincto regimento novo d'Henriques desta praça, em que pede seiz mezes de licença, para se justificar na prezença de sua Magestade da sua conducta no tempo da rebellião, que me foi remettido por avizo de 9 de junho do prezente anno para eu informar com o meo parecer.

"Não forão todos os negros, nem todos os mulatos os q. tomarão o partido dos rebeldes, e se unirão a elles; porem dos homens destas côres, aquelles, que abraçarão a cauza dos rebeldes, a abraçarão na de hum modo excessivo, e insultante, e fizerão lembrar com frequencia aos moradores desta capitania as scenas de S. Domingos. Os homens mais abejctos desta classe, os mesmos, mendigos, insultarão seos antigos benfeitores, seos senhores, ou senhoras, e se promettião com todo despojo a posse de huma senhora, como acontecimento infalivel: este grao de orgulho já era temivel quando o governador interino Rodrigo José Ferreira Lobo entrou nesta capitania, e huma das medidas mais efficazes, que elle tomou foi punir promptamente com açoites a todos aquelles de quem se sabia algum facto notavel desta especie, ou que tenha commetido algum attentado a coberto da rebelião." E continuava Luís do Rego:

"Depois que tomei posse do governo continuei o mesmo exemplo menos rigorosamente, e por poucos dias.

"Entre os sogeitos castigados no meo tempo, foi o Sup.$^e$ que de facto foi hum dos officiaes de Henriques mais violentos no tempo da revolução, e por que alem disto se dice delle q. tinha feito máo uso da patente e a tinha rasgada, alem de outras accuzações da natureza accima referidos, e não aprezentou a patente, foi tractado, como se nunca a tivesse.

"Em abono da verdade devo dizer, que elle aprezentou agora a sua patente, e que supponho esteja grudada com tiras de papel, e parece dividida em quatro partes não o está no alto da patente, aonde se percebe ainda a união do papel, e que pode bem ser cortada pelo uzo, e tal vez pela mesma causa esteja manchada, supponho me parece cuidadosamente lavada.

"Com o requerimento do Sup.$^e$ tenho a honra de apresentar a V. Ex.$^a$ a sua patente, de que lhe mandei dar recibo pelo ajudante de ordens de semana, e mais alguns documentos, a que não pertendo dar fé, mas que mostram a opinião que havia do Sup.$^e$ quando foi castigado.

"Finalmente não acho inconveniente, em q. tenha licença para hir a corte, e até o poderá ser feito, como simples paizano, por que nunca o julguei official, nem o devo julgar não sendo restituido ao seu posto, por sua Magestade.

"Deos guarde a V. Ex.ª muitos annos. Recife 30 de agosto de 1819. – Illmo.ᵐᵒ. Senhor Thomaz Antonio de Villanova Portugal – Luiz do Rego Barreto."⁸

Em 1823 – data de um dos movimentos de maior significação social na história do Nordeste, movimento um tanto no gênero das "balaiadas", das "cabanadas", das "tapuiadas" – viu-se que a gente mestiça era parte considerável da população do Recife: mais que ao traseiro da cidade; essa mancha de gente de cor, de negros e mulatos livres, se estendia por becos e camboas da cidade: formava batalhões diversos e não apenas o dos Henriques, tradicionalmente fiéis aos senhores brancos.

O movimento de 1823, que foi um movimento da gente de cor do Recife, e não uma simples demonstração política, teve a adesão da "quase totalidade das forças de 1.ª e 2.ª linha, bem como as companhias de *Monta Brechas, Bravos da Patria e Intrepidos*, corpos patrioticos de mestiços e negros...", informa um cronista da revolta, baseado na "Devassa" de que se encontra manuscrito na Biblioteca Nacional do Rio de Janeiro.

Esses corpos de mestiços e negros vinham se organizando desde a guerra holandesa, onde os homens de cor, a serviço dos grandes senhores das terras de açúcar, se revelaram tão bons soldados: ótimos para as guerrilhas, dado o seu conhecimento íntimo dos canaviais. A especialização militar resultava para eles em prestígio social.

Junto com os corpos militares, formaram-se desde anos remotos, nas cidades do Nordeste, irmandades como a do Rosário, todas de negros e administradas por negros – às vezes só os tesoureiros brancos, com prejuízo para os interesses dos associados – e parece que não admitindo senão negros, como para imitar as do Santíssimo Sacramento que, segundo se diz, não admitiam senão brancos. Embora o exclusivismo não significasse antagonismo aos brancos, não deixava de indicar uma situação diversa da dos negros de engenho, melhor acomodados ao sistema dos senhores e participando das suas devoções, debaixo da telha-vã das mesmas capelas patriarcais.

No Recife, os negros dos próprios armazéns de açúcar foram formando uma espécie de aristocracia de escravos, superiores em prestígio, embora nem sempre em condições materiais de vida, aos escravos das plantações de cana. No ambiente da cidade, menos impregnada da autoridade dos senhores de engenho, eles formavam uma corporação à parte e tinham o seu governador especial, como se vê da "Provisão de 13 de setembro de 1776, passada pelo governador José Cezar de Menezes, pela qual foi nomeado o preto crioulo Manuel Nunes da Costa *governador dos pretos mercadores de caixas de açucar desta praça*".[9] Era a sombra del-rei distante protegendo-os contra a dos senhores de engenho próximos.

Estes fatos nos auxiliam a compreender o ambiente tocado de "consciência de espécie", embora uma consciência vaga e mística, que teria facilitado a revolta de gente miúda e de soldados de cor que explodiu no Recife em 1823. Com o mestiço Pedroso, de cavanhaque e a cavalo – duas insígnias de autoridade –, à frente da insurreição, o movimento dominou a cidade por alguns dias: enquanto não chegaram dos engenhos os senhores a cavalo e acompanhados de escravos que estabeleceram a supremacia dos engenhos sobre a cidade.

A insurreição era de soldados – negros e mulatos na sua maioria – e de negros e mulatos paisanos, gente dos mucambos, das palhoças, das casinhas de barro. Frei Caneca refere, nas suas *Obras políticas e literárias*, que Pedroso foi visto em uma das palhoças da estância "rodeado de pretos e pardos, comendo, bebendo e ouvindo cantar, com uma negra sentada no colo." Vendo os provisórios, "além do apertar com eles para que tomassem assento lhes disse entre outras palavras: – *sempre estimei esta cor, é a minha gente!*"

Alfredo de Carvalho, a quem se deve descrição tão minuciosa, embora parcial, dos motins de 23, informa que "as notícias dos sanguinolentos sucessos da ilha de S. Domingos, onde os escravos revoltosos haviam triunfado dos senhores, circulavam amplamente comentadas e a muitos sorria a esperança da próxima desforra dos oprimidos com o estabelecimento entre nós de um regime análogo, sob os auspícios do prepotente governador das armas",[10] isto é, o capitão Pedroso. Este, instalado no Palácio do Governo e senhor da cidade por vários dias, não fez senão recrutar dentre a gente de cor seus homens de confiança, promovendo negros e mulatos a oficiais dos corpos milicianos.

Mas à revolta faltaria direção do mesmo modo que ambiente: a "consciência de espécie" entre os negros e mestiços do Recife não existia senão vaga, outras forças impelindo-os, tanto quanto os negros de engenho, à mística da lealdade e, dominante de modo quase absoluto nos canaviais do extremo Nordeste. De maneira que foi relativamente fácil ao morgado do cabo marchar sobre o Recife e entrar vitorioso nas ruas da capital, a trote de cavalo, como um conquistador militar vindo dos canaviais para pacificar a metrópole do açúcar. Uma "luzida multidão de cavaleiros", diria do morgado e do seu séquito o major Antônio Ângelo de Vasconcelos que assistiu à entrada triunfal dos senhores de engenho e dos seus escravos no Recife amotinado pelos negros, pelos mulatos livres, pelos soldados de cor.

Pedroso fora expressão daquela insatisfação social e talvez psicológica do mulato ainda mal ajustado aos brancos, tão frequente na antiga sociedade brasileira e a que nos referimos em trabalho anterior. Do mulato quase separado do negro. Quase separado de reivindicações de raça, de região ou de classe. Querendo o seu reajustamento quase exclusivamente individual. Mas utilizando-se do negro, da classe oprimida ou da região animada de sentimentos autonomistas e até separatistas como de um elemento revolucionário correspondente à sua insatisfação; como uma força bruta mas plástica em suas mãos ansiosas de domínio em uma sociedade que ele desejava reorganizada sobre novas bases.

Vê-se pela popularidade que Pedroso alcançou entre a gente de cor dos mucambos da estância, que no Recife dos princípios do século XIX vivia ao pé dos sobrados uma massa de gente preta, politicamente vaga, mas já com a sua significação social e até revolucionária – seu potencial revolucionário, como diria o jovem escritor Aderbal Jurema.

É o que vai nos explicar novo movimento de insatisfação da gente de cor do Recife que se verificou em 1824, com a rebelião do batalhão dos pardos comandados por Emiliano Mandurucu. Atuava sobre Emiliano a sugestão do exemplo do rei Cristóvão:

> *"Qual eu imito a Cristóvão*
> *Esse imortal Haitiano*
> *Eia! Imitai o seu povo*
> *Oh! Meu povo soberano!"*

É um ponto a se estudar com minúcia, a repercussão dos grandes movimentos de rebeldia dos escravos das Antilhas, sobre as diferentes áreas escravocratas do Brasil. Particularmente sobre as áreas de civilização açucareira mais intensa, como o extremo Nordeste e o Recôncavo. As duas grandes civilizações do açúcar na América – e das Antilhas e a do nordeste do Brasil – tendo seguido atitudes psíquicas e sociais diversas com relação aos escravos africanos importados para as suas plantações de cana, tiveram entretanto problemas comuns em face do negro e do mulato; e não deixou de haver repercussão dos acontecimentos revolucionários verificados na França e nos Estados Unidos, em Haiti e em São Domingos, sobre o nordeste do Brasil.

A ideologia libertária da Revolução Francesa e da Revolução Americana chegou aos dois sistemas escravocratas – o das Antilhas e o do Brasil – pelos meios mais surpreendentes e mais sutis. No Brasil, até por intermédio dos padres. Mas sem encontrar nunca entre nós ambiente tão favorável ao ódio do escravo contra o senhor, do preto contra o branco, como o que encontrou naquela outra parte da América, onde a monocultura do açúcar igualmente separa a população em senhores e escravos: mas escravos e senhores mais distanciados socialmente do que no nordeste do Brasil.

O motivo para essa diversidade de ambiente, já se disse que foi principalmente a doçura maior do português com relação à gente de cor; o hibridismo em que se abrandou tão cedo a colonização do Brasil, mesmo onde ela foi mais aristocrática pela sua origem e pela distância social imposta pela técnica de produção a senhores e escravos, a brancos e homens de cor. Algumas das famílias mais nobres já se recordou que, no Nordeste, tomaram, desde os primeiros anos, sangue indígena; outras, mais tarde, até sangue negroide ou ilhéu como, segundo bons depoimentos estrangeiros e a despeito de cartas de branquidade triunfalmente citadas por cronistas ingênuos, a família de João Fernandes Vieira. E a verdade é que a política portuguesa no Brasil sempre foi neste ponto, mais humana que a inglesa ou a francesa nas Antilhas.

A carta régia de 1766, que em 1788 o novo provedor da Casa da Moeda na Bahia, José Venâncio de Seixas, em carta a D. Rodrigo de Sousa Coutinho, considerava "hum erro de politica em administração de colonia",[11] foi, ao contrário, uma dessas expressões de gênio político aplicado à administração das colônias que não uma nem duas, mas várias vezes, surpreendem a quem examina os velhos documentos da colonização portuguesa do Brasil.

Essa memorável carta régia de 1766, a que se refere tão injustamente o provedor Seixas, consagrava a iniciativa brasileira, tomada durante a guerra contra os holandeses, de se organizarem corpos de pardos e pretos – os *henriques* – e de índios – os *índios de Camarão*. Corpos cuja ação fora eficientíssima nas lutas contra os hereges. O negro e o mulato, cuja condensação no extremo Nordeste e no Recôncavo se explica pelas exigências econômicas e sociais da organização açucareira, seriam desde o século XVII elementos de defesa militar poderosíssimos dessa mesma organização regional, ameaçada pela cobiça holandesa.

Em 1735 eram os negros e pardos do Nordeste honrados com estas palavras vindas del-rei de Portugal: "EL REY Nosso Senhor ordena a V. S.ª que logo que receber esta chamando a sua presença todos os officiaes do terço dos Henriques lhes declare no seu real nome que sua magestade conserva muito vivas na sua lembrança as gloriosas açoens com que sempre se distinguiu o dito terço; E que tendo o mesmo senhor possuido certo que os seus leaes vassallos de que elle hoje se compoem hão de querer parecer não só descendentes mas verdadeiros imitadores dos heroes que tanto o illustraram se determinou sua magestade a lhes fazer a distincta honra de os empregar com as suas tropas regulares na defesa dos dominios meridionaes da America portugueza mandando-os passar ao Rio de Janeiro ás ordens do marquez do Lavradio, vice-rei e capitão-geral do Estado do Brasil, conclusa esta breve exortação a q. V. S.ª ajunte outras expreções que lhe parecerem mais efficazes para melhor persuadir os ditos officiaes do muito que sua magestade confia do zelo, valor e fidelidade da dita tropa auxiliar de Henriques: formará da gente mais escolhida do referido terço hum batalhão de seiscentos homens nomeando para mestre de campo delle o official mais distincto e de maiores merecimentos. E para occuparem os outros postos os que lhe parecem mais capases de satisfazerem as obrigações delles.

"Logo que V. Sª tiver concluida esta diligencia mandará egualmente vir a sua presença os officiaes de todos os terços de homens pardos. E fazendo-lhes outra exortação concebida nos termos acima referidos formará outro batalhão tambem de seiscentos homens com seu mestre de campo e officiaes competentes.

"Estes dous corpos devem levar os armamentos e fardamento que tiverem; assistindo-lhes V. Sª com o que lhe for possivel, e que vir que lhes he indispensavelmente necessario. Para o transporte dos ditos corpos mandará V. Sª fretar ou embargar sendo necessario as sumacas costerias ou outras quaesquer embarcações que houver nesse porto. Em falta dellas os mesmos navios de companhia que se fizerem precisos para a mais prompta expedição do referido transporte, sendo V. Sª entendido que a brevidade delles, he da maior importancia ao real serviço.

"Deos guarde a V. Sª Palacio de Nossa Senhora da Ajuda em 12 de março de 1735 – Martinho de Mello e Castro."[12]

As consequências sociais da confraternização de homens de cor com brancos na guerra contra a Holanda não só fizeram notar logo após a campanha – a guerra valorizara socialmente os elementos de cor e integrara-os com a região – como permaneceram motivo de valorização da mesma gente de cor. A tal ponto que essa valorização provocou ciúmes ou restrições.

O provedor Seixas, na sua crítica à política portuguesa no Brasil com relação à gente de cor, diz que a carta régia de 1766 "mandando formar corpos milicianos desta qualidade de indivíduos" (refere-se aos homens de cor, principalmente aos mulatos), estes "se viram condecorados com postos de coroneis e outros similhantes, com que esta gente, naturalmente persuadida, adeantou consideravelmente as suas ideas vaidosas, e que junto ao espirito do seculo os faz romper em toda a qualidade de excessos." Os excessos seriam não só os democráticos, como os regionalistas e até separatistas, em que na verdade resvalaria mais de um mulato intelectual ou militar do Nordeste. Mas seriam também os republicanos e os nacionalistas, favoráveis ao desenvolvimento brasileiro.

O alarme do provedor Seixas era provocado ostensivamente pela revolta de escravos negros, organizados pela tal "gente naturalmente mais persuadida" – os mulatos – que esteve para rebentar na Bahia em 1798: "Huma das novidades inesperadas que aqui achei foi a do perigo em que estiverão os habitantes desta cidade com huma associação sediciosa de mulatos que não podia deixar de ter perniciosas consequencias, sem embargo de ser projectada por pêssoas insignificantes; porque para se fortificarem lhes bastavam os escravos domesticos inimigos irreconciliaveis dos seus senhores, cujo jugo por mais leve que seja lhes é insuperável. Foi Deus servido descobrir por hum modo bem singular a ponta desta meada, ao fim da qual julgo se tem chegado, sem que nella se ache embaraçada pessôa de estado decente. Creio que V. Excia. receberá nesta occasião huma conta muito circumstanciada que ensina a desconfiar para o futuro. Eu não posso deixar de me lembrar nesta ocasião que todas as ordens antigas dirigidas ao Brazil a respeito de mulatos os fazia conservar em hum certo abatimento, prohibindo-lhes a entrada em qualquer officio publico ou posto militar, inhibição que era ampliada ainda mesmo aos homens casados com mulatas." Na verdade, o que Seixas desejava era conservar no seu lugar todos os mulatos, insubmissos ou não. E esse lugar era o de classe inferior. O de sub-raça sem nenhuma das regalias da raça branca. Sem a regalia dos postos militares, por exemplo.

Se é certo que certos corpos de pardos e de pretos no Nordeste tornaram-se, como o de Emiliano, focos de insubordinação e que os mulatos elevados a postos militares foram algumas vezes irrequietos da marca de Pedroso, aproveitando-se do que havia entre nós de ódio de negro contra branco, de escravo contra senhor, da região contra o todo brasileiro ou contra a metrópole, o efeito mais comum da política portuguesa de elevação social do mulato parece que foi diminuir a prepotência dos aristocratas do açúcar – tão perigosa para a administração da colônia e para a própria unidade brasileira – e abrandar as relações entre esses aristocratas e a gente de cor das cidades. Dando oportunidade de ascensão social aos mais aptos dos elementos negroides, a política portuguesa só fez amolecer o antagonismo entre a população mulata livre, tão numerosa no extremo Nordeste e no Recôncavo desde o século XVII, e os aristocratas quase feudais dos engenhos.

Outro documento português do fim do século XVIII, ainda inédito, nos traz esclarecimentos sobre o assunto: a carta que Rodrigo de Sousa Coutinho escreveu a Bernardo José Lorena em 3 de janeiro de 1798. "Sua magestade manda remetter a V. S$^a$" – escrevia Sousa Coutinho – "as petições dos homens pardos e pretos dessa capitania afim que V. S. informe sobre as suas pretensões tendo porém sempre muito cuidado que esta gente nem deve ser oprimida, nem muito favorecida, porque desgraçadamente tem visto que por elles principiou e se tem suscitado todo o cruel fogo, e incendio que tem reduzido a miseria as mais ricas ilhas das Antilhas que possuia a monarchia franceza."[13]

Sempre a sombra das revoluções da gente de cor das Antilhas a apavorar os governos e os grandes proprietários de açúcar no Nordeste do Brasil. Mesmo diante desse enorme pavor que dominou os governantes nos fins do século XVIII e nos começos do XIX, sente-se, porém, a sabedoria da política portuguesa com relação ao mulato brasileiro: nenhuma opressão, ao mesmo tempo que nenhum excesso de favor político, que teria sido então prematuro.

A grande sabedoria da política portuguesa no Brasil mestiço esteve em tornar de tal modo plástica a acepção social e legal de *branco*, que dentro dela pôde ir se acomodando o mulato triunfante a ponto de chegar em Pernambuco a capitão-mor nos tempos coloniais; a ponto de se tornar parte da própria aristocracia do canavial. Sá e Oliveira salienta casos interessantes de mulatos que nessa acomodação à qualidade e às condições aristocráticas de branco foram ao extremo de pretenderem se fazer passar até por nórdicos: tal o mulato rico da Bahia casado com europeia do Norte que "teve habilidade de mudar o timbre e inflexão da voz para convencer o interlocutor de que sua estirpe se estendia aos países da Europa".

Aliás não foram raras as vezes em que os mulatos do Nordeste – especialmente do Maranhão, educados em Coimbra – tornaram-se mais portugueses pelo timbre e inflexão da voz do que os senhores de engenho brancos, alguns até branquíssimos, africanizados na maneira de falar; e essa solidariedade de voz e sotaque por certo que atuou no sentido de uma "consciência de espécie", às vezes maior, da parte deles, mulatos bem-educados, com relação aos portugueses, do que da parte dos brancos velhos da terra com relação aos mazombos. O timbre da voz, o sotaque, o acento são elementos de solidariedade social nada desprezíveis. Prevalecem às vezes sobre outros traços de semelhança ou atenuam antagonismos ou diferenças. Aspecto da história social e cultural da língua portuguesa falada no Nordeste que estimaríamos ver estudado por um mestre do saber especializado em questões de linguagem como o professor Mário Marroquim, autor do ensaio admirável que é *A língua do Nordeste*.

Não se pode generalizar sobre o negro ou o mulato do Nordeste, dando-o como elemento por excelência perturbador da civilização aristocrática do açúcar: o mesmo grande e violento elemento revolucionário que foi em São Domingos, por exemplo. Ou que foi o negro ou o quase-negro no Haiti. Decerto ele foi, aqui, em muitos casos, um insatisfeito, um mal ajustado, dentro do sistema terrivelmente simplista de senhores e escravos. Mas não por ódio radical de raça ou de classe: por desajustamento psicológico, principalmente. Este é que fez dele um introspectivo, não só individual como social. E em alguns casos um rebelado. Um rebelado nem sempre contra a Santa Madre Igreja ou a coroa de Portugal ou do Brasil. Com estas, alguns mulatos se identificaram quase por completo, opondo-se à ideia de república, que no Nordeste de 1710, e até certo ponto no de 1817, parece ter significado uma aspiração – mais de classe que mesmo regional ou nacional – por um sistema de governo em que dominaria a aristocracia, em sua maioria branca, ou quase branca, dos canaviais.[14]

É curioso salientar que no movimento revolucionário chefiado pelo mestiço Pedroso em 1823 os negros e mulatos, sendo contra os "marinheiros" e "caiados", foram também contra os republicanos. Que vários mestiços e até negros deram padres bons e ordeiros, desde os tempos coloniais. Que mestiço fora Vieira – o padre Antônio Vieira, sempre fiel à Santa Madre Igreja, embora não se deixe de surpreender em sua vida e em seu apostolado certa trepidação psicológica, característica do mulato imperfeitamente ajustado à ordem social dominante. Essa trepidação levou-o talvez a algumas de suas atitudes desassombradas de crítica aos senhores de engenho e aos governos do Maranhão.

Destaque-se este fato significativo: a melhor crítica que se fez no próprio Nordeste, no correr da primeira metade do século XIX, do sistema que hoje denominamos, numa tentativa de sistemática sociológica que vem despertando adesões, de monocultura latifundiária e escravocrata, predominante na região, fê-la um mulato livre-pensador do Recife: A. P. de Figueiredo.

Charles Comte escreveu que dentro dos sistemas escravocratas não se desenvolvem no homem as faculdades críticas. De fato, a aptidão para a crítica de ideias e para a crítica social surge raramente num ar tão abafado como a atmosfera dos grandes sistemas patriarcais e escravocratas. Parece que dentro deles, as aptidões intelectuais ou se deixam vencer pelo encanto das formas mais sensuais de expressão – a oratória, a poesia de amor, o romance sentimental – ou se desgarram para a matemática ou para a mística. O caso de Sousinha, nascido no meio escravocrata do Maranhão.

Às vezes tem havido desgarrados para o misticismo, para a cabala, para um universalismo vago de crenças: um senhor de engenho de Pernambuco já deixou sua terra, suas canas, seus bois para ir viver entre os faquires e as vacas sagradas da Índia. Casos nítidos de evasão.

Antônio Pedro de Figueiredo foi um mulato do Nordeste que na primeira metade do século XIX, e um pouco na segunda, exerceu no Recife a crítica de ideias e a crítica social de modo às vezes surpreendente. É tal a independência e a sobriedade de alguns dos seus ensaios, que se tem às vezes a impressão de alguém que tivesse a vantagem da distância – vantagem que a condição de estrangeiro dá quase sempre ao observador – a completar-lhe a de intimidade profunda com o meio em que nasceu. Não se compreende que continue tão na sombra, tão no escuro, tão dentro da alcunha que lhe deram os conterrâneos (sempre tão apedrejadores dos profetas) – a alcunha de "Cousin-fusco" – esse mulato que decerto não foi menos significativo, como revolucionário intelectual do meio escravocrata do Nordeste e como crítico da organização patriarcal então predominante, do que outros mulatos mais festejados: Natividade Saldanha, nos princípios do século XIX, Tobias Barreto nos fins.

A. P. de Figueiredo, adjunto do Liceu de Pernambuco e redator-chefe da revista *O Progresso*, é dos três o que mais interessa a quem procura estudar a história intelectual, e ao mesmo tempo a social, da região, durante o primeiro século de independência. Porque em sua crítica social e de ideias, ele soube resistir, melhor que os outros, às seduções do planfleto, da oratória e da demagogia, por um lado, e do exotismo, por outro.

Aos vinte anos – ainda um menino – já Figueiredo traduzia do francês para o português a história da Filosofia de Victor Cousin. Trabalho de minúcia, de exatidão e de pachorra, em que se afirmava a disciplina intelectual de que era capaz o adolescente do Recife. Jouffroy, diz-nos um biógrafo de Figueiredo,[15] que foi então a sua grande leitura, completada pela de Owen, de Fourier, e parece que sobretudo pela de Saint-Simon, cujas doutrinas socialistas procurou adaptar às condições e às necessidades da região.

Porque o encanto da Filosofia Social desse mulato que aos vinte anos não fez versos, mas traduziu Cousin, é que teve sempre a tendência para o estudo objetivo da economia da região: para a descrição e para a crítica do sistema latifundiário da cultura da cana, predominante no Nordeste.

É possível que tenha também atuado sobre ele, no sentido desse critério regional de análise, a obra, riquíssima de sugestões, de Charles Comte, cuja influência se surpreende em vários outros publicistas brasileiros: desde Frederico Cesar Burlamaqui e Anselmo da Fonseca. Mas se sente também nele a influência da nova Filosofia Social inglesa e até alemã.

Em 1846, A. P. de Figueiredo escrevia no Recife, na sua revista *O Progresso*: "Sem duvida poderamos nós entoar sobre as lettras e as artes longos dithyrambos, cantar em phrases harmoniosas o seu alto valor social e civilisador; mas julgamos ser obra mais util ligar semelhante materia a uma das theses que mais acima estabelecemos, quando enunciamos que o bem estar material é o antecedente logico dos progressos racionaes de todas as ordens...". Sob esse critério, talvez, exagerado, é que Figueiredo se ocupou com tanta lucidez dos problemas regionais da agricultura e da indústria: particularmente da questão da grande propriedade que lhe parecia exigir solução urgente.

"A maior parte do território da nossa provincia" – escrevia Figueiredo em 1846, na mesma revista *O Progresso*,[16] referindo-se a Pernambuco – "está dividida em grandes propriedades, fragmentos das antigas sesmarias, das quaes mui poucas hão sido subdivididas. O proprietario ou rendeiro occupa uma parte dellas e abandona, mediante pequena paga, o direito de permanecer em outra e de cultiva-la, a cem, duzentas e algumas vezes a quatrocentas familias de pardos ou pretos livres, dos quaes elle se torna protector natural, mas delles tambem exigge obediencia absoluta, e sobre elles exerce o mais completo despotismo. Dahi resulta que as garantias da lei não são para estes malaventurados, que entretanto compõem a maior parte da população da provincia, mas para estes proprietarios, dos quaes 3 ou 4, reunidos pelos laços do sangue, da amizade, ou da ambição, bastam para aniquilar, numa vasta extensão de terras, as forças e influencia do governo."

Parecia-lhe necessário estabelecer-se quanto antes uma classe média, que seria em grande parte dos pardos e pretos livres. Mas para isto impunha-se uma medida violentíssima que ele, com um simplismo ainda de moça romântica, julgava fácil e praticável na época ainda meio feudal: dividir as terras por onde se estendiam os canaviais dos grandes senhores. "É mister que os indivíduos pouco abastados possam obter terras, e cultival-as com a certeza de gozar dos productos, condições que hoje não existem, porque os senhores de engenho ou de fazendas se recusam obstinadamente a vender qualquer porção destas terras, fonte e garantia do seu poder feudal, e porque o desgraçado morador que se arrisca a plantar fica á mercê do proprietario, que o pode despedir de suas terras dentro de vinte e quatro horas." Para conciliar semelhante necessidade com "o direito absoluto de propriedade", Figueiredo bateu-se por um imposto territorial proporcional à superfície possuída pelo senhor de engenho ou fazendeiro;[17] e nessa campanha foi talvez a certos exageros de simplismo ideológico. Apenas não chegou ao violento antilusismo de outros reformadores sociais do Brasil do seu tempo, sensível, como decerto estava, ao fato de que mais de uma vez fora Portugal, pelo seu rei, que impedira ou atenuara no Brasil, particularmente no Nordeste mais feudalmente patriarcal, abusos de privativismo dos ricos em sua exploração dos pobres. Do que desde remotos dias coloniais fora exemplo a exploração das praias pelos proprietários, detida, afinal, por provisão de 17 de julho de 1815 e pela nada desprezível revolução social que se seguiu a esse ato de intervenção do governo a favor dos pescadores.

"Em Pernambuco, não sei se por falta de industria, ou por obstaculos reaes, q. já tem frustrado algumas tentativas" – dizia Caetano Pinto de Miranda Montenegro em 18 de junho de 1816, em documento de que se encontra manuscrito na Seção de Manuscritos da Biblioteca do Estado – "não há redes do alto, nem armações como na Bahia, e Rio de Janeiro: o peixe é pescado em jangadas a linha, ou em curraes, de q. há grande numero por toda a costa do sul e do norte. Estes curraes são formados entre a praia, e o arrecife, com morões cravados no fundo, tecidos com varas, atados com cipós, e são compostos de 3 divisões, ou repartimentos: o 1º, a que os pescadores chamam a sala, é o mais espaçoso, e a sua porta dá franca entrada, e sahida ao peixe; o 2º, a que chamam chiqueiro do meio, é mais apertado, mais ainda o peixe entra e sahe; o 3º, a q. chamam chiqueiro de matar, tem menor extensão, e é constituido de maneira que o peixe não pode sahir. – Além destes 3 repartimentos, tem mais a chamada espia, q. é como uma caniçada, ou espaldão, em muitos delles de 40, 50 e 100 braças de comprido, feito com os mesmos morões e varas, a qual espia serve de encaminhar o peixe para o curráo. Esta especie de armação embaraça o uzo commum da praia, e mar, em q. está estabelecida; pois o q. fez o curráo com o seu trabalho e despeza, quer desfrutal-o exclusivamente." E acrescentava:

"Os proprietários das terras limitrophes á praia costumam arrendar os sitios, q. nellas tinhão, em q. os pescadores faziam caza para vivenda, e para guarda de seus pobres utensilios. A renda de cada sitio era relativa aos pés de coqueiros, q. nelle havia avaliando-se regularmente cada um em 12 vintens por anno, não entrando em conta os coqueiros muito novos, ou muitos velhos, por darem pouco, ou nenhum fruto: si o sitio comprehendia curráo, o arrendamento deste era separado, e algumas vezes até só se fazia a pessoa diversa, sendo a renda mais commum, e ordinaria, segundo a melhor, ou peior localidade, de seus 10 mil reis. Mas depois q. a provisão regia de 17 de julho de 1815, declarou injusto, e abuzivo tudo que se exigia pelo uso do mar, e praias; levantaram-se a maior parte dos rendeiros contra os proprietarios, e não só não pagão como dantes a renda dos curraes mas nem a mesma renda do sitio querendo que este seja hua parte da praia." Atitude francamente revolucionária de pescadores contra proprietários de terras semelhantes à dos "moradores" contra latifundiários estudada por Figueiredo.

A tentativa de revolução, que houve na época, contra o barão de Boa Vista – revolução tão demagógica – não fez perder o equilíbrio nem a fleuma ao socialista mulato do Recife. Semelhante revolução "não podia ter outro effeito sinão substituir a supremacia geral da familia Cavalcanti por um grande numero de familias menos poderosas, sem grande vantagem para a maior parte da população, que se acha sempre curvada sob o jugo da feudalidade." Ninguém mais pronto a reconhecer os serviços de Boa Vista e do próprio Suassuna ao progresso da região: o mal que inquietava a Figueiredo não era dos homens então no poder, mas o do sistema de propriedade e de trabalho predominate. Este sistema, o de quase feudalismo baseado sobre a exploração latifundiária da cana-de-açúcar e sobre a escravidão do negro. O que temos procurado caracterizar em nossos estudos sob a denominação de monocultura latifundiária e escravocrata e a seu modo feudal e não apenas patriarcal.

Essa figura sugestiva de mulato intelectual da primeira metade do século XIX pede um estudo à parte: mas não quisemos deixar de fazê-la passar por estas páginas com o relevo de suas qualidades mais evidentes de crítico social, num meio tão desfavorável a tais pendores como o Nordeste patriarcal do século passado. O "Cousin-fusco" é inseparável da história da cana-de-açúcar no Nordeste. O próprio imperador, tão sensível às sugestões intelectuais, sobretudo às de cor filosófica, é possível que se tivesse deixado influir pelas reflexões de Figueiredo quando, precisamente na época de maior atuação do crítico do Recife – 1840 a 1850 –, decidiu enfrentar com firmeza a prepotência dos grandes senhores dos canaviais.

Outros publicistas se ocuparam então do assunto: mas com ardor de panfletários. Tal o padre Lopes Gama, a quem não faltou a coragem de denunciar pelos nomes – e com toda a autoridade de sua condição de padre e de professor – alguns dos Cavalcantis e dos Regos Barros mais ricos da época, senhores de alguns dos latifúndios mais vastos do Nordeste na primeira metade do século XIX. De denunciá-los como ladrões, como contrabandistas e como assassinos.

Em Arruda Câmara com em Vilhena, no padre Moniz Tavares como em Frederico César Burlamaqui, em Nascimento Feitosa como em Abreu e Lima, igualmente se encontram críticas, às vezes objetivas, ao sistema latifundiário e escravocrata do Nordeste. Burlamaqui, escrevendo em 1833 – sob a influência nítida de Charles Comte –, ocupou-se principalmente do Maranhão – onde a crítica aos abusos da escravidão fora iniciada por um homem de gênio – o padre Antônio Vieira. E Abreu e Lima fixou com agudeza crítica as condições regionais de luta de classe entre nós – colônia de plantação e depois império de *senhores e escravos*.

Mas a cor de panfleto tira a muitos desses ataques à aristocracia dos canaviais – ataques menos de homens a instituições que de homens contra homens – o valor de crítica objetivamente social que se encontra nos escritos de Figueiredo. Principalmente na sua série de pequenos ensaios, alguns admiráveis, publicados na revista *O Progresso*, de 1846 a 1848.

Esse esforço de crítica ou de análise objetiva do sistema escravocrata e latifundiário do Nordeste teria, na segunda metade do século XIX, continuadores muito mais brilhantes que Figueiredo: Tavares

Bastos e Joaquim Nabuco, por exemplo. Brancos finos de casa-grande desertando para o lado dos negros; e não mulatos aristocratizados pela ascensão intelectual.

E através de todo o século XIX, vamos encontrar fazendo obra de crítica ou de análise quase sociológica ao regime social predominante no Nordeste, uma série de médicos, alguns educados na Europa.

Mesmo quando médicos de famílias e um tanto sujeitos à economia patriarcal das casas-grandes, esses doutores do século XIX souberam, por influência de sua formação mais objetiva e mais científica que a dos bacharéis e a dos clérigos, às vezes também por sua condição trepidante de mulatos insatisfeitos, desprender-se das acomodações ao sistema predominante – o da lavoura latifundiária e escravocrata – e criticá-lo em alguns dos seus pontos mais delicados.

O estudo da patologia individual levou-os ao estudo da patologia social. Os doentes levaram-nos às doenças sociais. A grande doença, raiz de quase todas, que era o sistema econômico dentro do qual o homem vivia – a maioria, negra e parda, escrava da minoria pálida; e todos escravos da cana. Escravos do açúcar.

Não foi outro o caso de Aquino Fonseca, um dos vários médicos do Nordeste educados na Europa – os Arruda Câmara, os Simplício Mavignier, os Joaquim Serpa –, a quem, mais do que a bacharéis e a clérigos, devemos o pouco de crítica objetiva que nos resta da fase mais intensa da civilização do açúcar no Brasil feita pelos próprios contemporâneos, filhos da região. Eram eles, decerto, os menos amolecidos pelas influências e pelos abafos do meio na sua capacidade de introspecção, de observação, de análise, de diagnóstico social. E viram os grandes males ligados à ordem social então predominante. A prostituição – para a qual concorriam os próprios grandes senhores das terras de açúcar e os seus filhos e os filhos dos seus compadres, o Recife se enchendo de molecas e mulatas defloradas pelos mais desabusados dentre eles. A sífilis. A má alimentação. O vestuário impróprio. As más condições de habitação. O transporte e a venda de água em cano imundas.

Convém lembrar que desde Guilherme Piso, trazido pelo conde de Nassau a Pernambuco em 1637 como chefe do serviço sanitário do Brasil holandês, se iniciara no Nordeste o estudo das condições sociais da região, ao lado do estudo propriamente médico ou nosológico. E esse estudo já debaixo de critério ecológico. Ao mesmo tempo que as doenças e as suas condições naturais e sociais da região, Piso procurou estudar as plantas do Nordeste conhecidas dos indígenas que pudessem servir ao tratamento dos males aqui encontrados. Ele já nos fala da ipeca e da copaíba; de outras plantas que dois séculos depois seriam a paixão de Joaquim Jerônimo Serpa no seu quase nativismo médico: na sua quase mania de empregar no tratamento dos doentes as drogas da região de preferência às exóticas.[18] Do mesmo modo que outros patriotas do século XVIII e principalmente do XIX insistiram em comer farinha de mandioca em vez de pão de trigo e em beber aguardente de cana em vez de vinho. Parece que houve mesmo um nativismo religioso ou litúrgico de que o grande bispo Azeredo Coutinho dá sinal: o uso do benjoim em vez de incenso nas igrejas de Pernambuco.[19] E, na arte da renda, o uso de material da região – espinhos, fibras etc. – em substituição a material tradicionalmente europeu.

Destaque-se, de passagem, um traço que bem caracteriza a inteligência ou, pelo menos, o bom senso, que orientou a política portuguesa com relação ao Brasil: o interesse da metrópole pelo conhecimento daquelas plantas regionais, que pudessem beneficiar também outras populações, no reino e nas colônias da África e da Ásia. Nos vários volumes de *Correspondência da Corte*, que os nossos arquivos guardam, como nos maços de rica documentação sobre o Brasil que se conservam no Arquivo do Ultramar, ou Histórico Colonial, em Lisboa, é frequente o pesquisador deparar com referências ao assunto. A esse interesse deve-se também o fato de terem sido traduzidas e aclimadas no Nordeste várias plantas úteis de outras regiões tropicais, cuja cultura, experimentada nos hortos del-rei, só não se propagou facilmente entre nós, devido ao exclusivismo dos proprietários das terras de cana.

Junto a esses, saliente-se de passagem que procuraram também agir alguns admiradores portugueses como D. Fernando José de Portugal, no sentido não só da policultura, como da adoção de métodos mais adiantados de cultura: por exemplo, no de se queimarem nas fornalhas dos engenhos "as canas já moidas, como praticam os inglezes, e francezes nas Antilhas"; no sentido, ainda, do emprego de arados para cultivar as terras. É o que nos faz ver a carta do mesmo

D. Fernando de 28 de março de 1798, que se conserva em manuscrito no Arquivo do Ultramar em Lisboa.

João Ferreira da Rosa, o primeiro físico a ser enviado pela metrópole portuguesa a Pernambuco, com o fim de estudar a "epidemia de males" que na segunda metade do século XVII ameaçou de destruir a civilização do açúcar no Nordeste do Brasil, é outra figura do médico que ficou associada à história social da região, outra figura de técnico que encarnou, entre nós, não apenas o bom senso da administração colonial portuguesa, mas até a sua tendência para dar solução científica a problemas brasileiros.

Diz-se que o Nordeste tivera suas condições de higiene melhoradas durante o domínio holandês: e é provável que tal houvesse sucedido, pelo menos no Recife e nos seus arredores, com as obras de engenharia e principalmente com o sistema de canais de que o conde João Maurício de Nassau dotou a capital do açúcar; e no interior, com as medidas tomadas por ele contra os desmandos da monocultura da cana e a favor da plantação de legumes e de cereais pelas terras dos engenhos. Estas medidas teriam-se refletido de modo favorável sobre a saúde da população. Além disso, o domínio holandês nos teria trazido o saber médico dos doutores judeus de Amsterdã, e por consequência, melhor assistência médica e higiênica aos habitantes do Nordeste. Diz-se que a cidade da Bahia já no século XVII se apresentava cheia de médicos judeus. E do Recife, Israel veria sair um dos seus maiores doutores em medicina de todos os tempos: o grande Velosino.

João Ferreira da Rosa veio para Pernambuco quando as condições de saúde pública eram péssimas na capitania. E não lhe escaparam as influências de natureza social que estariam concorrendo para situação tão terrível: "a costumancia nos peccados ou desregrados costumes". Em Olinda, já o pregador dissera alarmado com tanto pecado e com tanto luxo – os homens só querendo vestir seda e veludo, os cavalos ajaezados de prata, as mulheres cobertas de pérolas, rubis, esmeraldas e diamantes, as senhoras e as filhas dos senhores de engenho e de outros homens afazendados trajando tão ricamente como na corte de Madri: "Olinda será abrazada por Olanda".

Sabe-se pelos cronistas do século XVII que no Nordeste, principalmente no Recife – que desde 1630, com o incêndio de Olinda, foi tomando relevo na paisagem da região, até tornar-se a verdadeira metrópole do açúcar –, era irregularíssima a vida sexual, favorecendo a sífilis e as doenças venéreas e contribuindo para o grande número de crianças ilegítimas; enorme a prostituição, ostensiva na cidade e um tanto disfarçada, mas talvez ainda mais brutal, pelos engenhos.

Com a falta de víveres na região (onde quase só se plantava cana e um pouco de mandioca) importava-se com toda a regularidade de Portugal e das Canárias grande quantidade de alimento: "quarenta e cinco navios se empregavam anualmente no comércio de transporte de gêneros de importação",[20] lembra Pereira da Costa, referindo-se a Pernambuco no século XVI. Quase o mesmo excesso de importação de víveres continuaria através do século XVII. Junte-se a isto o grande número de navios que o comércio de açúcar trazia a Pernambuco e à Bahia – no século XVI aumentado pelos barcos de volta do Peru – e tem-se a ideia da frequência de contatos do Nordeste, através do seu primeiro século de civilização açucareira, com a Europa e com outras partes do mundo: com as Canárias e com o Peru, por exemplo: com a África, a Índia e a China. Terras donde os aristocratas brasileiros do açúcar faziam vir seus adornos de sala, seus marfins, seus chapéus de sol e suas bengalas mais finas – até o século XIX insígnias de mando, traços de vida fina, tão particularmente característicos do homem nobre, da gente fidalga e volutuosa do Nordeste.

Se desde tempos remotos, anteriores à colonização agrária, já esta parte do Brasil recebera muito salpico de sangue europeu do Norte – o dos normandos louros, traficantes de pau-brasil, tantos dos quais se deixaram ficar pelas praias sombreadas de cajueiro, colhendo madeira para os navios e emprenhando caboclas – essa infiltração de sangue nórdico só faria se acentuar através dos primeiros séculos de colonização agrária. O açúcar, que trouxe para a Nova Lusitânia, com Duarte Coelho, colonos tão sólidos do norte de Portugal, não só atraiu para aqui, de outras terras, muito aventureiro de nome ilustre, como, segundo tudo indica, aventureiros nórdicos de menor porte.

Durante o domínio holandês, sabe-se que o litoral do Nordeste se encheu de flamengos, alemães e ingleses. Soldados e mercenários que deixaram no Nordeste muito filho mulato ou mameluco, apesar das tentativas de certas autoridades holandesas no sentido de conservar rígida a separação de brancos e dos negros. É o que nos mostra, confirmando nossas antecipações sobre o assunto, manuscrito inglês do século XVII referente ao Nordeste dominado pelos flamengos.[21]

Moreau se refere ao grande cruzamento entre nórdicos, judeus, portugueses, negros e índios que dava à população do Recife holandês uma variedade extraordinária de cor. Houve casamentos entre holandeses e mulheres portuguesas – casamentos, e não simples uniões. Estes casamentos não teriam sido em número insignificante, como imaginam alguns. Sabe-se que só uma viúva pernambucana da melhor nobreza do açúcar casou sucessivamente com dois holandeses – o que mostra que não eram impossíveis as uniões de mulher de família ou origem católica com protestantes.

O que deve ter sucedido no Nordeste – de modo mais difuso talvez – é o mesmo que sucedeu em Faial, de maneira mais concentrada. Aí foi grande a colonização flamenga, iniciada por Job van Hurter. Mas cerca de cem anos depois quase não se surpreendia nos nomes de família vestígio algum dos povoadores holandeses. Tinham sido absorvidos pelos portugueses do mesmo jeito que no Nordeste a população luso-brasileira suplantou rapidamente o elemento holandês: os remanescentes. Suplantou-os não só pela superioridade em número como pela melhor adaptação do português ao meio tropical.

E dado o predomínio da língua portuguesa, aqui como na ilha, compreende-se como os nomes próprios e os apelidos de família dos holandeses que se uniram a senhoras ou moças luso-brasileiras do Nordeste – nomes difíceis de pronunciar e sempre com um ranço de heresia – se estropiaram a ponto de não permitirem a identificação de sua origem ou se dissolveram em nomes portugueses e católicos. Em Faial, diz-se que já foi possível identificar o apelido de família *Horta*, que, por todos os motivos, parece tão português, como o de Hurter, o patriarca da colonização flamenga da ilha; o de *Terra*, com Aertrijche; Bruyn, lá como aqui, deu *Brum*.

As pesquisas genealógicas sobre a gente do Nordeste ainda não chegaram ao trabalho, tão delicado e difícil, de identificação de nomes portugueses com holandeses. Tais pesquisas, sabe-se que quase se limitam aos cadernos que nos deixaram Jaboatão e Borges da Fonseca, tanto um como o outro dominados pela preocupação de dourar o mais possível os apelidos de família da região. Lopes Gama, com a franqueza de sempre, levanta sobre a integridade do trabalho de Borges da Fonseca as maiores dúvidas: segundo o padre-mestre, o manuscrito teria sofrido mais de uma adulteração séria. E não é difícil de admitir que à preocupação de nobreza dos genealogistas da região tenha acompanhado a de ortodoxia católica, procurando-se em geral esconder qualquer desvio, ou aparência de desvio, dessa ortodoxia, sugerida por nome menos latino e ao mesmo tempo menos católico, que não estivesse ostensivamente purificado da mancha de heresia. O caso de Gaspar van der Ley, que se fez católico com tanto alarde.

O que se pode afirmar é que ainda hoje a população do Nordeste acusa, em sua antropologia, a persistência de traços nórdicos. É o caso de famílias de boa ascendência rural da área mais profunda de civilização de açúcar: os Wanderley de Serinhaém e Rio Formoso, por exemplo, os Rabelo de Nossa Senhora do Ó de Goiana, certos Lins da Paraíba. Muitos deles são indivíduos ruivos e de olhos azuis, as bochechas às vezes cor-de-rosa como as dos homens do norte da Europa, em contraste com os Pontual, os Sousa Leão, os Guedes Pereira, os Santos Dias, quase sempre muito morenos. Ou então pálidos.

É também o caso de famílias mais simples dos sertões: do Nordeste pastoril e meio nômade. Para aí teriam talvez se deslocado do litoral escravocrata e sedentário – da área da cana-de-açúcar, do Nordeste agrário – quase todos os louros com a consciência de raça mais viva e o espírito de aventura mais forte. Essa mobilidade, talvez menos por uma questão de raça, como acreditaria um arianista, do que por motivo de hereditariedade e principalmente de constituição individual, como sugerida talvez um moderno estudioso de biotipologia. E ainda por motivos psicológicos, sociais, econômicos. Seriam tais louros, em alguns casos, restos de normandos ou de flamengos, do século XVI, de alemães, ingleses e franceses dos tempos da invasão holandesa. Figuras de aventureiros inadaptados ao sistema econômico ou à civilização do açúcar, com as suas exigências, quer de sedentariedade quer de capacidade econômica para a instalação faustosa de fábrica e de família. Exigências difíceis de satisfazer por gente tão sem gosto e sem hábitos de fixidez e ao mesmo tempo tão sem dinheiro. Incapaz de se achatar com os mulatos, com os caboclos, com os portugueses brancos quase sem consciência nenhuma de raça, em simples moradores dos engenhos – situação que os forçaria ao comércio sexual com gente de cor e que os obrigaria a uma subordinação de vassalos das casas-grandes.

Koster encontrou nos sertões do Nordeste "pessoas de tal alvura que na Europa seriam admiradas".[22] Mas em geral o que notou o inglês no Nordeste pastoril foi uma grande variedade de cor da população da branca à trigueira.

E Tollenare escreveu dos homens do Nordeste pastoril que eram "robustos, corajosos, ativos e inteligentes", realizando trabalhos que os negros do litoral, talvez menos ágeis, não realizavam; que o seu porte era "altivo e independente como os dos montanheses"; que o maior número era de sangue mesclado de branco e de índio.[23]

Talvez os mesmos motivos já sugeridos para explicar a presença de gente tão alva no sertão expliquem o possível deslocamento de elementos judeus, do litoral e principalmente da área mais profundamente dominada pela lavoura da cana-de-açúcar e pelo olhar da Inquisição, para o Nordeste pastoril que porventura guarda mais do que o agrário traços semitas em sua população. Semitas e ciganos. Em certos trechos, o Nordeste do pastoreio se apresenta com um perfil antropológico e psicológico nitidamente diferenciado do da gente do litoral e da "mata". O perfil psicológico apresenta talvez maiores pontos de semelhança com o de certo tipo antigo de paulista andejo, empreendedor, bandeirante do que com o do homem do Nordeste agrário. Gente mais volutuosa e mais arredondada pela sedentariedade. Gente que no século XVII se mostrava incapaz da eficiência militar dos bandeirantes, contra os negros dos quilombos, como salienta Afonso de E. Taunay, em sua obra monumental sobre as bandeiras. E, nos nossos dias, incapaz de ação colonizadora dos cearenses, no Amazonas. Dos cearenses e dos paraibanos sertanejos.

Resta salientar que o fato do esplendor do açúcar no Nordeste ter atraído, desde o século XVI, tantos navios e tantos marítimos e, no século XVII, tantos soldados, mercenários e aventureiros e tantas prostitutas do norte da Europa não pode deixar de ter contribuído cacogenicamente para a miscigenação no Nordeste. As uniões ou cruzamentos de tais indivíduos com mulheres da terra e com as negras da África se teriam verificado em condições sociais as mais desfavoráveis para os filhos; e alguns teriam transmitido à prole tão infeliz o peso da inferioridade biológica, e não apenas social.

Mas entre os mercenários, entre os soldados, entre os aventureiros e marítimos estariam elementos sãos, animais vigorosos, nórdicos de bela estampa, que teriam deixado no Nordeste bastardos do tipo dos mulatos da África holandesa estudados por Fischer, sararás bonitos, mestiços eugênicos e nem sempre moleques feios, pardos cocogênicos, mestiços desengonçados.

Para o número, possivelmente maior no Nordeste da cana-de--açúcar do que no outro, de dólicos e principalmente de mesocéfalos, parece ter concorrido – talvez com outras influências, do meio e de dieta – essa infiltração de sangue nórdico, reforçada pela presença, muito maior em terras de cana, de escravos africanos, em sua maioria mesocéfalos, e não braquicéfalos, como, em grande número, os indígenas da região.

É verdade que a seleção de africanos para a lavoura no extremo Nordeste parece que se fez principalmente no sentido do cambinda ou do benguela, que seriam os mais vigorosos e os mais aptos para a agricultura da cana e para a indústria do açúcar. É a informação de Tollenare baseado no que viu em Pernambuco e no que aqui lhe disseram nos princípios do século XIX. Negros, portanto, sem as formas alongadas dos africanos mais altos e dinâmicos. Tollenare fala mesmo nas pretas a quem fazia falta um pescoço longo. É que a maioria dos negros dos engenhos do extremo Nordeste seriam cambindas e benguelas, congos e angolos. Negros bântus. Por conseguinte em grande número, "de pequena estatura, tronco possante, membros curtos, pantorrilhas bem desenvolvidas". Como lembra Bastos de Ávila em sua colaboração para os *Novos estudos afro-brasileiros*. "O sudanês seria um atleta na concepção de Kretschmer; o Bântu um pícnico".

Barléus notara no século XVI que os melhores trabalhadores agrícolas dentre os escravos importados para o Nordeste eram os da Angola: os tais negros pícnicos, sólidos e pés-de-boi. Nina Rodrigues, nos seus estudos sobre a procedência dos africanos colonizadores do Brasil, daria aos elementos bântus – ao angola e congo principalmente – predominância na colonização negra de Pernambuco e ao elemento sudanês, grande maioria na da Bahia. Da Bahia, em geral, sem particularizar a área do açúcar. É também a conclusão de Artur Ramos, hoje o maior especialista brasileiro em assuntos africanos, de Pedro Calmon e de Renato Mendonça, dois outros pesquisadores de nota.

Como a importação dos negros para o extremo Nordeste parece não ter obedecido, tanto quanto para a Bahia, a necessidades urbanas, ao lado das rurais, nem a desejos estéticos e amorosos de comerciantes sem família regular, ou mais exigentes que os senhores de engenho em assuntos de harém, mas quase exclusivamente aos interesses da lavoura da cana e da indústria do açúcar, pode-se supor, com bons fundamentos, que a colonização africana da área da cana se conformou principalmente àquelas exigências. As exigências de uma lavoura e de uma indústria que pedindo vigor físico ao operário – o vigor físico e a sedentariedade do chamado pícnico – exigia também uma experiência agrícola e um grau de adiantamento técnico que não podiam oferecer, por exemplo, os bosquímanos e hotentotes.

É certo que, através dos anúncios de escravos fugidos, nos jornais de Pernambuco – principalmente no *Diário de Pernambuco* –, surpreendem-se traços ou evidências da presença, entre os negros do extremo Nordeste, desse elemento mais atrasado em cultura e, do ponto de vista do vigor físico e do ideal europeu de beleza, menos desejável: a pouca altura, os pés ainda mais apapagaiados que os dos outros, a bunda grande, empinada ou arrebitada. Mas através das próprias evidências dos anúncios de escravos fugidos, o tipo predominante de negro no extremo Nordeste parece ter sido o de altura regular, ou mediana, forte de corpo, possante de tronco, não muito preto, bonita figura, bonitos dentes, orelhas pequenas. E quando aparece a nota de procedência ou esta se faz anunciar mais nitidamente pelos traços de fisionomia, pela cor da pele, pela descrição do cabelo ou do pelo ou então pelas "marcas de nação" ou pelos sinais de tatuagem – esses traços e sinais são, em grande número, de "nações" do Congo e da Angola.

Pode-se concluir que a colonização africana do extremo Nordeste não foi tão fina – nem do ponto de vista europeu de estética, nem do de cultura moral e material – como a sudanesa, que abrilhantou e enriqueceu de modo todo especial a Bahia. Sobretudo, ao que parece, a Bahia urbana. Mas foi dominada por um tipo de negro forte e plástico, embora inferior àquele em altura, delicadeza de traços e elementos de cultura. Geneticamente bom e tecnicamente já na fase agrícola: apto ao serviço da lavoura de cana, que era o meio de seleção de negros para o Nordeste agrário.

Tollenare viu nos mercados de escravos do Recife, "grandes latagões musculosos ocupados a fiar algodão" que lhe lembraram

"Hércules em casa de Onfale".²⁴ Latagões que se adaptavam a uma variedade de trabalhos sedentários – até aos trabalhos de mulher. Os mesmos negros fortes ele veria depois curvados sobre as terras do engenho Salgado – os homens cortando as canas, as mulheres as enfeixando, os carros de boi carregando os feixes dos canaviais para os engenhos. Os mesmos pretos musculosos ele surpreenderia debaixo dos telheiros dos engenhos levando as canas à boca das moendas e fazendo-as passar pelos cilindros o número de vezes suficiente – trabalho que lhe pareceu exigir "certo grau de inteligência" e no qual se podiam admirar "as formas esbeltas e flexíveis dos pretos" agitando o mel com as colheres e fazendo as transfusões; alimentando o fogo das fornalhas com lenha verde; transportando as fôrmas para a casa de purgar; quebrando os pães de açúcar cristalizados e purgados; pondo o açúcar para secar; pilando-o; encaixotando-o.

Pelas próprias exigências da lavoura da cana e principalmente da técnica da indústria do açúcar, repita-se que foi uma colonização de gente, em grande parte, robusta e com alguma experiência agrícola e industrial. Por conseguinte, em estado de cultura superior ao dos indígenas que sob a pressão desse elemento invasor, física e tecnicamente mais capaz de servir, junto com os bois de carro, às necessidades do canavial, se retirariam para os sertões, para a lavoura de farinha de mandioca, para a luta com bois brabos e os cavalos selvagens, para as formas mais agrestes de pastoreio, que ficou sendo, no Nordeste, uma atividade mais de caboclos, de mamelucos, de brancos e quase brancos, do que de pretos e de mulatos.

O negro e o mulato do extremo Nordeste (o mulato resultante de um branco, na sua maioria, do norte de Portugal e de um negro, em grande número, bântu, e segundo as melhores evidências, do Congo e da Angola) se chegaram aos sertões, distinguindo-se no próprio pastoreio e no próprio cangaço, foi por exceção: concentraram-se principalmente – em grande parte, por imposição do sistema de escravidão que os trouxe da África ou debaixo do qual nasceram nas senzalas – no Nordeste da cana-de-açúcar. A lavoura da cana desenvolveu-se sobre o negro – "os pés e as mãos do senhor de engenho", dizia Antonil no século XVIII. A civilização do açúcar, sobre o mulato, o curiboca, o cabra da bagaceira, a mãe-preta, a mucama, a "baiana".

Tollenare nos deixou sobre o físico do negro de engenho do Nordeste – que ele conheceu no início do século XIX – alguns traços muito expressivos: menos robusto que o carregador francês, porém os movimentos menos duros; o peito abaulado: a coxa nervosa; a pele negra luzidia desprovida de pelos, deixando perceber todo o jogo de seus músculos muito móveis; os braços e sobretudo as pernas – justamente o que era menos deles e mais dos senhores – "de ordinário fracos", diz o francês; mas acrescentando: "vi negros com formas de Apolo".²⁵

Quase se pode considerar o depoimento do observador francês, uma síntese dos numerosos perfis antropológicos de pretos de engenho, que nos fornecem os anúncios de negros fugidos nos jornais do Nordeste, nos quais entretanto a cor preta retinta é menos saliente que a "não muito preta". Também por esses anúncios passam negros com formas de Apolo; as mesmas formas que Mansfield, quarenta anos depois de Tollenare, admiraria nos pretos de Pernambuco. Também pelos anúncios passam em número que se pode considerar representativo figuras esplêndidas de negras como as que o francês conheceu nos engenhos de açúcar: de peito firme; os ombros e braços bem modelados; e, algumas "que se poderia qualificar de bonitas se o pescoço mais longo desse melhor desembaraço à cabeça". Negros e negras de pescoço curto e peito abaulado, e não somente de formas alongadas como os sudaneses e que seriam, talvez, não só por superioridade de cultura como por constituição individual, os mais inclinados à aventura da fuga, ao movimento, à rebeldia contra os senhores brancos; os menos acomodados à rotina do trabalho de fazer açúcar.

No extremo Nordeste e no Recôncavo da Bahia, o elemento negro de boa origem – quanto à sua composição genética e quanto aos seus dotes de cultura – juntou-se, às vezes, a portugueses, em grande parte também de boa composição genética e de situação social superior – os colonos de Duarte Coelho e seus descendentes, por exemplo –, para formar grupos de mulatos dos mais capazes de nossa população mestiça e que concorreriam para o enriquecimento não só intelectual – como já foi acentuado – mas econômico, da civilização do açúcar, em particular, e da brasileira, em geral. Foram os mulatos que se tornaram os mestres de açúcar, os maquinistas, os marceneiros, os carpinteiros dos engenhos; mais tarde, engenheiros e médicos, dos muitos que a civilização do açúcar produziria já na decadência do seu patriarcalismo.

Se a raça, como lembram os antropólogos modernos, conta menos do que a composição genética das populações, o extremo Nordeste pode apresentar-se como uma região particularmente bem dotada, do ponto de vista dos elementos que lhe serviam de base à colonização branca e negra de suas terras de cana: os colonos de Duarte Coelho – e não nenhum grupo de degredados, criminosos e aventureiros – do lado dos brancos, e, dos africanos, os negros, em sua maioria bântus, também agrários.

E recolhidos, em grande número, não da parte inferior, mas quase sempre da parte superior das tribos. Às vezes eram vendidos como escravos para as plantações da América, segundo recorda Herskovits,[26] referindo-se à África Ocidental, os candidatos malsucedidos aos tronos dos pequenos reinos: eles, suas famílias e seguidores e os chefes que tinham combatido por ele. Grandes massas de gente da melhor, da mais capaz, da mais eugênica; e não os indesejáveis do ponto de vista da moralidade das tribos, como já houve quem insinuasse. Aliás, podia-se dizer a esse respeito o mesmo que a respeito dos criminosos portugueses deportados para o Brasil: nem todos eram desterrados por crimes que hoje consideraríamos crimes, mas vários por pecadilhos de amor e de heresia.

Tollenare conheceu em Sibiró uma negra de engenho com dois braços torados pela moenda de espremer cana. Uma mulher bonita de vinte e sete a vinte e oito anos, muito alegre e palradeira. Teria sido um caso de incompetência africana, de incapacidade do negro para o trabalho mais delicado do fabrico do açúcar? Não. A pobre negra de braços torados era um caso de acidente devido ao seu pouco hábito a qualquer espécie de trabalho manual. Ela se chamava Teresa Rainha e era muito respeitada pelos outros pretos: tinha sido rainha de Cambinda. Surpreendida em pecado de amor, fora condenada à escravidão. Chegara a Pernambuco com os braços que a moenda haveria de comer, ainda cheios de anelões de cobre dourado – sinal de rainha.

De outros reis e rainhas destronados, que trabalharam nos canaviais e nas casas de purgar, falam as tradições regionais. Os incompetentes, os que se deixavam torar facilmente pelas moendas, ou eram criaturas que nunca tinham trabalhado por ser reis, princípes, rainhas, ou eram pretos doentes de banzo. Inadaptados não ao trabalho agrícola mas à escravidão.

Se muito negro fugiu dos engenhos, ou trabalhou toda a vida sem vontade nos canaviais, não se deve concluir daí que os pretos fossem todos uns malandros, uns incapazes, uns inadaptados à lavoura. O próprio abandono dos canaviais e dos engenhos de cana pelos pretos, quando se deu a abolição, não pode servir de prova a favor do suposto "ódio à lavoura" do colono africano do Brasil.

Os que associam esse "ódio à lavoura" do preto ou trabalhador brasileiro de origem africana a uma suposta predisposição de raça, esquecem o amor à terra, manifestado pelo preto, na África; e esquecem os métodos eficientes de trabalhar no campo desenvolvidos por tantas tribos negras, naquelas áreas de cultura africana baseadas sobre a lavoura.

Ainda há pouco um rapaz africano que estudou em Oxford – e fez depois conferências nas escolas da Inglaterra e da Dinamarca sobre os costumes e as aspirações de sua gente –, Parmenas Githendu Mockerie, reuniu em livro – livro prefaciado por Julian Huxley – não só uma série de observações curiosas sobre a vida em Kikuyu, como alguns documentos de significação social sobre o povo daquele país. Um deles, o depoimento do inglês J. E. Henderson, perante a comissão nomeada para investigar a questão de reserva de terras em Kikuyu.

O observador inglês salientou aí o perigo que haveria em arrancar dos nativos – por violência ou mesmo docemente, por compra – sua terra agrícola, à qual se achavam presos pelo trabalho e por todo um sistema de vida e até de religião. Seria motivo para revoltas, salientava o inglês. Ou então – acrescenta-se – para uma forma de resistência passiva, mas terrível para qualquer colonização agrária: o desinteresse do homem nativo pelo trabalho agrícola.

O que se deve salientar é o seguinte: que uma coisa é o homem dentro do seu próprio sistema de cultura e outra coisa é ele desenraizado desse sistema e sujeito pela conquista militar ou pelo regime de trabalho escravo a um gênero de vida artificial, estranho aos seus desejos, aspirações e interesses mais íntimos. Foi o que se deu, de modo geral, com o colono africano do Brasil. Ele foi arrancado violentamente do seu meio – quase só se fazendo questão de suas mãos, de seus pés e de seus órgãos de procriar – para tornar-se escravo num tipo de lavoura oposto às suas práticas agrícolas. Esse tipo de lavoura foi a grande plantação, a monocultura latifundiária.

O fato de tanto preto, aqui, nas Antilhas e no sul dos Estados Unidos, ter se suicidado de raiva, de dor, de saudade, foi apenas o aspecto mais trágico do fenômeno de desenraizamento. Mãos, pés e órgãos genitais que não suportaram a separação do resto do corpo – que era a tribo, com a sua religião, os seus ritos, as suas danças. A dor do desenraizamento se exprimiu também numa série de atitudes menos dramáticas. Na falta de interesse pela vida. No banzo. Na lombeira. Na preguiça. Na libertinagem. Na masturbação entre os moleques mais tristonhos. Na inclinação ao masoquismo, entre os mais dóceis aos senhores e aos sinhozinhos brancos.

Mesmo assim, não há duas opiniões sobre este ponto: sem o trabalhador negro ou de sangue africano, o colonizador português não teria desenvolvido nesta parte dos trópicos uma civilização agrícola que teve incontestavelmente virtudes, entre os muitos e grossos defeitos. Sem o negro não teria havido colônia de plantação no Brasil tropical; não teria havido a civilização de açúcar que alcançou, talvez, seu maior esplendor no extremo Nordeste e no Recôncavo da Bahia.

Quando, entre nós, as mãos e os pés escravizados do negro puderam juntar-se ao resto do corpo e formar homens completos, o africano deu uma grande prova do seu amor pela terra e do seu jeito para lavrar os campos. Essa prova-dos-nove das qualidades agrícolas do negro foi Palmares. Foi a sociedade agrária que aí se formou no século XVII com pretos fugidos dos engenhos e caboclas raptadas às aldeias mais próximas.

Entre os negros dos Palmares o capitão holandês Blaer encontrou tanta "roça abundante", tanto milho, tanta touceira de bananeira – além da cana-de-açúcar, do feijão, da mandioca e das muitas palmeiras – que a paisagem contrastava com a dos engenhos: só canavial e resto de mata. A dos Palmares tinha outra variedade e outra alegria.

A vida da curiosa organização socialista estava baseada sobre a policultura, embora entre os quilombolas o complexo da palmeira tivesse assumido uma grande variedade de expressões: nas palmas grandes faziam os mucambos e as camas onde dormiam; das palmas menores, abanos para abanar o fogo, das quengas de coco pequeno, cachimbos e provavelmente cuias e cocos-de-beber-água – ainda tão comum entre nossa gente do povo.

Ainda se utilizavam da palmeira, comendo o creme ou o catarro dos cocos e fazendo azeite, manteiga e uma espécie de "vinho de coco". Provavelmente também o sabongo – doce de coco com mel de cana, quase em ponto de bala. Não desprezavam tampouco uns bichinhos gordos, da grossura de um dedo, que se criavam das palmeiras: e que para eles eram como se fossem pitus do rio Una para o brancos nas casas-grandes.

Se na África, o negro não se revelou invariavelmente o "mau agricultor" de que fala Azevedo Amaral, em estudo recente – "mau agricultor", "mau lavrador" e preferindo sempre ao trabalho na terra o da pecuária e o da manipulação de metais –, no Nordeste ele deu este exemplo de aptidão para a lavoura: Palmares. Na África houve áreas de cultura cuja organização social – fortemente superior à dos nossos indígenas – se baseou toda sobre o trabalho agrícola – como no Sudão Ocidental e no Congo, por exemplo; no Nordeste do Brasil, os negros fugidos souberam também organizar-se numa verdadeira colônia agrícola de feição socialista.

O "mau agricultor" que se enxerga no negro e no trabalhador brasileiro de origem africana é provavelmente outro caso daqueles de deformação do homem causada pelo sistema de exploração da terra aqui dotado – a monocultura, o latifúndio, a escravidão, a coivara, a derrubada. Tudo isso tira o amor do homem à lavoura – do branco como do preto, do senhor como do escravo; e reduz a terra a um monturo que se explora com nojo.

Querer ligar não só o desinteresse atual do preto ou do mulato pobre pela lavoura, como a deserção dos campos pelos trabalhadores negros – deserção que de fato se verificou aqui, nas Antilhas e no sul dos Estados Unidos, às primeiras notícias de abolição e antes, por grupos revoltados, pelos quilombolas e mucambeiros – a uma questão de raça, a um ódio especial da raça africana ao trabalho agrícola, é que seria torcer um fenômeno de causas nitidamente sociais para acomodá-lo a um "racismo" muito suspeito, quase sem nenhum cheiro de ciência e com um odor cada dia mais carregado de intenção política.

A verdade é que ainda hoje os xangôs afro-brasileiros do Nordeste recordam em alguns dos seus cantos mais doces e dos seus movimentos de dança mais expressivos os velhos gestos de semear e de colher, o culto da terra, a alegria no trabalho agrícola, o regozijo pelo fruto ou pela espiga madura. Toda uma mística do trabalho agrícola.

## Notas ao Capítulo 5

1. Seguimos aqui a ideia do professor E. A. Hooton da Universidade de Harvard, sobre a possibilidade de formação de novas raças, pela miscigenação, adaptando essa ideia ao caso brasileiro do Nordeste. Para Hooton vários grupos humanos classificados como raças são antes *"the end products of outbreeding followed by intensive imbreeding and selection"* ("Homo Sapiens – Whence and Whiter", Science, vol. 82, july, 1935). Ideia semelhante é a de "mestiçagem fixada" que o professor A. Austregésilo opõe, entre nós, ao arianismo, outrora defendido com intransigência sectária, pelo eminente professor Oliveira Viana. Veja-se a este respeito o trabalho de A. Austregésilo em *Novos estudos afro-brasileiros*, Rio de Janeiro, 1927.

2. D. Domingos do Loreto Couto, *Desagravos do Brasil e glórias de Pernambuco – 1757* (obra publicada em 1904 nos *Anais da Biblioteca Nacional do Rio de Janeiro*, vol. XXIV).

3. Mansfield, op. cit.

4. Manuscrito no arquivo particular do engenho Noruega.

5. Manuscrito no arquivo particular do barão de Jundiá (Pernambuco).

6. Do fato teve a intuição Francisco Freire Alemão ao escrever em sua monografia sobre "A casa de açúcar", publicada em 1856 e reimpressa pelo Ministério da Agricultura em 1929: "Todo o litoral americano e especialmente o do Brasil era devassado por navios europeus em viagens de exploração ou com o fim de traficar com os indígenas; e seguramente neles vinham as cana-de-açúcar, tomadas nas arribadas, que faziam em algumas das ilhas Canárias ou de Cabo Verde para refresco da gente, ou quem sabe se mesmo como um desses regastes de pouco valor com que angariavam os pobres americanos e lhes pagavam o seu trabalho". Que a cana era um bom refresco para viagens do mar vê-se por estas palavras do padre Thomaz Cage: "Partindo de Guadalupe chupávamos cana-de-açúcar que sempre tínhamos na boca".

O provável, entretanto, é que no Nordeste do Brasil, o caju é que tenha principalmente beneficiado adventícios ou europeus arribados, como beneficiava os indígenas da região. Com efeito, nutrólogos modernos, à frente dos quais o professor Dante Costa, em seus estudos de frutas ou vegetais brasileiros, vêm atribuindo ao caju a máxima importância como alimento.

Deste fato a gente da região há séculos demonstra ter a intuição, dado o grande uso por nobres de casas-grandes de engenhos e de sobrados e por escravos de senzalas, por pobres de mucambos e, até, por animais – o boi de engenho, entre eles –, do caju e da castanha sob várias formas: o fruto fresco, seco, como doce de calda, o suco, a garapa, o vinho, o licor, a castanha assada, farinha de castanha etc. Sabe-se que o caju sempre foi muito chupado pela gente dos engenhos de açúcar antes dos banhos de rio. Também em fatias, com a feijoada – como a laranja pela gente do Rio de Janeiro – e como vários outros pratos. Unido ao açúcar como doce de caju em calda ou seco, pode ser considerado o doce mais telúrico da região. Os outros aliados principais do açúcar – a goiaba, o araçá, o coco, a jaca, a manga, o abacaxi – não são superiores ao caju como expressões regionais da harmonia do homem com os valores nativos ou aclimados de vegetação.

7. Daí ser fixado um tipo de aristocracia do Nordeste da cana-de-açúcar, cujo perfil antropológico pode ser levantado através dos numerosos retratos que nos restam dos grandes senhores de engenho da região. Retratos do século XVIII e principalmente daguerreótipos e fotografias do século XIX. Em Pernambuco, Augusto Rodrigues reuniu interessante coleção de fotografias de titulares pernambucanos – em sua grande maioria aristocratas do canavial. Homens quase sempre altos, e alguns deles, figuras esplendidamente eugênicas. Em outros, se surpreendem traços de enlanguescimento. Principalmente em senhoras.

Sobre os aristocratas ou brancos da casa-grande da Bahia escreveu J. B. Sá de Oliveira no seu sugestivo estudo, publicado em 1898, *Evolução psíquica dos baianos*: "Quase sempre esses baianos possuem a estatura dos ascedentes mas revelam, no todo, qualquer coisa de degenerescência física. Explica-se o fato pelas uniões conjugais dentro de esfera mui limitada, a fim de não introduzirem na família sangue que revele a condição de ex-escravo... Além disso a indolência nos nobres e o desprezo do trabalho, confiado aos homens de cor, contribuíram, ao influxo dos costumes indígenas, para a depressão de vitalidade orgânica, sendo tudo agravado pela ação do clima".

8. Manuscrito da correspondência da Corte, Livro 25, Arquivo da antiga capitania de Pernambuco, Seção de Manuscritos da Biblioteca do Estado de Pernambuco.

Já em 13 de agosto de 1814, Caetano Pinto de Miranda Montenegro, então no governo da capitania de Pernambuco, escrevera do Recife ao marquês de Aguiar:

"Illmo.º Exm.º Senhor. No dia 27 de maio espalhou-se hum boato nesta villa, de que os pretos acedihavão hum levante no dia do Espírito Santo; e posto que os indicios se desvanecião á medida que erão examinados, foi tão grande o susto com os propemos exemplos da Bahia, nas vozes, que o cauzavão, soarão tanto nos ouvidos dos escravos, que eu não podia deixar algumas medidas para tranquilizar os animos assustados para fazer conhecer aos mesmos escravos o prompto castigo, que acharião se meditassem algua coisa." Mandando "no mesmo dia 27 render todas as guardas por tropas milicianas para ficar desembaraçado o regimento de linha, o qual se conservou em armas no quartel" e tomando outras providencias, o governador conseguira "tranquilizar tudo", conforme a mesma carta ao marquês de Aguiar (arquivo da antiga capitania de Pernambuco, Seção de Manuscritos da Biblioteca do Estado de Pernambuco).

9. Pereira da Costa, *Folclore pernambucano*, Recife. 1908.
10. Alfredo de Carvalho, *Estudos pernambucanos*, Recife, 1907.
11. Carta de José Venâncio de Seixas para D. Rodrigo de Sousa Coutinho, Bahia, 20 de outubro de 1798. Manuscrito no Arquivo de Ultramar de Lisboa, registrado no índice da Biblioteca Nacional do Rio de Janeiro.
12. Manuscrito correspondência da Corte, arquivo da antiga capitania de Pernambuco, ano de 1735, Biblioteca do Estado de Pernambuco.
13. Carta de Rodrigo de Sousa Coutinho a Bernardo José de Lorena em 3 de janeiro de 1789, manuscrito no Arquivo de Ultramar de Lisboa, cód. 610.
14. Sobre este aspecto do assunto veja-se nossos *Sobrados e mucambos*, especialmente os capítulos "Ascensão do bacharel e do mulato" e "Em torno de uma sistemática da miscigenação no Brasil patriarcal e semipatriarcal". Veja-se também o estudo do pesquisador sergipano Felte Bezerra, *Etnias Sergipanas*, Aracaju, 1950.
15. Alfredo de Carvalho, *Estudos*, cit. Foi certamente este historiador – Alfredo de Carvalho – quem primeiro fixou a importância de Figueiredo na história das letras e do jornalismo de Pernambuco. Cremos, porém, ter sido, por nossa vez, o primeiro a salientar sua significação como crítico social e intérprete da vida ou da economia regional, sob um critério socialista que já não era o literariamente romântico mas aproximava-se às vezes do chamado científico.
16. Desta revista, o professor Amaro Quintas, com a colaboração do pesquisador Ivan Seixas, publicou oportuna nova edição. Note-se que evidentemente foi considerável a influência sobre Figueiredo do engenheiro e socialista francês L. L. Vauthier. Sobre Vauthier, vejam-se o nosso Um engenheiro francês no Brasil, Rio de Janeiro, 1940 e *Diário íntimo do engenheiro Vauthier*, anotado por nós, Rio de Janeiro, 1940, e em 1960 reeditados por José Olympio.
17. Segundo o pesquisador Sousa Barros, em interessante estudo sobre a distribuição da pequena, média e grande propriedade territorial em Pernambuco, a relação entre a propriedade de terra e a população é, na Zona da Mata, de 0,012 e no sertão de 0,037 (*Boletim da Secretaria da Agricultura*, Pernambuco, vol. I, nº 2, 1936).

Evidentemente não passa de ingênuo saudosismo a ideia de se considerar o regresso ao engenho banguê a salvação do Nordeste mais prejudicado pelas usinas tentaculares, propriedades, quase todas, de famílias residentes nas cidades ou de firmas comerciais. Sem pretendermos, neste ensaio, oferecer soluções para o problema, recordaremos que as experiências de outras áreas de economia predominantemente agrária indicam a vantagem das empresas de capitais e energias concentradas. O autorizado agrônomo português Henrique de Barros, em sua Economia agrária (Lisboa, 1948), lembra o exemplo, por nós já posto em relevo em *Casa-grande & senzala*, das

Ordens Monásticas que, em Portugal, ocuparam, desbravaram e povoaram "tanto território, mediante a constituição de vastas organizações agrárias, compreendendo grandes explorações diretamente cultivadas pelos monges e pequenas explorações entregues a colonos, sujeitos porém a certa orientação técnica e com solícita e eficiente assistência." Do mesmo modo se exprime outro pesquisador, J. Vieira Natividade, em trabalho também recente citado pelo mestre português: "As granjas do mosteiro de Alcobaça", publicado no nº 5 do *Boletim da Junta de Província da Estremadura*, em 1944. Aí escreve Natividade, das obras realizadas pelos monges de Alcobaça, que "ainda hoje, decorridos oitocentos anos, toda a estrutura agrícola alcobacense se apoia no atilado lineamento fradesco do período medieval". Opinião, também, do sr. A. Reis Júnior, em estudo, "A reorganização rural", publicado em *Vida Política* (Rio de Janeiro, março, 1948) sobre o Brasil onde "tudo que temos de impressionante, sólido, grandioso" teria resultado de "fortes concentrações trabalhadoras".

O agrônomo Henrique de Barros encontra pontos de semelhança entre as antigas "organizações monacais" e as empresas cooperativistas que vêm florescendo na Palestina moderna com um êxito que, "sob o ponto de vista agrícola", parece "considerável". Talvez desse tipo de concentração – a cooperativista – é que devesse aproximar-se a exploração dos canaviais do Nordeste do Brasil para o fabrico de açúcar, álcool e outros produtos com vantagens gerais para a população regional e para a economia e a vida rurais.

18. Vejam-se Biografias, mandadas publicar pelo dr. Alexandre José Barbosa Lima, governador do Estado de Pernambuco, Recife, 1895.

19. "...o cheiroso benjoim se usa nas igrejas de Pernambuco em vez de incenso" (*Ensaio Econômico*, cit. pelo cônego Dr. Antônio do Carmo Barata, "Um grande sábio, um grande patriota, um grande bispo", Pernambuco, 1921).

Sobre a arte da renda no Nordeste – tão ligada aos célebres "cabeções" das mulheres – veja-se no *Livro do Nordeste, comemorativo do 1º centenário do Diário de Pernambuco* (Recife, 1925) o estudo que, a nosso pedido e por insistência nossa, escreveu o ilustre alagoano Leite Oiticica que conhecia profundamente o assunto.

Trajo verdadeiramente regional não chegou a desenvolver-se no Nordeste agrário como desenvolveu-se no pastoril o trajo do vaqueiro, tão expressivo da chamada "civilização do couro". Note-se, entretanto, que a "baiana", com o seu turbante, seu cabeção picado de rendas, suas saias, suas chinelas, seus balangandãs, seu tabuleiro de fruta ou de doce, de alfenim ou de alféolo, de peixe frito ou de tapioca, sem ser ortodoxamente uma figura regional do Nordeste mais agrário (que foi e é o do açúcar), e sim expressão da civilização mais graciosamente urbana (que, no Brasil, madrugou em Salvador), não deixa de ser regional pela sua maior frequência, sob o nome antes cultural que provincial, de "baiana", nas cidades do Nordeste agrário do que nas cidades do Sul. Exceção do Rio de Janeiro, onde chegou, sob o mesmo nome de "baiana", a ser tão frequente como nas ruas e praças de Salvador, do Recife, de São Luís do Maranhão, de Olinda, de Penedo, de

São Cristóvão del-Rei – cidade sergipana tão do Nordeste agrário pelos seus sobradões patriarcais com abalcoados de feitio mourisco. Mas o Rio de Janeiro agrário e um pouco a corte chegaram a ser uma espécie de parente desgarrado do velho Nordeste do açúcar: parentesco social e de cultura favorecido pelo parentesco da própria paisagem ou da própria vegetação. Joaquim Nabuco encontrou em Paquetá "a sedução especial de ser uma paisagem do norte do Brasil desenhada na baía do Rio". Pois enquanto "por toda parte à entrada do Rio de Janeiro o que se vê são granitos escuros cobertos de florestas contínuas guardando a costa, em Paquetá" – escreve ele em *Minha formação* –, "o quadro é outro: são praias de coqueiros, campos de cajueiros, e à beira-mar as hastes flexíveis das canas selvagens alternando com as velhas mangueiras e os tamarindos solitários". Mas não é só em Paquetá que se encontram no Rio de Janeiro essas "miniaturas do Norte" ou do Nordeste agrário. Também em Campos. Também em Vassouras.

O trajo da "baiana, descreve-o em artigo. "A baiana", no *Correio da Manhã* (Rio de Janeiro), de 30 de abril de 1950, o sr. Eduardo Tourinho que começa por evocar a descrição clássica do velho Vilhena:

"...Saias de cetim branco, becas de liniste finíssimo e camisas de cambraia ou cassa, bordadas de tal forma que vale o lavor três ou quatro vezes mais que a peça e tanto é o ouro que cada uma leva em fivelas, cordões, pulseiras, colares e braceletes". E continua: "Ainda é assim a baiana. A camisa – com pequenas mangas que cobrem as axilas – descobre-lhe o colo. Trabalhada em renda de crivo ou de barafunda, afunila-se à cintura sob a compreensão de duas ou três anáguas gomadas a tufar a larga saia de roda que deixa a nu os pés calçados em caprichosas sandálias. De ombro esquerdo, pende o luxurioso pano da costa de listas bizarramente coloridas." Mais adiante, sobre os adornos: "Esse, o trajo. Agora, os adornos. Que multiplicidade! Colares de grossas contas sobre o regaço e rosários de contas miúdas sob o rendado da camisa. No alto do braço esquerdo, larga pulseira de ouro. Nos pulsos, voltas de bolas de ouro e voltas de búzios da costa. Nas orelhas, áureas argolas ou brincos de coral.

"Depois, é o barangandã! O barangandã e não balangandã, berenguendem ou balangangã, como diz o vulgo asnal de que fala Gregório de Matos.

"Que é o barangandã? Uma peça de prata em forma de argola que, de uma corrente de prata posta em torno do pescoço, pende até o meio das costas. Essa argola – o barangandã – enfeixa uma porção de amuletos: pequenos cilindros com pós milagrosos e madeiras santas. Orações, figas, anéis, cachos de cabelos, dentes de criança, búzios e moedas. Presas de besouro. Corações, âncoras e cruzes conjugados. Bonequinhos que são os santos Crispim e Crispiniano, Cosme e Damião. O canjerê, que é amuleto contra o 'mau-olhado'. Cola-amarga e favas de olhos-de-cabra, contra espíritos perturbadores. Pequeninas contas agrupadas em estiletes guarnecidos com rosáceos de prata: – as pretas e roxas representam Omulu (São Lázaro) e as brancas Oxalá (Senhor do Bonfim) e as cor de coral, azuis e verdes Xangô (São Jerônimo) e as doiradas e prateadas Oxum (Nossa Senhora das Candeias) e as amarelas Nanã (Sant'Ana) e as brancas, muito miúdas, Amanjá (Nossa Senhora da Conceição).

"Por fim, depois do barangandã, a penca-suspensa à cintura pelas alças que sustêm a corrente de prata guarnecida por grande chave do mesmo metal. É na penca que estão: a 'Figa', o mais comum dos amuletos obrigatoriamente usados contra doenças, desastres, malefícios. 'Pau-de-angola encastoado em prata', favorável à longevidade, "Cilindros" – preservadores da má sorte – com arruda, guiné, manjericão. O 'sino' ou 'Duplo Sino' – o 'Adjá' – evocação dos Camdomblés. O 'Cágado' e a 'Tartaruga', como a 'Aranha' ou o 'Porco'', o 'Trevo', a 'Figa' ou o 'Corcunda', os 'Triângulos Mágicos' ou a palavra 'Agha' e a palavra 'Aoun', são fetiches de bom augúrio. O 'Coração' simboliza amor e, quando encimado por uma flama, 'paixão ardente'. O 'Cachorro' é o emblema da fidelidade e lembra São Lázaro e São Jorge, tal o 'Carneiro' lembra São Jerônimo. As 'Mãos Dadas' significam amizade. A 'Pomba' lembra os mártires tornados santos, mas – de asas abertas em forma de cruz – é a evocação do Espírito Santo. A 'Romã' simboliza o gênero humano em todo o seu esplendor e miséria. A 'Chave' sugere o Tabernáculo, o Oratório, mas a 'Chave de Figa' segurando a 'Farofa Amarela' vale como poderoso talismã para 'fechar o corpo' a todos os males. A 'Ferradura' chama felicidade. A 'Lua' é a representação de São Jorge e o 'Galo', a de todos os Santos. O 'Burro' simboliza Xangô que é São Jerônimo – e o 'Caranguejo' é Omulu (São Lázaro). O 'Boi' é Omulu Moço (Santo Isidoro). O 'Veado', tal como a 'Espada' é Oxocê guerreiro e caçador: São Jorge. A 'Faca' é o símbolo de Ogum (Santo Antônio). As 'Uvas' representam Oxum, que é Nossa Senhora da Conceição. O 'Caju', o 'Abacaxi' e o 'Milho' recordam, ainda, São Jerônimo. O 'Moringue' evoca São Cosme e São Damião. A 'Palmatória' é o símbolo de Nanã – Sant'Ana – e, o 'Sol', o de Oxumarei, que é São Bartolomeu. O 'Tambor' e o 'Pandeiro' representam as cerimônias do Terreiro. Mas não há explicação certa do que – na penca – simbolizam moedas e peixes."

Embora o trajo e os adornos de 'baiana' com sua simbologia ou a sua mística tenham a sua área de maior intensidade de expressão em Salvador, podem ser considerados comuns às áreas urbanas do inteiro Nordeste agrário, assim como no Rio de Janeiro.

Sabemos que a respeito do trajo da "baiana" prepara minucioso trabalho a notável antropologista social brasileira que é a sra. Heloísa Alberto Torres, diretora do Museu Nacional. Sobre a possível identificação de origens africanas de grupos ou subgrupos, de população nordestina através dos estilos e maneiras de usarem as mulheres do povo – e não apenas as "baianas" – seus xales ou mantos, apresentamos nota prévia ao 1º Congresso Afro-Brasileiro, reunido no Recife em 1934, acompanhada de desenhos do pintor Cícero Dias.

20. Pereira da Costa, *Origens históricas da indústria açucareira em Pernambuco*, cit.
21. *Journal of a residence in Brazil written by cuthbert pudsey during the years 1627 to 1640*, Manuscrito, Seção de Manuscritos da Biblioteca Nacional, Rio de Janeiro.

Em seu estudo "Sangue estrangeiro e indígena no povoamento nordestino", publicado na *Revista das Academias de Letras*, nº 63, Rio de Janeiro, 1948, o sr. Carlos Xavier Paes Barreto dedica interessantes páginas aos Wanderley de Serinhaém e Rio Formoso (Rocha Wanderley, Barros Wanderley, Lins Wanderley) – descendentes diretos de Gaspar Wanderley –, considerando um dos mais típicos ou representativos da estirpe, Sebastião Lins Wanderley, "o Baixa, senhor do rico e belo engenho Rosário... esposo de Da. Maria Wanderley, natural de Porto Calvo. É tradição que quando se casou trouxe para seu lar uma vultosa riqueza com pesadas e custosas jóias de família". Típico considera ter sido também o coronel Sebastião Lins Wanderley, do engenho Camaragibe, casado com Gertrudes Lins Wanderley, "e cujas festas de aniversário em Dias de Reis ficaram tradicionais". E acentua: "Ele, o barão de Granito, ou qualquer de seus irmãos e bem assim o Baixa do Rosário eram Wanderley através de várias gerações." De Sebastião Wanderley Chaves lembra: "Na mesa de jogo recolhia o fogo para o cigarro na moeda-papel e em banquetes, após a saudação de honra, ocasiões houve em que a toalha era violentamente puxada a fim de que a louça e, sobretudo, as taças não servissem para outro brinde". Sempre houve entre Wanderleys certa tendência para a boêmia, a ironia e a mordacidade, tendência de que podem ser consideradas expressivas figuras como as de Pedro da Rocha Wanderley, do engenho Bom Tom, e Pedro Wanderley.

Do fundador da família no Nordeste do século XVII lembra o sr. Carlos Xavier Paes Barreto que "fidalgo de Brandeburgo conforme atestado do conde João Maurício" – capitão de cavalaria Gaspar van Nieuhoff van der Ley" – tornou-se em Pernambuco "senhor dos engenhos Algodoais, Utinga de Baixo e Utinga de Cima", tendo se casado com Da. Maria de Melo, filha de Manuel Gomes de Melo, por sua vez "neta de Anna de Hollanda" e por conseguinte descendente do também holandês nobre, vindo para o Brasil, Arnau de Hollanda, da família ilustre do Papa Adriano IV. "As da estirpe Wanderley" – lembra ainda Paes Barreto – "se misturavam com as de Barros, Barreto, Pimentel, Rocha, Lins, Paes Barreto", conservando-se, porém, uma das mais endogâmicas da região, com a predominância até hoje de traços nórdicos. Também dos nomes dos fundadores, dos seus antepassados e do conde João Maurício: Gaspar, João Maurício, Rosa Maurício, Gasparina, Maria, Manuel, Sebastião ou Sebastião Maurício. Veja-se do mesmo autor o seu recente *Os primitivos colonizadores do Nordeste e seus descendentes*, Rio de Janeiro, 1960.

22. Koster, op. cit.

23. Tollenare, op. cit.

24. Tollenare, op. cit. Com olhos de ainda maior simpatia do que Tollenare vem observando nos últimos anos a população negra e mestiça do Nordeste, o sociólogo francês Roger Bastide a quem se deve um dos melhores livros recentes sobre a região: *Imagens do Nordeste místico, em branco e preto* (Rio de Janeiro, 1945).

25. Tollenare, op. cit.

26. Melville J. Herskovits, "A critical discussion of the 'mulatto' hypothesis", *Journal of Negro History* (july, 1934). Do mesmo antropólogo, cujas profundas pesquisas sobre aculturação e sobre as áreas de cultura africanas tanto interessam ao estudo da colonização do Brasil, vejam-se também: "The significance of west Africa for negro research", *Journal of Negro History* (january, 1936), "On the provenience of new world negroes", Social Forces (december, 1933).

# 6 A CANA E O HOMEM (CONCLUSÃO)

Se elementos geneticamente tão bons como os primeiros colonos negros e os primeiros colonos brancos do Nordeste vieram a desprestigiar-se sob vários aspectos, é que sobre eles atuaram, com uma intensidade que foi maior aqui do que em outras regiões do Brasil, as influências, desfavoráveis ao homem, da cultura da cana-de-açúcar, quando realizada como se realizou entre nós: com exclusão de culturas de subsistência; pelo latifúndio; pela escravidão; pelo patriarcalismo monossexual, ao mesmo tempo que monocultor. Condições e meios insubstituíveis na primeira época da colonização portuguesa do Nordeste, embora pudessem ter sido atenuados depois. Principalmente a monocultura, causa de tantas fomes em uma região agrária onde chegou a se assistir a este absurdo: as senhoras trocarem joias de ouro por punhados de farinha.

Também a miscigenação, em si, não parece ter concorrido para o desprestígio da população regional. A história social do Nordeste da cana-de-açúcar está ligada, como talvez a de nenhuma outra região do Brasil, ao esforço do mestiço, ou antes, do cabra. Um esforço que se tem exercido debaixo de condições duramente desfavoráveis. Mas mesmo assim, notável pelo que tem construído e realizado.

O mestiço do Nordeste – curiboca, cafuzo ou mulato, desde o escuro ao sarará – continua a sustentar com o seu trabalho de homem doente – doente de impaludismo, doente de sífilis, doente de ancilostomíase – a lavoura da cana e a indústria do açúcar no Nordeste. É quem vem fazendo as vezes de povo – esse povo que Couty reparava em 1886 faltar ainda no Brasil; as vezes também de canalha de rua, que tem dado às tentativas regionais de insurreição, as suas notas mais dramáticas de coragem, de arrojo e de furor revolucionário.

O cabra do Nordeste, define-o o folclorista Rodrigues de Carvalho segundo a ideia mais popular entre a própria gente da região: "tem um caldeamento especial: 50 por cento de africano, quarenta de índio e dez de um ariano fugidio pelo entorpecimento do clima". É "*o homem* da canalha nortista".[1]

É mais: é o heroi de um grande número de histórias de coragem e de aventuras de amor. É o "cabra danado". O "cabra escovado". O cabra bom. O cabra de confiança. A ele a imaginação do povo atribui uma potência sexual extraordinária a que não faltariam vantagens físicas também excepcionais.

Rodrigues de Carvalho dá o cabra do Nordeste como "forte, trabalhador, valente", mas "irrequieto; inconstante, nem sempre leal". E acrescenta: "Raramente o cabra... tem a dedicação afetuosa do africano ou a carinhosa estima do mameluco, ou do branco".

Quanto ao mameluco, quer nos parecer haver engano do folclorista paraibano na interpretação da ideia que geralmente faz a gente do povo da região da cana desse tipo de meio-sangue. É mais desfavorável do que a ideia que na mesma região se faz do cabra – talvez por ser este o tipo predominante e o mameluco o mais raro. O mameluco é tido aqui como preguiçoso em extremo, desleal, insconstante. Não há dona de casa que não tenha receio de empregar mameluco: não demora em casa; não demora no serviço; é vadio; é de "mau gênio". O mesmo se dá, segundo é corrente, com o mameluco empregado em lavoura, em fábrica, em usina.

Mas aqui insistiremos no que já sugerimos em trabalho anterior sobre certos aspectos da miscigenação que se relacionam mais intimamente com a formação social do Brasil: muito do que se atribui à miscigenação resulta da situação do desajustamento psicológico e social – desajustamento de classe e, até certo ponto, de raça (este principalmente pela persistência de evidências de raça ligadas aos traços de classe) – em que se encontra o mestiço. A lealdade, a conformidade e a constância de subordinados não são qualidades que se possa esperar que existam em um elemento social e psicologicamente flutuante, indeciso e insatisfeito como é geralmente o mestiço, no mesmo grau em que existe no índio puro e principalmente no negro retinto. Figuras mais definidas e mais integradas no estado de subordinação de que a pele – como o nariz, o cabelo, os pés – é como se fosse insígnia de trabalhador sempre do eito, de soldado sempre raso. É como se fosse um uniforme insubstituível, grudado ao corpo para sempre. Um macacão eterno.

Para Rodrigues de Carvalho, como para outros observadores a olho nu da vida do Nordeste, o mestiço da região está se degradando ou deteriorizando sob mais de um aspecto; está ficando nanico. Diminuindo de tamanho. "Os rapazes atingem em regra a um metro e sessenta e três centímetros. No Exército distinguem-se os batalhões compostos de nortistas pelo tamanho dos soldados."[2]

Quanto ao tamanho, simplesmente, talvez não haja motivo para grande pessimismo – a não ser estético –, sabido que a pura elevação de estatura não é índice de robustez, independentemente de outros fatores. Mas é evidente que muita perturbação de crescimento existe na população mestiça – como na branca pobre e na negra, do Nordeste – por efeito de condições precárias de vida.

No Nordeste da cana-de-açúcar essas condições são particularmente desfavoráveis. Até farinha de mandioca falta, com frequência, ao trabalhador de engenho, em certas zonas da região mais atingidas pelos efeitos da monocultura. E aqui, como em outras áreas, o trabalhador livre vem sendo mais desprestigiado em suas condições de saúde do que outrora o trabalhador escravo, na maioria dos engenhos patriarcais, quando, de modo geral sua alimentação já era superior à dos brancos e pardos pobres, sem assistência patriarcal.

Em 1849, médicos brasileiros voltados para o estudo das condições sociais do Nordeste chegavam à conclusão de que "o mal que provém á saude publica, pela destruição das mattas, pela falta de cuidado na conservação dos animais, e do tratamento de suas molestias, não se limita a sua transmissão e destruição momentanea, estende-se mesmo a produzir uma alteração organica, subsequente e geral, proveniente da falta de toda a producção". E acrescentava um deles, referindo-se ao trabalhador livre da região que tinha de enfrentar condições tão ásperas de economia e de vida "o jornal medio de um homem é 640 rs: o homem socialmente considerado, é a reunião de trez pessoas, marido, mulher e filho; e o primeiro é quem suporta o maximo do trabalho, o trabalho de permuta que a todos vae suprir." Analisava o médico: "Supondo que cada um coma uma libra de carne por dia, não passando esta de dez patacas a arroba, em carne gastará 300 rs; se ajuntarmos 80 rs. de farinha, e 20 rs. de lenha, teremos que o homem gasta em comida 400 rs. por dia, e que em um mez faz 12$000; e como a casa consume pouco mais ou menos um terço do que se come, e que no caso suposto é 4$000, soma 16$000; restão-lhe quatro mil reis para sustentar-se nos dias santos, nas molestias, e para vestir-se etc. o que é impossível para o homem que quizer hygienica e honradamente viver: mas sendo notorio que o pobre tambem vive com honra, convem saber como isto se faz. A carne secca, o peixe secco e salgado, e as mais das vezes arruinado, a farinha sem gomma, a má comida, a má dormida, a má casa, a fazenda arruinada, são os productos que consumem o pobre; alem da diminuição que é obrigado a fazer para acommodar-se". E concluía sobre a família típica de morador livre do Nordeste agrário: "Com taes condições esta família não deixará de soffrer, sua organisação não terá o completo desenvolvimento, sua quantidade de trabalho será menor, e má será sua prole; della nascerá o soldado fraco e covarde; o marinheiro é sensivel e sem intrepidez; as creadas e amas que se vão encarregar de casas e filhos dos abastados são más por sua organisação e educação".[3]

O professor Rui Coutinho sugeriu recentemente que a estatura baixa do homem do Nordeste – isto é, do homem do povo – talvez resultasse desse padrão inferior da alimentação. Para afirmá-lo, de modo absoluto, seria necessário tomar em consideração a média de estatura dos colonos da região – do europeu e principalmente do negro. Parece ter havido predominância entre nós de colonos africanos, não de estatura notavelmente elevada – tão comum nos sudaneses – mas de altura simplesmente "boa", "mediana", "ordinária", como referem os anúncios de negros fugidos. Os próprios negros baixos não são raros nos anúncios: baixos, embora fortes, grossos, vigorosos, possantes de tronco.[4]

Morais Barros, e antes dele o professor A. Carneiro Leão, já destacaram o feio, o bisonho, o franzino da população mestiça do Nordeste. Sabe-se também que Nina Rodrigues – que era do Maranhão, e portanto do Nordeste da cana-de-açúcar –, Sílvio Romero – nascido e criado em engenho do Sergipe – e José Veríssimo – nascido no Pará, ou seja, numa área das que os sociólogos modernos chamam *marginais*, entre o Nordeste do açúcar e o extremo norte da floresta – acreditaram todos na inferioridade biológica do mestiço brasileiro, por eles visto e observado tão de perto. Ideia, também, do professor Oliveira Viana.

É possível que esses observadores ilustres – alguns talvez prejudicados pelo próprio excesso de proximidade entre eles e o objeto de sua observação – tenham desprezado, na interpretação do que o mulato brasileiro, em geral e o do Nordeste, em particular, apresentam de patológico, de cacogênico, de disgênico, os elementos sociais de inferiorização de uma classe ou de um proletariado que, pela persistência dos efeitos da escravidão, é, na sua quase totalidade, de gente de cor.

Porque a verdade é que o cabra de engenho ou trapiche de açúcar – ou seja o mulato mais característico do Nordeste agrário – quando menos desprestigiado nas suas condições de crescimento e de saúde pelas deficiências de alimentação e pelo nível baixo de vida e de higiene – higiene doméstica e higiene de trabalho – se apresenta um tipo forte e capaz de esforço constante. Muitas vezes bonito de corpo e belo de traços. José Américo de Almeida chega a falar em "cabras hercúleos que resistem às mais penosas labutas, como as da bagaceira".[5]

Não é só a interpretação a olho nu que repele a ideia de um mulato do Nordeste fatalmente cacogênico: também começam a repeli-la as pesquisas minuciosas, realizadas com todo o rigor de técnica antropométrica, pelos médicos Álvaro Ferraz e Miguel de Andrade Lima em material o mais representativo: os soldados da Brigada Militar de Pernambuco.[6]

Por outro lado, nos seus estudos de psiquiatria, Ulisses Pernambucano e seus colaboradores, fugindo ao preconceito de inferioridade biológica do negro e do mulato que dominara Nina Rodrigues e a sua escola, têm procurado observar, nos problemas de doenças mentais e nervosas, o seu aspecto social, os estímulos ou as influências de meio e de condições, vamos dizer patológicas, de região. Esse grupo de pesquisadores do Recife – o de continuadores de Ulisses Pernambucano – é hoje um dos que mais insistem na face social e no que se pode chamar o aspecto regional – isto é, de meio social, inclusive o econômico – da psiquiatria: as condições regionais de vida, o papel predisponente do alcoolismo e da sífilis em certas psicoses, a ação do fetichismo, do baixo espiritismo, da maconha em outras. Sinal de que não vêm encontrando no mestiço ou no negro do Nordeste aquela absoluta inferioridade de raça ou de sub-raça em que acreditara Nina Rodrigues.

Nina Rodrigues fora ao extremo de destacar na "excitação amorosa" da clássica mulata brasileira verdadeiro índice de anormalidade, que seria um característico patológico de meia-raça. No que acreditou também José Verísssimo.

Do assunto já nos ocupamos em estudo sobre o mulato brasileiro e sua ascensão na sociedade patriarcal do nosso país.[7] Nestas páginas – simples tentativa para ver de perto alguns traços da fisionomia social do Nordeste, e em que somos às vezes obrigado a nos repetir – lembraremos que o trabalho de engenho e de trapiche de açúcar quase não é mais de negro – já não existe, talvez, negro verdadeiramente puro na região – mas de cabra, de mestiço, de mulato. E entretanto é talvez um trabalho mais penoso do que no tempo da escravidão. Porque os senhores de terras de cana e os armazenários de açúcar dispõem hoje de menor número de trabalhadores para o esforço agrícola. Alguns aspectos de vida e de trabalho nos armazéns do Recife e nas barcaças de açúcar vêm sendo estudados por dois dos nossos companheiros de pesquisa.

Segundo documento oficial – *Aspectos da economia rural brasileira* – há no Nordeste "propriedades em que os trabalhadores iniciam os seus serviços com o romper do sol e só os deixam ao acaso, com pequenos intervalos para o almoço e uma merenda." E todo esse excesso de esforço físico, dos trabalhadores de açúcar, dos cabras de engenho, dos negros de bagaceira, a despeito das condições de vida terrivelmente desfavoráveis: "quase nus e minados por toda sorte de mazelas e vícios"; morando em "choupanas miseráveis". E não se deve esquecer o que é capital na explicação do muito que se encontra de inferior em proletariado de condições de vida tão à-toa: a alimentação a um tempo imprópria e deficiente. Não só por erros tradicionais de dieta como pela necessidade de acomodar-se o trabalhador a salários os mais reduzidos e a fontes de alimentação as mais escassas.

Essas condições de salário, de vida e de alimentação são piores em umas usinas e engenhos do que em outros. Seria injusto generalizar. Mas em geral são más. Em algumas usinas são péssimas. Em uma ou em outra são regulares, notando-se uma como assistência patriarcal do usineiro, ainda meio senhor de engenho, ao trabalhador. Usineiro sempre meio senhor de engenho em suas relações com o proletariado – cuja condição humana não esqueceu – foi o proprietário da grande Usina Catende, que acaba de falecer: Antônio Costa Azevedo.

Em 1935 pretendemos – Ulisses Pernambucano, Sílvio Rabelo, Olívio Montenegro e nós – realizar um inquérito regional que servisse de base ao próprio usineiro ou proprietário rural bem intencionado para um ajustamento de relações entre as fábricas de açúcar e os seus trabalhadores rurais. Mas fomos repelidos como uns intrusos e até denunciados como agitadores. Entretanto, semelhante inquérito teria sido tão benéfico ao usineiro como ao trabalhador.[8]

A verdade é que talvez em nenhuma outra região do Brasil a extinção do regime de trabalho escravo tenha significado tão nitidamente como no Nordeste da cana-de-açúcar a degradação das condições de vida do trabalhador rural e do operário. A degradação do homem. Da assistência ao escravo – assistência social, moral, religiosa, e até médica, que bem ou mal era praticada pela maioria dos senhores escravocratas no interesse das próprias terras, da própria lavoura, do próprio açúcar, da própria família (em contato direto com parte da escravaria e indireto com toda a massa negra) – quase não resta senão um traço ou outro, uma ou outra tradição mais sentimental do que efetiva, nos engenhos mais velhos, em uma ou em outra usina de senhor menos ausente do campo.

A industrialização e principalmente a comercialização da propriedade rural vem criando usinas possuídas de longe, algumas delas por fulano ou sicrano & companhia, firmas para as quais os cabras trabalham sem saber direito para quem, quase sem conhecer senhores, muito menos senhoras. Vários aspectos dessa personalização do senhor de açúcar aos olhos dos trabalhadores, que na doença ou na dor não têm uma sinhá-dona a quem pedir um remédio, um sinhô a quem pedir 20$000 de extraordinário, mas só o barracão, duro e absorvente, vêm retratados magnificamente por José Lins do Rego, em *Banguê* e em *Usina*; e por Júlio Belo, nas suas reminiscências do velho senhor de engenho do sul de Pernambuco.

Essa industrialização, não parece que possa continuar a fazer-se no interesse de tão poucos e contra a saúde e a vida de tantos; a favor do açúcar e contra tantas fontes naturais de vida da região, hoje abandonadas, estancadas ou corrompidas.

Há nesta nova fase de desajustamento de relações entre a massa humana e o açúcar, entre a cana-de-açúcar e a natureza por ela degradada aos últimos extremos, uma deformação tão grande do homem e da paisagem pela monocultura – acrescida agora do abandono do proletariado da cana à sua própria miséria, da ausência da antiga assistência patriarcal ao cabra de engenho – que não se imagina o prolongamento de condições tão artificiais de vida.

Já não se trata de uma civilização como foi a patriarcal, neste mesmo Nordeste da cana, com seus sinais de + e de –, embora o de – preponderando. O açúcar de usina parece que deixou de entrar com qualquer contingente na valorização da vida e da cultura do Nordeste, para ser apenas o sinal de – em tudo: a diminuição da saúde do homem; a diminuição das fontes naturais da vida regional; a diminuição da dignidade e da beleza da paisagem; a diminuição da inteligência, da sensibilidade, ou da emoção da gente do Nordeste, que hoje quando se manifesta é quase sempre em atitudes de crispação, de ressentimento e de revolta.

O Recife que chegou a ser, com os senhores de engenho dirigindo a província, um verdadeiro centro de cultura intelectual e artística, onde o estrangeiro sofisticado se sentia melhor do que no Rio – é o depoimento de Burke, pelo menos[9] – vai se achatando entre as cidades mais inexpressivas da República, com os ricaços morando em palacetes normandos e chalés suíços, com as igrejas velhas do tempo da colonização transformadas em igrejas góticas, com as ruas e os parques sombreados de *fico benjamim* e de eucalipto ou enfeitados de vitória-régia do Amazonas. Desapareceu do Recife todo o sentimento de expressão regional que chegou a ter como poucas cidades na América.

A sub-região cujas casas-grandes, cujos sobrados de azulejo, cujos casarões amarelos, azuis, verdes, vermelhos – todos tão corajosos de sua cor – a marcenaria dos mulatos de engenho ou aprendizes de franceses e alemães do Recife encheu de bancos de vinhático tão bonitos, de cômodas tão nobres de conduru, de sofás enfeitados de cajus e maracujás, de santuários e de mobílias inteiras de jacarandá, é hoje uma das mais pobres de cor, de jacarandá, de azulejo. Sem arquitetura característica ou, simplesmente, de acordo com as condições regionais de clima. Sem mobiliário sólido e feito com as boas madeiras da terra.

A usina não teve força para acrescentar nada de positivo a essa civilização: só tem feito diminui-la. Sob o seu império degradou-se o estilo dos móveis, como o das casas. As casas estão ficando todas cinzentas. Os estetas paleotécnicos do Recife chegaram a proibir casas pintadas de azul, de encarnado, de amarelo. Do mesmo modo a cozinha. Degradou-se. Em vez de açafrão, a comida parece que leva cinza. O alimento de lata vem de tal modo substituindo o pilado e feito em casa que até em casas de engenho o estranho é recebido com doce de fábrica.

A usina que se instalou tão imperialmente na paisagem do Nordeste desde os fins do século XIX veio corresponder a uma fase nova de concorrência com outras regiões produtoras de açúcar, mais industrializadas. Era inevitável: ou a usina ou o fracasso da indústria regional de açúcar. Mas essa maior centralização da produção industrial não encontrou aqui, nos restos de patriarcalismo escravocrático – particularista em extremo –, tradições de solidariedade que permitissem à lavoura defender-se do domínio imperial das novas fábricas. Estas foram, em geral, centralizando-se sob um individualismo duro e seco. Bem diverso do da época patriarcal. Firmas comerciais das cidades começaram a explorar a terra de longe e quase com nojo da cana, do massapê, do trabalhador, dos rios, dos animais agrários. Desapareceu todo o lirismo – que, aliás, nunca fora grande nem profundo – entre o dono das terras e a terra; entre o dono das canas e o canavial; entre o dono de homens e o trabalhador; entre o dono das águas e a água; entre o dono dos animais e o animal, mesmo agrário, para não falar no do mato; entre o dono das matas e a mata.

Essa forma artificialíssima de exploração industrial e comercial das terras de cana – desprezadas cada vez mais como terra – não se vem sustentando senão à custa de escoras. A assistência dos governos aos industriais do açúcar no Nordeste vem assumindo um ar de caridade, nem sempre política: também econômica. E, de fato, com todos os abusos porventura praticados à sombra dos favores oficiais à indústria da cana, as escoras se têm feito necessárias à economia geral da região, que governo nenhum, nem nenhum esforço em comum dos fabricantes de açúcar, donos de latifúndios enormes, tem cuidado a sério de libertar da monocultura ou da exclusividade de produção: a do açúcar. Monocultura cada vez mais latifundiária pela própria natureza imperialista do sistema puramente industrial das usinas diante do atraso assombroso da lavoura da cana no Nordeste. Atraso tão grande que seu rendimento é metade do das terras de Campos e um quinto do das terras do Havaí.

No Nordeste, a indústria do açúcar tornou-se, em algumas áreas, diante da lavoura da cana terrivelmente primitiva nos seus métodos, uma espécie de imperialismo exótico diante de terras brutas que esse imperialismo dominasse, limitando-se porém a explorar as terras, sem valorizá-las.

Em geral, o trabalhador de eito não existe para o industrial ausente ou quase-ausente como um conterrâneo cujo bem-estar o interesse; nem o fornecedor de cana como um consócio cuja situação o afete. Ao contrário: tem-se visto o preço do açúcar se elevar, com vantagem para o usineiro, e ao mesmo tempo as usinas baixarem os preços de sua tabela de compra de cana.

Feita uma exceção ou outra não há sentimento de solidariedade nenhum entre o dominador e os dominados. O usineiro é, em geral, como se fosse um conquistador em relação com conquistados de outra terra. De outro barro. De outro sangue. Quase um estrangeiro a quem não tocasse a sorte dos que não são usineiros. Quase um judeu[10] do tempo em que Pernambuco foi a *Zuickerland* dos grandes escândalos de lucro comercial, o próprio conde Maurício de Nassau – que, aliás, tanto fez para libertar a colônia da monocultura – surgindo-nos com as mãos de governado: um tanto meladas de açúcar.

Entretanto, é um nome de benfeitor a ligar à história econômica do açúcar no Nordeste: o de Nassau. O dele, os de vários governadores portugueses que se interessaram por conta própria, ou seguindo ordens dos estadistas da metrópole, pelo progresso técnico da indústria açucareira, o do barão de Boa Vista. E nos começos da República

– quando apenas surgiram os bueiros das primeiras grandes usinas na paisagem da região – o de Barbosa Lima.

Barbosa Lima procurou amparar a organização açucareira de Pernambuco por meio de hipotecas de propriedades que garantissem empréstimos do Estado aos novos usineiros. As dívidas, lembra Oliveira Lima em suas *Memórias*, "seriam mais tarde liquidas com absoluto sacrifício dos interesses do Tesouro estadual por uma décima parte do seu valor e esta mesma não foi paga a não ser por algum mais honrado, qualificado de tolo pelos demais. Pagas, porém, foram as gorjetas aos que arranjaram a liquidação. E, a propósito um proprietário dizia a Oliveira Lima, referindo-se a certo advogado e professor, constantemente reeleito deputado e sempre em viagens pela Europa, a senhora luxando muito: "foram os contos de réis que de mim recebeu e de fato fiz um negócio da China. Reduzi a minha dívida de 500 a 150 contos e estes mesmos estou certo de não poder pagar!".[11]

Parece que negócios semelhantes se fizeram no século XVII; e que até patriotas consagrados como João Fernandes Vieira agiram mais em função de interesses do açúcar e de classe do que em função da pátria ou da religião. Também dos administradores, dos magistrados e dos funcionários vindos do reino para as capitanias de cana do Nordeste, diz-se que alguns se deixaram corromper pelo açúcar, tornando-se aliados dos grandes senhores ou dos grandes comerciantes.

O açúcar, que nos dias de predominância mais acentuada da lavoura sobre a indústria ou o comércio, foi, nesta parte do Brasil, uma condição de estabilidade, atravessou períodos em que se tornou verdadeiro objeto de jogo ou de aventura comercial. Quase tão flutuante quanto o ouro. A própria lavoura deixou-se contaminar pelo gosto de lucro imediato e nem sempre honesto e pela gana de solução provisória para as suas crises. Os próprios aristocratas do canavial entregaram-se à adulteração do gênero pela mistura de terra ou de areia; outros ao roubo de negros, ao contrabando de africanos. A estas últimas irregulares sabe-se que ficaram ligados alguns dos grandes nomes da aristocracia da cana no Nordeste, descendentes da gente mais fidalga que se enraizara aqui.

Destaque-se ainda uma vez o seguinte fato: no Nordeste do Brasil, a cana e o açúcar por um lado tornaram-se um motivo forte de seleção regional mas, por outro lado, de degradação. Seleção, como já disse, de elementos europeus, principalmente portugueses, mais rurais do que mercantis, mais sedentários do que nômades, mais aristocráticos do que plebeus (por aristocratas, compreendendo-se gente da pequena nobreza agrária, não a da grande nobreza militar). Seleção de negros eugênicos, e em geral, também mais sedentários do que nômades nas suas tendências. Seleção de homens de procedências diversas atraídos pelos lucros do açúcar; homens que pela sua variedade de antecedentes e de aptidões enriqueceram a cultura regional (basta recordar o conde Maurício de Nassau com seu grupo de sábios, de artistas e de técnicos, com seu urbanista Peter Post, com seu higienista Piso). Seleção de judeus do valor de Aboab da Fonseca, que aqui estabeleceram sinagogas, ensinaram doutrina, praticaram a medicina, escreveram poemas, não se limitando a uma função puramente comercial. Na primeira metade do século XIX, e, um pouco, no século XVIII, seleção de ingleses e franceses, que influíram decisivamente sobre as maneiras domésticas, sobre as modas de vestir dos grandes senhores e das grandes senhoras, sobre a arquitetura, sobre os métodos de ensino, sobre os hábitos de dieta, sobre as leituras e os divertimentos dos homens, sobre a higiene das ruas, das cidades, das pessoas. Os anúncios de jornais documentam minuciosamente essa grande influência inglesa e francesa sobre o Nordeste.[12]

Mas convém não esquecer, por outro lado, que toda essa seleção regional de valores humanos, de valores de cultura, se fez dentro de condições econômicas e sociais que deformaram, ou pelo menos afetaram, esses mesmos valores, em um sentido único e mórbido a monocultura latifundiária e escravocrata. Koster, nos princípios do século XIX, viu em Pernambuco uma senhora pernambucana, das gordas, das obesas, das corpulentas, vestida grotescamente à inglesa, que o fez filosofar: "o espírito de inovação produziu algumas consequências bastante irrisórias". Um exemplo, apenas, da deformação dos valores importados, pelas condições fundamentais de economia, de vida e de dieta da região monocultura e escravocrata.

Mas nem a monocultura, nem o latifúndio, nem a escravidão, que condicionaram de modo tão decisivo o desenvolvimento social do Brasil, em geral e do Nordeste da cana-de-açúcar em particular,[13] sendo tão responsáveis por aquelas senhoras exageradamente gordas como por um tipo confortável de casa regional, merecem condenação formal de quem se aproxime do assunto sob o critério do relativo. E não do absoluto, tão perigoso nas avaliações sociais. Tão perturbador da perspectiva histórica.

A civilização do açúcar teve naquele sistema social de relações dos homens com a terra, com os animais, com a água, com a mata; de relações, em grande parte mórbidas – sadistas-masoquistas – dos senhores com os escravos, dos proprietários com os trabalhadores, dos brancos com os negros, dos homens com as mulheres, dos adultos com os meninos – não só o motivo de muitas de suas fraquezas como de várias de suas virtudes. A conquista e a colonização quase militar de largos trechos do Norte pela Casa da Torre[14] – maior casa-grande do Brasil – e as guerras contra franceses e holandeses, guerras feitas pelos Albuquerques e por outros fidalgos do canavial, quase desajudados da metrópole, mostram que essa civilização por natureza sedentária, comodista e sensual foi capaz de ação militar, de agressividade, que qualidades de luta em sua própria defesa.

Foi também capaz de expressão artística. Quer através do seu espírito popular, do seu folclore matuto, do seu bumba meu boi glorificador do negro e do boi de engenho, de sua arte anônima de doce, de renda, de faca de ponta com bainha de prata lavrada (arte que parece ter tornado o nome de Olinda, na Europa, uma espécie de Toledo brasileiro, como recordou há anos o escritor Múcio Leão), de jacarandá ou amarelo trabalhado pelos marceneiros e carpinteiros pardos dos engenhos, quer pelo seu tipo de arquitetura de casa-grande e de mucambo adaptados às condições regionais de clima, de luz, de calor, e valendo-se para material de construção, de elementos também regionais.

Por outro lado, foram os homens da Bahia e do extremo Nordeste que se tornaram, juntamente com os da baixada fluminense, os grandes senhores da política, da diplomacia e da administração do império – Cairu, o barão de Penedo, o visconde de Rio Branco, o barão de Itamaracá, Sérgio Teixeira de Macedo, Teixeira de Freitas, Joaquim Nabuco, Saldanha da Gama, Azevedo Coutinho, Zacarias de Góis, Paulino de Sousa, Romualdo de Seixas, Cotegipe; os grandes "leões" dos salões da corte; estadistas, políticos e diplomatas adoçados pela civilização do açúcar; suavizados pelo chá tomado em pequeno.[15]

E foi ainda o Nordeste, a sua civilização de engenho cheia de ócios para o estudo, que deu ao Brasil o seu maior orador – o padre Vieira; o seu maior poeta satírico – Gregório de Matos; o seu maior matemático – o Sousinha; o seu maior filólogo – o doutor Morais –, um transplantado da civilização do açúcar do Sul para a de Pernambuco onde se tornou senhor de engenho. Juristas, gramáticos, ensaístas, novelistas, historiadores. Poetas, líricos, músicos, pintores. Inovadores e revolucionários. Trajano Galvão e Castro Alves, Joaquim Nabuco e Nunes Machado. O padre João Ribeiro e frei Caneca. José Mariano e José Maria. D. Vital. Correia Picanço. Nina Rodrigues. Tobias Barreto, José Higino, Sílvio Romero, Martins Júnior. Oliveira Lima, Graça Aranha, Pedro Américo, Augusto dos Anjos, Rosalvo Ribeiro, Emílio Cardoso Ayres, Teles Júnior.

Alguns desses, casos de evasão da ordem estabelecida ou de rebeldia contra ela. Evasões e rebeldias que não se teriam verificado de modo tão completo se a ordem estabelecida, machucando, ferindo, esmagando a tantos – a muitos, agradavelmente para o seu masoquismo inato ou adquirido – não encontrasse em uns poucos as energias de revolta, o arrojo para a aventura, a coragem do sacrifício.

Um sacrifício às vezes volutuoso: a renúncia de certos privilégios ou regalos de classe pelas responsabilidades intelectuais e morais de homens não só de sua região, mas de sua época. Tal o caso de Joaquim Nabuco, lutando pelos escravos de Maçangana, de Pernambuco, do Brasil inteiro, escravos que ajudou a libertar com prejuízo para os Paes Barreto, para os escravocratas de todo o império, para a classe senhorial que levara mais de três séculos se apurando para produzir tão esplêndida figura de desertor. E até certo ponto, o caso, também, de Saldanha da Gama deixando-se ferir de morte em Campo Osório, onde não se sabe se morreu místico da Ordem, ou romântico da revolução. E ainda o de D. Vital, de quem a reação contra o regime dominante na região fez uma figura de aristocrata-revolucionário, embora a sua mística fosse a da ordem e da autoridade.

Mesmo desertor de sua classe, Joaquim Nabuco foi quase vaiado pelo Recife, onde lhe sentiam talvez aroma de aristocrata desgarrado entre a plebe; e D. Vital nunca foi um bispo inteiramente popular entre os recifenses, muitos o acusando de perfumar as mãos e de pôr brilhantina na barba – que na verdade foi menos, talvez, a barba de um frade da Penha que a de um fidalgo de casa-grande. De qualquer modo a integração de Joaquim Nabuco na condição de revolucionário social marcou uma vitória do momento de cultura universal ou europeia com que ele, homem oceânico do Recife, se identificou, sobre o que havia nele de regional ou teluricamente estagnado sob a forma de interesse de classe e privilégio de casta.

É que mesmo se evadindo de uma classe e sobretudo de um sistema que sentiam terrivelmente opressivo para a sua inteligência e para a sua sensibilidade, para o seu espírito e para o espírito do seu povo, esses homens foram representantes de uma autêntica cultura rural e sobretudo regional de classe: a do senhor de engenho brasileiro. A do senhor de engenho pernambucano. De uma civilização que ajudaram a destruir, mas que entretanto marcou-os para sempre como a Igreja marca os *defroqués* mais horrorosamente revoltados contra ela. De modo que no libertador dos escravos permaneceu o sinhô-moço da casa-grande de Maçangana e no frade da Penha, o aristocrata, íamos dizendo terrível, de Pedra de Fogo.

A civilização do açúcar, entretanto, não deu só inteligências desertoras (desertoras, mas conservando na fuga os traços da classe abandonada, da cultura traída). Deu também as suas grandes figuras de conformistas: o seu Araújo Lima, o seu abaianado D. Romualdo de Seixas, o seu Antônio Peregrino Maciel Monteiro. Os dois últimos chegaram mesmo a se tornar expressões melífluas de conformidade passiva com a ordem dominante. Foram dois dos maiores voluptuosos do sistema aristocrático, ostentando com um gosto especial suas insígnias de classe: os títulos de grandes do império, as grãs-cruzes das ordens heráldicas, os crachás.

Em Maciel Monteiro não deixou de haver evasão pelo dandismo de dom-juan, sempre de flor na botoeira, extrato no lenço, monóculo no canto do olho, as pontas dos dedos só sabendo pegar em sedas, em cetins, em rendas de mulher. Sexo até nas pontas dos dedos.

É bem expressivo, freudianamente expressivo, o dito que lhe atribuem: as saias de seda que levantou na sua vida de dom-juan foram tantas que lhe fizeram calos nas mãos. Calos de pegar seda, de sungar saias. Calos nos dedos aristocráticos como os de verdade, nos dedos dos negros, dos negros amassadores de pão, dos pretos de mãos enormes calejadas ou deformadas pelo trabalho, que passam pelos anúncios de jornais da época do dândi.

Não querendo outra vida senão essa, voluptuosa e mole, entre sedas de mulher e frascos de cheiro, Maciel Monteiro sentia-se perfeitamente bem na civilização aristocrática do açúcar. Por isto seu partido político em Pernambuco era o dos aristocratas da cana, e dos grandes proprietários de terras e de escravos: o dos homens que, dizia ele, "tendo o que perder" – terras e escravos – "têm o bom senso de não querer pôr em risco o fruto de seus suores; os que amam a monarquia, como garante da felicidade da nossa terra...". "Quem ama o trabalho" – diria ainda esse vulutuoso que, segundo a tradição, não hesitava em namorar mulher casada – "cuida na sua família e não quer desordens...".[16] O conformismo de Maciel Monteiro com a civilização aristocrática de que foi expressão tão nítida é um conformismo lógico. Lógica é mesmo sua hipocrisia: aquele zelo pela *família* e aquela ostentação de amor pelo *trabalho*.

Já se viu, entretanto, que esse conformismo não foi a regra entre os homens de inteligência e de cultura das casas-grandes do Nordeste: antes de se avivar na região o intelectualismo revolucionário das cidades, das praças, da rua da praia do Recife contra os Cavalcantis e Rego Barros dos engenhos da "mata", das academias de medicina e de direito contra o feudalismo do interior, os próprios engenhos produziram agitadores do tipo de Paula Gomes, senhor rural que se aliou a Pedroso, o chefe mestiço da insurreição de 1823 no Recife; o tal Pedroso de cavanhaque que andou confraternizando com negros e mulatos, botando as molecas no colo, deixando-se agradar pelas negras dos mucambos.

No Nordeste, como na baixada fluminense, os engenhos mais ilustres, uns com os seus areópagos, outros com os seus senhores ricos e cheios de lazer para a leitura, para o latim, para a charada, se anteciparam às cidades como centros de cultura intelectual. Mesmo de cultura intelectual revolucionária, isto é, influenciada pelos hereges da Revolução Francesa e da filosofia inglesa. No próprio século XVI os tentáculos do Santo Ofício andaram remexendo livrarias de senhores de engenho onde já se encontravam novelas e outros livros perigosos, além de cartas de jogar, impressas aqui mesmo. Porque o que primeiro se imprimiu no Nordeste, talvez um dia se apure que não foi nenhum livro perigoso, nem mesmo nenhuma oração devota: foram porventura cartas de jogar. É o que nos levam a supor certos documentos, ainda virgens, dos tempos coloniais,[17] cheios da ira del-rei contra cartas de jogar impressas em Pernambuco desde os meados do século XVIII.

Se no século XVI, já se lia *Diana* em engenhos ou cidades do Brasil, conforme se lê nas denunciações do Santo Ofício, é de supor que livros ainda mais perigosos tivessem entrado na região do açúcar, quando as suas cinco ou seis províncias estiveram uma sob o jugo francês e todas sob o domínio holandês. Livros e jogos. Livros e jogos trazidos por franceses, holandeses, ingleses e judeus, sabido que a colônia de sefardins do Recife foi a mais opulenta que a América abrigou na época: a mais opulenta intelectualmente.

No século XVIII, o Nordeste empalideceu dentro da segregação e do isolamento. Mas com a vinda de D. João VI, com a abertura dos portos, com o estabelecimento dos ingleses no Recife, em Salvador da Bahia, em São Luís do Maranhão, a cultura da região ganhou novamente os traços europeus que haviam quase desaparecido da face de sua paisagem sob aqueles exageros de segregação.

Maria Graham, nos começos do século XIX, não encontrara em Pernambuco senão restos de livros velhos apodrecendo pelos conventos, frades desinteressados pelos estudos. Mas Tollenare e Koster chegaram a conhecer no Nordeste padres e até frades cheios de curiosidade intelectual, lidos em autores franceses; chegaram a conhecer aristocratas do açúcar influenciados pelas ideias e pelas modas inglesas; pelas leituras e pelos ideais franceses.

Com a fundação da Escola Médica na Bahia e do Curso Jurídico em Olinda – depois transferido para o Recife – as duas cidades tornaram-se focos ainda mais vivos de cultura intelectual europeia – mais revolucionária no Recife, e mais acomodatícia, talvez, na Bahia. Os livros europeus começaram a chegar mais livremente às mãos dos estudantes – dos padres moços, dos filhos de senhores de engenho, dos mulatos de vinte anos ansiosos de saber.

Principia a influência dos filósofos ingleses junto com a dos franceses, e mais tarde, com a dos alemãs. Olinda e depois Recife tornam-se dois centros ativos de tradução e de divulgação das novas ideias francesas e inglesas, dos novos sistemas não só de filosofia como de moral, de higiene, de medicina, de educação dos meninos. A maior cabeça da revolução de 1817 fora uma cabeça de padre influenciado pelas ideias francesas (pobre cabeça que acabaria arrancada do corpo como a de um judas).

Não tardou que a devoção dos homens por Nossa Senhora empalidecesse diante da devoção maior pela Deusa da Liberdade. Não só entre os estudantes de direito do Recife e os de medicina da Bahia como entre os próprios alunos dos seminários e dos colégios de artes. Se nas procissões alguns "senhores acadêmicos" ainda em 1850 subiam piedosamente as ladeiras de Olinda com coroas de espinho na cabeça, os pés descalços sujando-se de poeira, brandões ou velas de cera nas mãos devotas, desde os primeiros tempos da academia outros não quiseram saber senão de festas debaixo das árvores do horto de Olinda, com vivas ao imperador constitucional, à Independência, à restauração da Bahia; com danças; com cantorias; talvez com a presença de atrizes ou mestras e contramestras de pastoril – a julgar pelo tom de escândalo com que o *Amigo do Povo*[18] censurava essas pândegas de rapazes. Mas é possível que também com a presença de mestres e contramestres de direito e de filosofia; até de padres-mestres: do padre Manuel José da Silva Porto, por exemplo, tão acusado pelos absolutistas de agitador ou revolucionário. Ele, como outro lente de Olinda: o doutor João José de Moura.

Mas as troças e convescotes tinham também o seu lado sério: faziam-se discursos contra o absolutismo; recitavam-se poesias patrióticas; davam-se morras a Portugal e não somente vivas ao Brasil. E alguns estudantes desses grupos mais boêmios e mais liberais não hesitavam em falar um tanto juridicamente no "direito" do redator caturra do *Amigo do Povo* (que os censurava, a eles e aos seus camaradas do colégio das artes, por aqueles exageros de liberalismo e talvez de libertinagem) "a umas dúzias de cacetadas". Quase o mesmo pensava o padre Lopes Gama com relação ao padre Barreto. Sinal de que não era perfeita a tolerância recíproca entre os estudantes, os doutores e os clérigos das cidades, como estava longe de ser perfeita entre os velhos senhores de engenho, tanto deles divididos por tremendos ódios políticos, por questões de terras, de águas, de bois, de mulher. Daí a capangagem; os crimes; os assassinatos; as emboscadas. Ainda hoje quem percorre as zonas mais velhas de canaviais do Nordeste vê casas-grandes com fama de mal-assombradas: em uma se assassinou a tiro o senhor na própria rede, todo de branco como um inglês, fumando charuto depois de jantar; noutra a sinhá; numa terceira, o sinhô-moço que tinha estudado medicina na Europa.

Na academia de Olinda – depois transferida para o Recife – e parece que também na Escola de Medicina da Bahia – os trotes dos veteranos nos calouros tomaram o sabor sadista de que estava viciado o ar, o ambiente da civilização do açúcar, muito doce nuns aspectos, mas por dentro cheia de crueldades: negros surrados até o sangue correr das feridas; os mulatos mais afoitos às vezes castrados; as brigas de galo e de canários salpicando de sangue as calças brancas dos senhores de engenho; meninos criados uns reis das bagaceiras, quebrando a pedrada ou a caco de garrafa a cabeça das negras velhas, tirando sangue dos moleques a chicotadas, arrancando os olhos dos passarinhos, torcendo o pescoço dos galos, judiando com as lagartixas e os gatos. Em Olinda chegou a haver uma morte de um estudante que ficou célebre: tratando-se do filho de uma família nobre da Bahia o caso tomou as cores de um grande escândalo.

Entretanto, pelo maior contato do Nordeste com a Europa burguesa do século XIX – mais tolerante de divergências do que a Europa da cavalaria – e, principalmente, com o desenvolvimento da cultura jurídica no Recife,[19] da cultura médica na Bahia, e da cultura religiosa e humanista ali e em Olinda, os costumes, sempre mais finos e mais europeus nos canaviais do que nos sertões, foram ganhando maior doçura; a vida humana foi sendo mais respeitada à sombra das casas-grandes e dos sobrados; o sadismo dos mais velhos com relação aos mais moços, dos mais brancos com relação aos mais pretos, dos mais poderosos com relação aos mais fracos, foi se atenuando e se abrandando; a confraternização cristã foi se estendendo aos africanos.

Os enciclopedistas antiescravocratas tiveram influência profunda sobre os revolucionários de 1817; sobre os areópagos e as academias de padres, de médicos, de senhores de engenho. Montesquieu foi o mestre mais poderoso de frei Caneca – a grande figura de frade, parece que libertino e ao mesmo tempo liberal, que deu à revolução de 1824 a sua expressão ideológica mais alta e a sua mancha mais viva de martírio.

Vencidas as duas grandes revoluções regionais, sobre os novos centros de cultura continuariam a agir, através da primeira metade do século XIX, influências francesas e inglesas, umas romanticamente liberais, outras de sentido mais organizador, mais jurídico ou mais científico. Além de Montesquieu, de Voltaire, de Condorcet, de Locke, de Lamartine – Charles Comte com o seu memorável *Traité de législation* e Bentham, que seria tão discutido entre nós. E ainda: Filangeri, Say,

Tocqueville, Adam Smith, Laboulaye. Os anúncios dos jornais nos permitem seguir a preponderância das leituras novas como também de músicas e drogas francesas, inglesas e americanas que foram revolucionando os vários aspectos da cultura regional no sentido da diminuição de prestígio das valores tradicionais mais característicos da ordem aristocrática e escravocrática da civilização do açúcar: a medicina caseira, a modinha, a religião, o clássico latino, a novela de cavalaria.

De modo que houve isto de paradoxal: a civilização do açúcar prestando-se, por vários motivos, embora negando-se por outros – as constantes faltas de víveres e os altos preços dos gêneros em Pernambuco, por exemplo, foram mais de uma vez alegados como razão poderosa para não se estabelecer em Olinda ou no Recife nenhuma escola superior – a centros de ensino médico e de ensino jurídico no império, concorreu para acelerar a sua própria destruição. Concorreu para avivar, nas cidades, um intelectualismo revolucionário ou crítico que agiria contra ela própria, civilização agrária e escravocrática.

Entretanto, dificilmente se imagina a fundação de cursos superiores no Brasil, desprezando-se o Recife ou a Bahia, onde uma série de condições criadas pela civilização do açúcar facilitavam os estudos mais elevados. A maior pureza da língua, por exemplo. Foi, aliás, elemento tomado muito em consideração pelos fundadores do ensino superior no Brasil. É que os centros nordestinos de colonização, tendo sido, por influência da cana-de-açúcar, os de maior população negra – tão corrutora da língua portuguesa –, foram também os mais dominados pela influência dos padres-mestres agregados aos engenhos; padres-mestres que mais facilmente transigiam – alguns, pelo menos – com os pecados da carne que com os erros de gramática; que fizeram mais, talvez, pela pureza da língua que pela pureza de costumes. Daí o Maranhão se ter tornado, em pleno regime de escravidão, a "Atenas brasileira": uma Atenas mais de gramáticos do que de sofistas; Sergipe, no fim do império, um "ninho de águias" – Pernambuco e a Bahia – outras duas Atenas; outros "ninhos de águias" feitos com palha de cana. "Atenas brasileira" não só pelos gramáticos e pelos seus filólogos, como pelo seus poetas, seus romancistas, seus líricos.

Outros senhores de engenho empregaram ainda mais severamente os seus ócios do que os gramáticos e os poetas. Gabriel Soares de Sousa em estudos quase científicos de etnografia na Bahia, por exemplo. Vários em aplicações de medicina caseira a negros e moradores: um divertimento delicioso tendo-se cobaias tão perfeitas nas senzalas. Um ou outro, em métodos de melhoramentos da cultura da cana.[20]

A maior parte não soube empregar o lazer senão em devoções aos santos e à Virgem; em festas com muito doce, muito açúcar, muito licor de jenipapo, muito vinho de caju; em política; em brigas de galo; em cavalos; em jogo de cartas; em charadas; em cartas aos compadres mexericando sobre eleições ou propondo troca de negro ou de cavalo. Há muito resto de cartas dessas pelos arquivos dos velhos engenhos do Nordeste.

Santo talvez não tenha produzido nenhum a civilização agrária do Nordeste: nem ao menos algum asceta do tipo daquele que ficou célebre na região mineira, de paisagem mais dura, de solo mais acre, de ar talvez mais favorável aos heroísmos da castidade e aos exercícios da piedade. Apenas produziu o Nordeste do açúcar um ou outro senhor de engenho mais devoto. O capitão-mor Manuel Tomé de Jesus, por exemplo. Manoel Tomé de Jesus gastava em ouro e prata para as suas santas, em encomendas de coroas e resplendores de ouro para as suas virgens de madeira, o que outros escravocratas esbanjavam em ouro e prata para enfeitar as negras que desvirginavam, as mulatas que emprenhavam, as mestras e contramestras de pastoril que defloravam. Em uma como compensação a esses leigos extremamente devotos, a esses senhores de engenho quase frades pela sua piedade e pela sua devoção aos santos, houve no Nordeste como noutras áreas do Brasil colonial frades que, como senhores de engenho, rivalizaram com os leigos no furor patriarcal. Se não trouxessem hábito "em cousa alguma tinhão differença de hum pae de familia", diz esses frades uma correspondência do século XVIII.[21]

O ambiente viciado pelo sadismo-masoquismo da civilização escravocrata do Nordeste não se pode dizer que fosse inteiramente desfavorável à eclosão de santos. Santos em quem rebentassem reações à sensualidade bruta do meio. Reações vicárias. Protestos ao abuso do fraco pelo poderoso, da mulher pelo homem, do menino pelo adulto, do negro pelo branco. Em um clima moral particularmente sadista-masoquista como o da Espanha das guerras de cristãos contra mouros, das touradas, da Inquisição, de D. Juan Tenorio, é que aparecem santos da doçura de São João da Cruz, da ternura de Santa

Teresa de Jesus. E São Luís Gonzaga se tornou herói da virgindade em um meio tão viscosamente sensual que as bocas das pessoas estavam sempre perfumadas para os beijos.

Houve padres no Nordeste que quase se elevaram a santos pelo esforço heroico de ensinar, de doutrinar, de cuidar dos doentes. Ibiapina. O padre Rolim. Ibiapina foi de fato uma figura de cristão dos tempos apostólicos desgarrados nestas áreas de açúcar e de mandioca. E o padre Vieira teve a coragem de denunciar do púlpito abusos de ricos, de poderosos, de senhores de engenho. D. Vital, a de enfrentar os grandes maçons do império.

Mas foram raras essas vozes, sendo tantos os clérigos e os frades. Surpreende que muitas iniciativas que deviam ter sido talvez dos bispos – aliás o Nordeste não deixou de ter grandes figuras de bispos, como a de Azeredo Coutinho e a de D. João da Purificação – tivessem de ser tomadas por simples padres pobres. Ou então pelos governadores ou capitães-mores. O amparo às crianças enjeitadas, por exemplo. Antes de D. Tomás José de Melo – um dos governadores mais animados de espírito público que teve a capitania de Pernambuco –, o desleixo pela criança enjeitada numa terra cheia de igrejas e de conventos com o Recife do século XVIII era tal que algumas pobrezinhas eram estraçalhadas pelos bichos imundos, que de noite vagavam pelas ruas. Os negros pagãos, até os princípios do século XIX, se enterravam em Pernambuco pelas praias ermas e com tão pouco espírito cristão que os cachorros e os urubus não tinham dificuldade em ir pinicar carne tão abandonada depois de morta quanto explorada ainda viva.

Onde uma voz de padre que tivesse chamado com a força com que deviam ter clamado todas as vozes de padre a favor da mulher – tão humilhada, tão abusada, tão maltratada por maridos e pais senhores de engenho? Alguns desses maridos, como Miguel Ferreira, rendeiro do engenho do Tapicurá, em Pernambuco, faziam de suas mulatas as rainhas da casa e tratavam de resto a mulher legítima. À mulher legítima tocava apenas parir e criar os filhos. E dessas mulheres de senhores de engenho cruéis pode-se dizer que algumas foram santas, embora no sentido brasileiro, e não rigorosamente litúrgico. A civilização do açúcar teve suas santas; suas mulheres, grandes sofredoras, que humilhadas, repugnadas, maltratadas, criaram filhos numerosos, às vezes os seus e os das outras mulheres mais felizes que elas; cuidaram das feridas dos escravos; dos negros velhos; dos moradores doentes dos engenhos.

Mesmo em sentido litúrgico o Nordeste teve as suas quase-santas, nascidas à sombra doce de uma igreja da qual é impossível separar a formação brasileira. Teve a sua venerável Madre Soror Ângela do Nascimento, nascida no engenho Jurrisaca no cabo de Santo Agostinho. Teve a sua Catarina Pais. Vestida com o hábito descoberto da Terceira Ordem de São Francisco, Catarina se exercitou no que um cronista chama "heroicas virtudes": "heroicas virtudes" na verdade, para serem praticadas por mulher branca e de prol em civilização escravocrática: as da humildade, as do serviço, as do amor a toda espécie de próximo. "Foi a sua humildade tão profunda que até se reconhecia por indigna de servir as suas mesmas escravas, dizendo que ainda que a fortuna as tivesse feito captivas erão filhas do Deos a que ella não merecia servir, por ser hua grande peccadora". Teve a sua Da. Maria José, "natural do Recife, filha de Pays nobres e ricos", que entretanto desde mocinha cortou os cabelos, vestiu hábito de terceira do Carmo e "para desengano dos que pretendião o seu cazamento distribuio pelos pobres a maior parte do seu dote..."[22] Teve a sua Da. Inês Barreto de Albuquerque, que quando ficou viúva foi para dedicar-se toda ao serviço de Deus e aos pobres, dando de comer a muitos, sustentando muitas órfãs, fundando o Hospital de Nossa Senhora do Rosário no Recife, e ela própria varrendo os quartos e fazendo as camas dos doentes. Teve as suas muitas Das. Mariazinhas, Das. Francisquinhas, Das. Mariquinhas que desde meninas, desde a primeira comunhão, não fizeram senão cuidar dos maridos, dos filhos, dos escravos, dos santos.

Santo – repita-se – é que parece que o Nordeste do açúcar não deu nenhum. Os próprios filhos de senhores de engenho que iam estudar para padre levavam do canavial para o seminário um orgulho que nunca morria neles. Que não morreu nem em um D. Vital capuchinho, frade da Penha. Todos os exercícios de humildade franciscana que praticou com tanto ardor parece que não puderam destruir em Vital Maria Gonçalves de Oliveira o orgulho de aristocrata de engenho que continuou sendo sob as barbas de frade, sob o capucho de religioso, sob a murça de bispo. Sua insistência em dizer-se pernambucano – quando de fato parece que nasceu na Paraíba – é bem característico desse orgulho que dá a impressão de ter sido não só regional mas de classe. Pernambucano só não: pernambucano do canavial. Aristocrata. Descendente dos senhores de engenho que expulsaram os holandeses do Nordeste como ele quis expulsar os maçons poderosos das Irmandades e da Igreja.

Dentro da civilização do açúcar – que por algum tempo constituiu quase toda a civilização brasileira – o pernambucano foi a especialização mais intensa das qualidades e dos defeitos dessa organização monocultora, monossexual, e principalmente aristocrática e escravocrática. Organização cheia de contrastes. Inimiga do indígena. Opressora do negro – embora menos que a mineira ou a paraense. Opressora do menino e da mulher – embora ostentando uma galantaria, um cavalheirismo, uma devoção pelo "belo sexo" que nenhuma outra civilização brasileira ostentou com tanto brilho no passado.

Com todos os seus defeitos, a civilização do açúcar que se especializou, ou antes, se exagerou no Nordeste do massapê, e dentro do Nordeste, em Pernambuco – seu foco, seu centro, seu ponto de maior intensidade –, em civilização aristocrática e escravocrática, deu ao Brasil alguns dos maiores valores de cultura, hoje caracteristicamente brasileiros, dissolvidos em outras civilizações, distribuídos por outras áreas, diluídos em outros estilos de vida, mas com a marca de origem ainda visível a olho nu. Outros valores não sofreram transformação e morreram; ou existem só em resíduos muito vagos.

Mas foi justamente essa civilização nordestina do açúcar – talvez a mais patológica, socialmente falando, de quantas floresceram no Brasil – que enriqueceu de elementos mais característicos a cultura brasileira.

O que nos faz pensar nas ostras que dão pérolas.

Levando-se a vista dos pobres canaviais do Nordeste patriarcal para as oliveiras de certa terra clássica do sul da Europa, há de ver-se que também a civilização grega foi uma civilização mórbida segundo os padrões de saúde social em vigor entre os modernos. Civilização escravocrática. Civilização pagã. Civilização monossexual. E, entretanto, estranhamente criadora de valores, pelo menos políticos, intelectuais e estéticos. Muito mais criadora desses valores do que as civilizações mais saudáveis que ainda se utilizam da herança grega.

Junto dela, com efeito, a bem equilibrada civilização dos modernos escandinavos empalidece e se apresenta tão estéril e tristonha como se não tivesse senão mãos e pés de gigante.

Abaixo da grega, outras civilizações parece que têm reproduzido, em termos maciços, o caso estranho dos gênios individuais, tanto deles como as ostras: doentes é que dão pérolas.

A antiga civilização do açúcar no Nordeste, de uma patologia social tão numerosa, dá-nos essa mesma impressão, em confronto com as demais civilizações brasileiras – a pastoril, a das minas, a da fronteira, a do café. Civilizações mais saudáveis, mais democráticas, mais equilibradas quanto à distribuição da riqueza e dos bens. Mas nenhuma mais criadora do que ela, de valores políticos, estéticos, intelectuais.

## Notas ao Capítulo 6

1. Rodrigues de Carvalho, "Aspectos da influência africana na formação social do Brasil", *in Novos estudos afro-brasileiros*, Rio de Janeiro, 1937. Vejam-se também sobre o assunto os trabalhos reunidos em *Estudos afro-brasileiros*, Rio de Janeiro, 1934.
2. Rodrigues de Carvalho, loc. cit.
3. *Col. dos trabalhos do Conselho Geral de Salubridade Pública da Província de Pernambuco* (1849).
4. Como observou Sá e Oliveira com relação aos aristocratas baianos, também no extremo Nordeste se manteve alta a estatura dos homens, entre a aristocracia branca e quase-branca das casas-grandes. Aristocracia já hoje degradada. Nessa classe tão socialmente vigorosa até à abolição, os homens altos e bem apessoados foram comuns, conforme não só a tradição com as crônicas e as evidências fotográficas que se referem à última metade do século XIX. Dos grandes senhores de terras que deram seu apoio à Revolução de 1817 sabe-se que alguns eram verdadeiros gigantes. Entre a gente de cor, verifica-se entretanto a tendência para a estatura mediana e abaixo da mediana, para o que talvez tenham concorrido, em Pernambuco, juntamente com fatores sociais de degradação, os elementos africanos e indígenas que mais entraram na composição do tipo popular no extremo Nordeste: africanos (Bântus) e indígenas, uns de estatura mediana, outros de estatura baixa.
5. José Américo de Almeida, *A Paraíba e seus problemas*, Paraíba, 1924. Vejam-se também sobre o assunto: Agamemnon Magalhães, *O Nordeste brasileiro (O habitat e a gens)*, Recife, 1921, e Felte Bezerra, *Etnias sergipanas*, cit. Sobre as características de físico ou de corpo nos escravos da Paraíba, através de anúncios de jornal, prepara interessante ensaio o pesquisador paraibano Ademar Vidal, baseado em nosso "O escravo nos anúncios de jornal", Rio de Janeiro, 1934, do qual esperamos dar breve nova edição, ampliada.
6. Sobre o tipo do nordestino veja-se dos dois médicos pernambucanos: *Morfologia do homem do Nordeste*, Rio de Janeiro, 1937. Sobre diferentes aspectos das relações do homem do Nordeste com a alimentação e o meio vejam-se Josué de Castro, *Documentário do Nordeste* (Rio de Janeiro, 1936) e Rui Coutinho, *Valor social da alimentação* (Rio de Janeiro, 1938). Do assunto – o tipo nordestino do ponto de vista psicológico social – vem se ocupando, em pesquisas no Instituto Joaquim Nabuco de Pesquisas Sociais, o professor Gonçalves Fernandes.

7. *Sobrados e mucambos*, trabalho de que apareceu a primeira edição em 1936. A segunda edição, de 1951, incluiu cinco capítulos novos e vários acréscimos aos capítulos antigos.
8. O Congresso Nacional aprovou por imensa maioria, em 1949, o nosso projeto, hoje lei, criando na cidade do Recife, em comemoração do centenário do nascimento de Joaquim Nabuco, um instituto de pesquisa social destinado ao estudo e à valorização do homem do Norte – e não apenas Nordeste – agrário: da Bahia ao Amazonas. Esse instituto acaba de ser inaugurado no Recife pelo ministro Pedro Calmon.

Sobre condições de vida e de habitação da atual população operária – ao mesmo tempo mestiça – do Recife – que, como metrópole regional desde dias remotos atrai elementos do Nordeste inteiro e não apenas do interior de Pernambuco, metade dessa população sendo originária do interior do mesmo Estado e 14% de outros Estados –, veja-se o recente e interessante opúsculo "Primeiros resultados de um inquérito em torno da população operária do Recife", publicado pelo Serviço Social da Indústria, Recife, 1949. Encontram-se aí as informações: "metade do nosso operariado provém do interior do estado, 14% de outros estados, ao passo que da capital mesma, apenas 36%. É interessante ainda notar que tanto o elemento masculino como o feminino, imigrados, se representam na mesma proporção".

Cabe aqui referência a um breve estudo publicado no *Boletim* do Departamento Estadual de Estatística de Pernambuco, e onde lemos o seguinte: "Há um fenômeno interessante a se notar na nossa população: é um 'despovoamento relativo', do interior, em benefício da capital, a partir de 1900 e acentuando-se de 1920 para 1940. Essa percentagem de acumulação do Recife (12,96%) só é inferior à da capital de São Paulo, que deu em 1940, 18,5% e às de Manaus e Belém, respectivamente de 21% e 24%. A cidade de São Paulo é um grande centro industrial, Manaus e Belém são capitais de Estados despovoados, com uma densidade territorial mínima. Essas razões de ordem econômica, embora diversas e mesmo opostas, explicam as altas percentagens da população das capitais daqueles Estados".

E mais em seguida lê-se que esta fuga do campo para a capital, que ano a ano acentua, "poderá criar um nocivo desequilíbrio entre a nossa produção agropecuária (de gêneros de subsistência e matérias-primas) e a indústria e comércio".

Quanto a condições de habitação, em particular, desse operariado, são interessantes as informações:

"O número de casas de taipa compreende 89,7% do total, resultado que seria de esperar em uma cidade onde o número de mucambos é talvez superior ao de prédios.

"Quanto ao tipo do abastecimento de água verifica-se que apenas 92 casas, em 950, possuem água encanada, o que dá apenas 9,7%. Os outros tipos de abastecimento são: cacimba com 29,4%; chafariz com 31,9% e cacimba e chafariz com 29,0%.

"No tocante ao tipo de iluminação encontramos o querosene ainda largamente empregado, ultrapassando de muito a eletricidade. Comparando-se todavia esse resultado com o encontrado em um inquérito realizado em 1939, para a 'Terceira Semana de Ação Social', achamos que o último sistema está tomando rapidamente o lugar do primeiro. Naquele inquérito foram encontrados 9,11% para eletricidade e 90,89% para querosene enquanto no presente encontramos, respectivamente, 38,80% e 61,20%.

"Quanto ao tipo do despejo, constatamos, mais uma vez, uma falta de higiene e de conforto alarmantes: apenas 1 das 950 casas em estudo possui saneamento; apenas 341 (36%) possuem fossa; nas restantes 608 (64%) os seus moradores fazem despejos em lugares impróprios, como buracos, marés, à flor do chão etc.

"Convém notar que, onde existem lençóis de água, rio ou maré, as condições de higiene são sempre melhores. Verificou-se, recentemente, que a incidência de amebíase é muito mais elevada nos bairros pobres, onde não existe água para receber ou drenar os despejos, como Campo Grande, Água Fria, Casa Amarela, Beberibe, e sensivelmente menor no que dispõem deste elemento, como Afogados e Santo Amaro". Esta verificação foi feita pelos pesquisadores Hélio Coutinho e Gilmário M. Teixeira, autores de *Contribuição ao estudo da endemia amebiana na cidade do Recife* (Relatório do tema oficial do Terceiro Congresso Médico Acadêmico, Recife).

Com essa numerosa população vinda, em tão grande parte, do interior e das cidades menores da região, compreende-se que o Recife tenha que enfrentar problemas particularmente difíceis de urbanismo, de higiene, de assistência social e de socorro médico. Veja-se também Tales de Azevedo, *Padrão alimentar da cidade do Salvador*, Bahia, 1947.

9. Veja-se nosso *Guia prático, histórico e sentimental da cidade do Recife*, 2ª ed. Rio de Janeiro, 1942, devendo a 3ª edição aparecer em 1961.00

Ao nossos guias, Recife e Olinda, de duas das mais antigas cidades do Nordeste agrário, aqui arbitrariamente considerado (arbitrariamente por ser o nosso critério de "Nordeste" diferente do oficial, ultimamente adotado) como a região que se estende do Recôncavo da Bahia ao Maranhão, outros vêm se acrescentando: dois de Salvador, um escrito pelo romancista Jorge Amado, outro por Afrânio Peixoto; um de Maceió, trabalho do professor Manuel Diegues Júnior; um de João Pessoa, escrito pelo sr. Ademar Vidal. E não devemos nos esquecer do estudo de Viçosa, pelo alagoano Alfredo Brandão. Um roteiro de São Luís do Maranhão está sendo esmeradamente preparado pelo sr. Josué Montelo, escritor que junta à arte literária a erudição acadêmica. Sobre o Maranhão não devem ser esquecidas as excelentes páginas de geografia histórica e cultural – algumas extensivas ao Nordeste inteiro – que nos deixou Raimundo Lopes; nem as recentes, do sr. Astolfo Serra.

10. Wätjen, em seu trabalho sobre os judeus na colonização moderna, fixa vários aspectos da influência israelita no Nordeste, no tempo do domínio holandês. E recorda trechos da carta dirigida por holandeses, em 1641, a João Maurício de Nassau. Alguns desses trechos vão aqui transcritos, segundo tradução feita gentilmente para este trabalho pelo sr. Carlos Gilberto Cavalcanti: "Cada vez mais cai o comércio no Brasil holandês nas mãos dos judeus. Os comerciantes cristãos estão quase excluídos e se tornaram *'spertateurs van de negotie der jooden'*... Todos os israelitas que chegam

aqui são bem recebidos pelos seus companheiros portugueses e empregados como agentes feitores de usinas ou de plantações de cana. Todos os lugares vagos de corretor são ocupados naturalmente pelos judeus que se esforçam o mais possível para o progresso do comércio judaico. Quase todo o açúcar passa pelas mãos deles e quando em algum lugar há qualquer coisa onde se possa ganhar já Israel tomou conta".

Sobre o domínio holandês no Nordeste, veja-se o excelente ensaio do sr. José Antônio Gonsalves de Melo, neto, *Tempo dos flamengos*, Rio de Janeiro, 1947.

11. Oliveira Lima, *Memórias*, Rio de Janeiro, 1937.

12. Vejam-se sobre o assunto nossos *Um engenheiro francês no Brasil* (Rio de Janeiro, 1940) e *Ingleses no Brasil* (Rio de Janeiro, 1948), onde se destaca a intensidade, no Nordeste, até o meado do século XIX, de uma influência – a inglesa e francesa – que só depois diminuiu na região do açúcar para conservar-se no Rio de Janeiro e acentuar-se em São Paulo.

13. Embora a interpretação da formação do Brasil sob este critério venha se generalizando entre historiadores e ensaístas voltados para assuntos de história, sociologia e economia, cremos haver nos antecipado no esboço de uma sistemática ao mesmo tempo econômica e sociológica da história da gente brasileira, esboço que data de ensaio publicado em 1933 e de notas prévias de 1925.

14. Veja-se sobre o assunto o interessante estudo do professor Pedro Calmon, *História da Casa da Torre*, Rio de Janeiro, 1939.

15. Na sessão de 2 de julho de 1827 do parlamento brasileiro dizia um representante da área aristocrática, o sr. Ferreira de Melo, que o chá era na corte gênero de primeira necessidade: "o qual hoje entre nós pelo grande uso que tem está considerado como gênero de primeira necessidade" (*Anais do Parlamento Brasileiro*, Rio de Janeiro). O mesmo "gênero de primeira necessidade" tornou-se o chá na área aristocrática de açúcar do Nordeste.

16. Estes trechos de declarações de Maciel Monteiro são transcritos do estudo que lhe dedicou Faelante da Câmara: *Maciel Monteiro*, Recife, 1905.

17. Dentre outros documentos, o seguinte:

"Sendo prezente a S. Mag$^d$, que não obstante o Alvará, que será em esta, de 31 de julho do anno proximo passado, porque foi servido approvar a reprezentação do Director Geral, e deputados da Conferencia, e Impressão Regia, e as condições com que estabeleceu Lourenço Silezio as fabricas de cartas de jogar, e papelões; se continua em algumas das terras desse estado em se fabricarem as mesmas cartas de jogar contra a dispozição do referido alvará: Ordena o mesmo senhor, que V.ª S.ª dê as mais exactas providencias para obviar as transgressoens do dito alvará mandando proceder contra os seus respectivos transgressores com as penas nelle declaradas.

"Deus G$^e$ a V. S.ª Palacio de Nossa Senhora de Ajuda a 30 de julho de 1770. Manoel de Mello e Castro. Ordens de S.ª Mag$^d$ F$^{ma}$ pelo expediente dos secretarios d'Estado. Aos governadores e cap$^{ão}$

gen^al de Pernambuco. (Desde 1767 athé 1773)", manuscrito na Biblioteca do Estado de Pernambuco.

Em 1811 as iras da metrópole seriam contra os contrabandos de cartas de jogar, em Pernambuco, em detrimento do monopólio português, como se vê da carta de 4 de abril do conde de Aguiar ao governador Caetano Pinto de Miranda Montenegro ("Correspondência da Corte", 1811, manuscrito na Biblioteca do Estado de Pernambuco).

18. *Amigo do Povo*, n.º 10 (1830). Veja-se também o artigo de "Um olindense amigo da honra e da verdade", *Diário de Pernambuco* de 13 de novembro de 1830.
19. Como acentua Faelante da Câmara na sua Memória histórica da Faculdade de Direito de Recife, referente a 1903 – memória que está a pedir reedição – "foi o predomínio intelectual desse centro que conseguiu humanizar os costumes, estabelecer a corrente de simpatias e a permuta civilizadora das ideias. O próprio caráter pernambucano modificou-se profundamente. Os filhos de famílias poderosas que viviam em luta acesa, os de sangue-azul e os plebeus, os descendentes da fidalguia do cabo e os representantes dos antigos mascates daqui saíam harmonizados, levando à casa paterna a notícia de que o código dos direitos individuais é igual para todos".
20. A respeito da reprodução da cana pela semente, assunto de que se ocupa o botânico brasileiro Pio Correia no seu *Dicionário das plantas úteis do Brasil* (Rio, 1929), o dr. Artur Siqueira Cavalcanti dá um depoimento que, confirmado colocaria o Nordeste em situação de relevo na história científica da cana-de-açúcar:

    "O engenheiro civil Abelardo de Lima Cavalcanti foi talvez o primeiro brasileiro (1916-1917) que frequentou a Escola da Estação Experimental de Cana-de-Açúcar em Baton Rouge, na Louisiana. Quando foi conferido o diploma ao referido engenheiro brasileiro, o diretor da Escola de Baton Rouge declarou-lhe em conversa que havia sido Pernambuco o primeiro lugar no mundo onde se conseguira a reprodução da cana-de-açúcar pela semente.

    Esse fato representa, na história da cana-de-açúcar, uma aquisição científica notável e cuja importância econômica é inútil acentuar. Basta ver que é pela seleção da semente que se obtêm as variedades de cana ricas em açúcar. Existe uma variedade de cana em Pernambuco, denominada 'Manoel Cavalcanti', notável pela sua pureza e riqueza em sacarose, a qual se deve ao agricultor pernambucano desse nome."
21. Instruções para o marquez de Valença, governador e capitão general da Bahia, Palacio de Queluz, 11 de setembro de 1779 – Martinho de Mello e Castro. Manuscrito no Arquivo de Ultramar, Arquivo Histórico Colonial de Lisboa. Capitania da Bahia, registrado no "Inventário de documentos relativos ao Brasil existentes no Arquivo da Marinha e Ultramar de Lisboa", sob n.º 10.319.
22. D. Domingos de Loreto Couto, op. cit.

# Bibliografia

Para escrever *Nordeste*, Gilberto Freyre consultou um número maior de textos dos que estão aqui elencados. Pretendeu-se com esta bibliografia somente organizar as obras e documentos por ele citados nas notas e no corpo do texto.(Gustavo Henrique Tuna)

## I. Fontes: Manuscritos, Documentos, Periódicos, etc.

AGUIAR, Durval Vieira de. *Descrições práticas da província da Bahia*, Bahia, 1898.

ALEMÃO, Francisco Freire. Monografia sobre "A casa de açúcar", publicada em 1826 e reimpressa pelo Ministério da Agricultura, 1929.

*Arquivo particular do barão de Jundiá*, Pernambuco.

*Arquivo particular do engenho Noruega*, Pernambuco.

*Arquivo particular do engenho Salgado*, Pernambuco.

BRANDÃO, Ambrósio F. *Diálogos das grandezas do Brasil*, Rio de Janeiro, Oficina Industrial, 1930.

BRITO, Desembargador João Rodrigues de e outros. *Cartas econômico-políticas sobre a agricultura e comércio da Bahia*, Lisboa, 1821.(Reeditadas pelo Governo do Estado da Bahia no ano de 1924.)

CÂMARA, Faelante da. *Memória histórica da Faculdade de Direito de Recife*, Recife, 1903.

CANECA, frei. *Obras políticas e literárias*, 2 vols., 1875.

*Carta Circular do governador D. Tomás José de Melo aos corregedores das câmaras sobre as plantações de mandioca*, 10 de janeiro de 1797, Manuscrito da Biblioteca Pública do Estado de Pernambuco.

*Carta de José Venâncio de Seixas para Rodrigo de Sousa Coutinho*, Bahia, 20 de outubro de 1798, Manuscrito do Arquivo de Ultramar de Lisboa, registrado no índice da Biblioteca Nacional do Rio de Janeiro.

*Carta de Rodrigo de Sousa Coutinho a Bernardo José de Lorena*, 3 de janeiro de 1789, Manuscrito do Arquivo de Ultramar de Lisboa, cód. 610.

*Carta do marquez de Pombal*, 30 de agosto de 1775, Manuscrito da Correspondência da Corte, Arquivo da antiga capitania de Pernambuco, 1775.

*Carta do marquez de Pombal,* 6 de dezembro de 1775, Manuscrito da Correspondência da Corte, Arquivo da antiga capitania de Pernambuco, 1775.

*Carta muito interessante do advogado da Bahia José da Silva Lisboa para o Dr. Domingos Vandelli, director do Real Jardim Botânico de Lisboa,* Bahia 18 de outubro de 1781. Manuscrito do Arquivo do Ultramar de Lisboa, registrado no Inventário dos Documentos relativos ao Brasil existentes no Arquivo de Marinha e Ultramar de Lisboa Organizado pela Biblioteca Nacional do Rio de Janeiro por Eduardo de Castro e Almeida, Rio de Janeiro, 1914.

*Coleção do Diário de Pernambuco,* (1825-1850)

*Coleção dos trabalhos do Conselho Geral de Salubridade Pública da Província de Pernambuco,* 1849.

*Correspondência da Corte,* Arquivo da antiga capitania de Pernambuco.

*Correpondência dos Cônsules,* Seção de Manuscritos da Biblioteca Pública do Estado de Pernambuco.

FONSECA, Pedro P. da, "Fundação de Alagoas. Apontamentos históricos, biográficos e genealógicos", 1886, manuscrito.

GUENTHER, Konrad. *A naturalist in Brazil* (trad.), Londres, 1931.

*Instruções para o marquez de Valença, governador e capitão general da Bahia,* Palacio de Queluz, 11 de setembro de 1779- Martinho de Mello e Castro. Manuscrito do Arquivo de Ultramar de Lisboa, capitania da Bahia, registrado no "Inventário de documentos relativos ao Brasil existentes no Arquivo da Marinha e Ultramar de Lisboa", sob nº 10.319.

KOSTER, Henry. *Voyages dans la partie septentrionale du Brésil depuis 1809 jusqu'en 1815, Comprenant lês provinces de Permabuco(Fernambouc), Seara, Parahyba, Maragnon,* etc., Paris, 1818.

LUCCOCK, John. *Notes on Rio de Janeiro and the southern parts of Brazil, taken during a residence of ten years in that country from 1808 to 1818,* Londres, MDCCCXX.

MANSFIELD, Charles. *Paraguay, Brazil and the Plate,* Londres, 1856.

REBELO, José Silvestre. "Memoria sobre a cultura da cana e elaboração do açúcar", *O auxiliador da indústria nacional,* nºˢ II e III, Rio de Janeiro, 1833.

PUDSEY, Cuthbert. *Journal of a residence in Brazil written by... during the years 1627 to 1640,* Manuscrito da Seção de Manuscritos da Biblioteca Nacional, Rio de Janeiro.

SMITH, Herbert H. Brazil – *The Amazons and the Coast,* Nova Iorque, 1879.

SPIX, J. B. von e MARTIUS, C. F. Phil von. *Através da Bahia* (excertos da obra Reise en Bresilien, trasladados ao português pelo dr. Pirajá da Silva e dr. Paulo Wolf), 1ª edição, Bahia, 1928.

TEIXEIRA, D. Marcos. "Livro das Denunciações do Santo Ofício", *Anais da Biblioteca Nacional,* vol. XLIX.

TOLLENARE, L. F. de. "Notas dominicais tomadas durante a viagem em Portugal e no Brasil em 1816,1817 e 1818"(parte relativa a Pernambuco traduzida do manuscrito francês inédito por Alfredo de Carvalho), *Revista do Instituto Arqueológico e Geográfico Pernambucano*, n<sup>os</sup> 61-62, 1904.

## II. Fontes: Periódicos, Almanaques, Anais

a) Indicações gerais:

*Amigo do Povo*

*Anais da Biblioteca Nacional do Rio de Janeiro*

*Anais da Faculdade de Medicina do Recife*

*Anuário da Faculdade de Ciências Econômicas e Administrativas, São Paulo (1946-1947)*

*Bando*

*Boletim da Junta da Província da Estremadura*

*Boletim da Secretaria da Agricultura, Pernambuco*

*Boletim da Secretaria da Agricultura, Indústria e Viação de Pernambuco*

*Boletim do Departamento Estadual de Estatística de Pernambuco*

*Diário de Notícias*

*Engineering World*

*Fronteiras*

*Jornal de Alagoas*

*Journal of Negro History*

*Nordeste*

*O Progresso*

*Região*

*Revista do Arquivo Municipal de São Paulo*

*Revista do Brasil*

*Social Forces*

*The Annals of the American academy of political and social science*

*University of California publications in geography*

*U. S. Department of Agriculture*

b) Indicações particulares:

ASHE, W. W. "Soil erosion and forest cover in relation to water power in the southeast", *Engineering world*, XXIII.

BARRETO, Carlos Xavier Paes. "Sangue estrangeiro e indígena no povoamento nordestino", Revista das Academias de Letras, nº 63, Rio de Janeiro, 1948.

BARROS, Sousa. Artigo sobre distribuição da pequena, média e grande propriedade territorial em Pernambuco, *Boletim da Secretaria da Agricultura,* Pernambuco, vol. I, nº 2, 1936.

BATISTA FILHO, Olavo. "Aspectos da economia açucareira no nordeste do século XVI", *Revista do Arquivo Municipal de São Paulo*, São Paulo, 1939.

BENNETT, H. H. "Soil Erosion, a national menace", U. S. *Department of Agriculture*, Circular, nº 33, 1928.

_____. "The increased cost of soil erosion", *The Annals of the American academy of political and social science*, CXLII.

CANABRAVA, A. P. "A influência do Brasil na técnica do fabrico de açúcar nas Antilhas francesas e inglesas no meado do século XVII", *Anuário da Faculdade de Ciências Econômicas e Administrativas*, São Paulo, 1946-1947.

CARVALHO, Rodrigues de. "Aspectos da influência africana na formação social do Brasil", *Novos estudos afro-brasileiros*, Rio de Janeiro, 1937.

COUTINHO, A. Bezerra. "Aspectos histológicos das localizações viscerais da esquistossomose de Manson", *Anais da Faculdade de Medicina do Recife*, nº 1, 1934.

COUTO, D. Domingos do Loreto. "Desagravos do Brasil e glórias de Pernambuco", 1757 (obra publicada em 1904 nos *Anais da Biblioteca Nacional do Rio de Janeiro*, vol. XXIV).

GAMA, Lauro M. "Esquistossomose de Manson", *Medicina Acadêmica*, nº 6, 1936.

FERRAZ, Aydano do Couto. "Traços da influência da água na paisagem social do Nordeste e do recôncavo", *Revista do Arquivo Municipal de São Paulo*, vol. 60, São Paulo, 1940.

HERSKOVITS, Melville. "A critical discussion of the 'mulatto' hypothesis", *Journal of Negro History*, July, 1934.

_____. "On the provenience of new word negroes", *Social Forces*, December, 1933.

_____. "The significance of west Africa for Negro research", *Journal of Negro History*, January, 1936.

HOOTON, E. A. "Homo Sapiens – Whence and Whiter", *Science*, vol. 82, July, 1935.

LINS, Meira e WANDERLEY, Fernando. "Geografia médica da esquistossomose em Pernambuco", *Anais da 4ª Reunião Anual*, Sociedade de Medicina de Pernambuco, setembro, 1934.

MENDONÇA JÚNIOR. "Os ladrões de cavalo", *Jornal de Alagoas*, 1948.

MOTA, Leonardo. "O cavalo na paremiologia brasileira", *Jornal de Alagoas*, 5 de setembro de 1937.

NATIVIDADE, J. Vieira. "As granjas do mosteiro de Alcobaça", *Boletim da Junta da Província da Estremadura*, nº 5, 1944.

PICKEL, D. Bento. "A vingança da natureza", *Boletim da Secretaria da Agricultura, Indústria e Viação* (Pernambuco), tomo III, nº 3, 1934.

REIS JÚNIOR, A. "A reorganização rural", *Vida política*, Rio de Janeiro, março, 1948.

SCHMIEDER, Otto. "The brazilian culture hearth", *University of California publications in geography*, vol. 3, nº 3, agosto, 1929.

SILVA, J. Rodrigues da. "Estudo clínico da esquistossomose Manson", *Revista do Serviço Especial de Saúde Pública*, tomo III, nº 1, Rio de Janeiro, outubro, 1949.

SOUSA, Coelho de. "São Luís", *Diário de Notícias*, Porto Alegre, 18 de abril de 1950.

TOURINHO, Eduardo. "A baiana", *Correio da Manhã*, 30 de abril de 1950.

VASCONCELOS SOBRINHO. "Ensaio de fitogeografia de Pernambuco", separata de *Fronteiras*, Recife, 1936.

## III. Material Subsidiário: Livros

ABREU, J. Capistrano de. *Capítulos de história colonial*, Rio de Janeiro, 1928.

ALBUQUERQUE, Félix Cavalcanti de. *Memórias de um Cavalcanti* (notas de Diogo de Melo Meneses), São Paulo, 1940.

ALMEIDA, José Américo de. *A bagaceira*, Paraíba, 1928

_____. *A Paraíba e seus problemas*, Paraíba, 1924.

ANDRADE, Lopes de. *Introdução à sociologia das secas*, Rio de Janeiro, 1948.

AZEVEDO, Fernando de. *Canaviais e engenhos na vida política do Brasil*, Rio de Janeiro, 1948.

AZEVEDO, Tales de. *Padrão alimentar da cidade do Salvador*, Bahia, 1947.

BARATA, cônego Antônio do Carmo. *Um grande sábio, um grande patriota, um grande bispo* (conferência), Pernambuco, 1921.

BARRETO, Carlos Xavier Paes. *Os primitivos colonizadores do nordeste e seus descendentes*, Rio de Janeiro, 1960.

BARROS, Henrique de. *Economia Agrária*, Lisboa, 1948.

BARROSO, Gustavo. *Terra de Sol*, Rio de Janeiro, 1930.

BASTIDE, Roger. *Imagens do Nordeste Místico, em branco e preto*, Rio de Janeiro, 1945.

BELO, Júlio. *Memórias de um senhor de engenho*, Rio de Janeiro, 1937.

BEZERRA, Felte. *Etnias sergipanas*, Aracaju, 1950.

*Biografias* (publicado aos cuidados de Alexandre José Barbosa Lima), Recife, 1905.

BRANDÃO, Theo. *Folclore de Alagoas*, Maceió, 1949.

CALMON, Pedro. *História da Casa da Torre*, Rio de Janeiro, 1939.

CÂMARA, Faelante da. *Maciel Monteiro*, Recife, 1905.

CARVALHO, Alfredo de. *Estudos Pernambucanos*, Recife, 1907.

CASCUDO, Luís da Câmara. *Geografia dos mitos brasileiros*, Rio de Janeiro, 1947.

CASTRO, Josué de. *Documentário do Nordeste*, Rio de Janeiro, 1936.

_____. *Fatores de localização da cidade do Recife*, Rio de Janeiro, 1948.

CORREIA, Pio. *Dicionário das plantas úteis do Brasil*, Rio de Janeiro, 1929.

COSTA, Angione. *Migração e cultura indígena*, São Paulo, 1939.

COSTA, Pereira da. *Folclore Pernambucano*, Recife, 1908.

_____. *Origens históricas da indústria açucareira em Pernambuco*, Recife, 1905.

COUTINHO, Rui. *Valor social da alimentação*, Rio de Janeiro, 1938.

CRAVEN, A. O. *Soil exhaustion as a factor in the agricultural history of Virginia and Maryland*, 1926.

DIEGUES JÚNIOR, Manoel. *O banguê nas Alagoas*, Rio de Janeiro, 1949.

ELLIS JÚNIOR, Alfredo. *O ouro e a paulistânia*, São Paulo, 1948.

FERRAZ, Álvaro e LIMA, Miguel de Andrade. *Morfologia do homem do Nordeste*, Rio de Janeiro, 1937.

FREYRE, Gilberto. Açúcar, algumas receitas de doces e bolos do Nordeste, Rio de Janeiro, 1939.

_____. *Casa-Grande & Senzala*, Rio de Janeiro, 1933.

_____. *Conferências na Europa*, Rio de Janeiro, 1938.

_____. *Diário íntimo do engenheiro Vauthier*, Rio de Janeiro, 1960.

_____. *Guia prático, histórico e sentimental da cidade do Recife*, 2ª edição, Rio de Janeiro, 1942.

_____. *Ingleses no Brasil – Aspectos da influência britânica na vida, na paisagem e na cultura do Brasil*, Rio de Janeiro, 1948.

_____ (org.). *Livro do Nordeste, comemorativo do 1º centenário do Diário de Pernambuco*, 1925.

_____. *Mucambos do Nordeste*, Rio de Janeiro, 1937.

_____ e outros. *Novos estudos afro-brasileiros*, Rio de Janeiro, 1937.

_____. *Olinda, 2º guia histórico, prático e sentimental de cidade brasileira*, 3ª edição, Rio de Janeiro, 1960.

_____. *O mundo que o português criou*, Rio de Janeiro, 1940.

_____. "Os escravos nos anúncios de jornal", Rio de Janeiro, 1934.

_____. *Sobrados e Mucambos*, 2ª edição, Rio de Janeiro, 1951.

_____. *Um engenheiro francês no Brasil*, Rio de Janeiro, 1940.

GOMES, Pimentel. *Contribuição ao estudo da ecologia nordestina*, Rio de Janeiro, 1914.

_____. *Contribuição para a solução do problema agrícola do nordeste brasileiro*, João Pessoa, 1936

HARLOW, Vincent T. *A history of Barbados*, 1625-1885, Oxford, 1926.

JOFFILY, I. *Notas sobre a Paraíba*, Rio de Janeiro, 1892.

LIMA, Oliveira. "A Nova Lusitânia" in DIAS, C. M. (org.). *História da colonização portuguesa no Brasil*, Porto, [s.n.], 1924.

_____. *Memórias*, Rio de Janeiro, José Olympio, 1937.

LÖFGREN, Alberto. *Contribuições para a questão florestal da região do Nordeste do Brasil*, Inspetoria de Obras contra as Secas, Rio de Janeiro, 1912.

LUETZELBURG, Phillip Von. *Estudo botânico do Nordeste*, Inspetoria Federal de Obras contra as Secas, Rio de Janeiro, 1922-1923.

MAGALHÃES, Agamêmnon. *O Nordeste brasileiro (o habitat e a gens)*, Recife, 1921.

MARROQUIM, Mário. *A língua do Nordeste (Alagoas e Pernambuco)*, São Paulo, 1934.

MELO NETO, José Antônio Gonsalves de. *Tempo dos flamengos*, Rio de Janeiro, 1947.

NABUCO, Joaquim. *Minha formação*, Rio de Janeiro-Paris, 1900.

_____. *Um estadista do Império*, Rio de Janeiro, 1898.

NASH, Roy. *The conquest of Brazil*, Nova Iorque, 1926.

OLIVEIRA, J. B. Sá. *Evolução psíquica dos baianos*, Bahia, 1898

ORLANDO, Artur. O Brasil – *a terra e o homem*, Recife, 1913.

PINHO, Wanderley de. *Histórias de um engenho do recôncavo*, Rio de Janeiro, 1947.

PINTO, Estevão. *Os indígenas do Nordeste*, São Paulo, 1935.

_____. *Uma estrada de ferro do Nordeste*, Rio de Janeiro, 1949.

REGO, José Lins do. *Banguê*, Rio de Janeiro, 1934.

_____. *Usina*, Rio de Janeiro, 1936.

SAMPAIO, A. T. *Fitogeografia do Brasil*, São Paulo, 1934.

SCHMIDT, Louis Bernard (ed.). *Readings in the economic history of american agriculture*, Nova Iorque, 1925.

TAVARES, Luís. *Estudo médico-cirúrgico da esquistossomose Manson*, Recife, 1945.

VASCONCELOS SOBRINHO. *As regiões naturais de Pernambuco, o meio e a civilização*, Rio de Janeiro-São Paulo, 1949.

# Apêndice 1 – Biobibliografia de Gilberto Freyre

**1900** Nasce no Recife, em 15 de março, na antiga Estrada dos Aflitos (hoje Avenida Rosa e Silva), esquina da Rua Amélia (o portão da hoje residência da família Costa Azevedo está assinalado por uma placa), filho do dr. Alfredo Freyre educador, juiz de direito e catedrático de Economia Política da Faculdade de Direito do Recife e de Francisca de Mello Freyre.

**1906** Tenta fugir de casa, abrigando-se na materna Olinda, desde então, cidade muito de seu amor e da qual escreveria, em 1939, *Olinda, 2º guia prático, histórico e sentimental de cidade brasileira*.

**1908** Entra no jardim de infância do Colégio Americano Gilreath. Lê as *Viagens de Gulliver* com entusiasmo. Não consegue aprender a escrever, fazendo-se notar pelos desenhos. Tem aulas particulares com o pintor Telles Júnior, que reclama contra sua insistência em deformar os modelos. Começa a aprender a ler e escrever em inglês com Mr. Williams, que elogia seus desenhos.

**1909** Primeira experiência da morte: a da avó materna, que muito o mimava por supor que o neto tinha *deficit* de aprendizado, pela dificuldade em aprender a escrever. Temporada no engenho São Severino do Ramo, pertencente a parentes seus. Primeiras experiências rurais de menino de engenho. Mais tarde escreverá sobre essa temporada uma das suas melhores páginas, incluída em *Pessoas, coisas & animais*.

**1911** Primeiro verão na Praia de Boa Viagem, onde escreve um soneto camoniano e enche muitos cadernos com desenhos e caricaturas.

**1913** Dá as primeiras aulas no colégio. Lê José de Alencar, Machado de Assis, Gonçalves Dias, Castro Alves, Victor Hugo, Emerson, Longfellow, alguns dramas de Shakespeare, Milton, César, Virgílio, Camões e Goethe.

**1914** Ensina latim, que aprendeu com o próprio pai, conhecido humanista recifense. Toma parte ativa nos trabalhos da sociedade literária do colégio. Torna-se redator-chefe do jornal impresso do colégio *O Lábaro*.

**1915** Tem lições particulares de francês com Madame Meunier. Lê La Fontaine, Pierre Loti, Molière, Racine, *Dom Quixote*, a Bíblia, Eça de Queirós, Antero de Quental, Alexandre Herculano, Oliveira Martins.

**1916** Corresponde-se com o jornalista paraibano Carlos Dias Fernandes, que o convida a proferir palestra na capital do estado vizinho. Como o dr. Freyre não apreciava Carlos Dias Fernandes, pela vida boêmia que levava, viaja autorizado pela mãe e lê no Cine-Teatro Pathé sua primeira conferência pública, dissertando sobre Spencer e o problema da educação no Brasil. O texto foi publicado no jornal *O Norte*, com elogios de Carlos Dias Fernandes. Influenciado pelos mestres do colégio e pela leitura do *Peregrino*, de Bunyan, e de uma biografia do dr. Livingstone, toma parte em atividades evangélicas e visita a gente miserável dos mucambos recifenses. Interessa-se pelo socialismo cristão, mas lê, como espécie de antídoto a seu misticismo, autores como Spencer e Comte. É eleito presidente do Clube de Informações Mundiais, fundado pela Associação Cristã de Moços do Recife. Lê ainda, nesse período, Rui Barbosa, Joaquim Nabuco, Oliveira Lima, Nietzsche e Sainte-Beuve.

**1917** Conclui o curso de Bacharel em Ciências e Letras do Colégio Americano Gilreath, fazendo-se notar pelo discurso que profere como orador da turma, cujo paraninfo é o historiador Oliveira Lima, daí em diante seu amigo (ver referência ao primeiro encontro com Oliveira Lima no prefácio à edição de suas *Memórias*, escrito a convite da viúva e do editor José Olympio). Leitura de Taine, Renan, Darwin, Von Ihering, Anatole France, William James, Bergson, Santo Tomás de Aquino, Santo Agostinho, São João da Cruz, Santa Teresa, Padre Vieira, Padre Bernardes, Fernão Lopes, São Francisco de Assis, São Francisco de Sales e Tolstói. Começa a estudar grego. Torna-se membro da Igreja Evangélica, desagradando a mãe e a família católica.

**1918** Segue, no início do ano, para os Estados Unidos, fixando-se em Waco (Texas) para matricular-se na Universidade de Baylor. Começa a ler Stevenson, Pater, Newman, Steele e Addison, Lamb, Adam Smith, Marx, Ward, Giddings, Jane Austen, as irmãs Brönte, Carlyle, Mathew Arnold, Pascal, Montaigne, Euclides da Cunha e Monteiro Lobato. Inicia sua colaboração no *Diário de Pernambuco*, com a série de cartas intituladas "Da outra América".

**1919** Ainda na Universidade de Baylor, auxilia o geólogo John Casper Branner no preparo do texto português da *Geologia do Brasil*. Ensina francês a jovens oficiais norte-americanos convocados para a guerra. Estuda Geologia com Pace, Biologia com Bradbury, Economia com Wright, Sociologia com Dow, Psicologia com Hall e Literatura com A. J. Armstrong, professor de Literatura e crítico literário especializado na filosofia e na poesia de Robert Browning. Escreve os primeiros artigos em inglês publicados por um jornal de Waco. Divulga suas primeiras caricaturas.

**1920** Conhece pessoalmente, por intermédio do professor Armstrong, o poeta irlandês William Butler Yeats (ver, no livro *Artigos de jornal*, um capítulo sobre esse poeta), os "poetas novos" dos Estados Unidos: Vachel Lindsay, Amy Lowell e outros. Escreve em inglês sobre Amy Lowell. Como estudante de Sociologia, faz pesquisas sobre a vida dos negros de Waco e dos mexicanos marginais do Texas. Conclui, na Universidade de Baylor, o curso de Bacharel em Artes, mas não comparece à solenidade da formatura: contra as praxes acadêmicas, a Universidade envia-lhe o diploma por intermédio de um portador. Segue para Nova York e ingressa na Universidade de Colúmbia. Lê Freud, Westermarck, Santayana, Sorel, Dilthey, Hrdlicka, Keith, Rivet, Rivers, Hegel, Le Play, Brunhes e Croce. Segundo notícia publicada no *Diário de Pernambuco* de 5 de junho, a Academia Pernambucana de Letras, por proposta de França Pereira, elege-o sócio-correspondente.

**1921** Segue, na Faculdade de Ciências Políticas (inclusive as Ciências Sociais Jurídicas) da Universidade de Colúmbia, cursos de graduação e pós-graduação dos professores Giddings, Seligman, Boas, Hayes, Carl van Doren, Fox, John Basset Moore e outros. Conhece pessoalmente Rabindranath Tagore e o príncipe de Mônaco (depois reunidos no livro *Artigos de jornal*), Valle-Inclán e outros intelectuais e cientistas famosos que visitam a Universidade de Colúmbia e a cidade de Nova York. A convite de Amy Lowell, visita-a em Boston (ver, sobre essas visitas, artigos incluídos no livro *Vida, forma e cor*). Segue, na Universidade de Colúmbia, o curso do professor Zimmern, da Universidade de Oxford, sobre a escravidão na Grécia. Visita a Universidade de Harvard e o

Canadá. É hóspede da Universidade de Princeton, como representante dos estudantes da América Latina que ali se reúnem em congresso. Lê Patrick Geddes, Ganivet, Max Weber, Maurras, Péguy, Pareto, Rickert, William Morris, Michelet, Barrès, Huysmans, Verlaine, Rimbaud, Baudelaire, Dostoiévski, John Donne, Coleridge, Xenofonte, Homero, Ovídio, Ésquilo, Aristóteles e Ratzel. Torna-se editor associado da revista *El Estudiante Latinoamericano*, publicada mensalmente em Nova York pelo Comitê de Relações Fraternais entre Estudantes Estrangeiros. Publica diversos artigos no referido periódico.

**1922** Defende tese para o grau de M. A. (*Magister Artium* ou *Master of Arts*) na Universidade de Colúmbia sobre *Social life in Brazil in the middle of the 19th century*, publicada em Baltimore pela *Hispanic American Historical Review* (v. 5, n. 4, nov. 1922) e recebida com elogios pelos professores Haring, Shepherd, Robertson, Martin, Oliveira Lima e H. L. Mencken, que aconselha o autor a expandir o trabalho em livro. Deixa de comparecer à cerimônia de formatura, seguindo imediatamente para a Europa, onde recebe o diploma, enviado pelo reitor Nicholas Murray Butler. Vai para a França, a Alemanha, a Bélgica, tendo antes passado pela Inglaterra, estabelecendo-se em Oxford. Vai para a França, atravessa a Espanha e conhece Portugal, onde se fixa. Lê Simmel, Poincaré, Havelock Ellis, Psichari, Rémy de Gourmont, Ranke, Bertrand Russell, Swinburne, Ruskin, Blake, Oscar Wilde, Kant e Gracián. Tem o retrato pintado pelo modernista brasileiro Vicente do Rego Monteiro. Convive com ele e com outros artistas modernistas brasileiros, como Tarsila do Amaral e Brecheret. Na Alemanha conhece o Expressionismo; na Inglaterra, estabelece contato com o ramo inglês do Imagismo, já seu conhecido nos Estados Unidos. Na França, conhece o anarcossindicalismo de Sorel e o federalismo monárquico de Maurras. Convidado por Monteiro Lobato a quem fora apresentado por carta de Oliveira Lima –, inicia sua colaboração na *Revista do Brasil* (n. 80, p. 363-371, agosto de 1922).

**1923** Continua em Portugal, onde conhece João Lúcio de Azevedo, o Conde de Sabugosa, Fidelino de Figueiredo, Joaquim de Carvalho e Silva Gaio. Regressa ao Brasil e volta a colaborar no *Diário de Pernambuco*. Da Europa escreve artigos para a *Revista do Brasil* (São Paulo), a pedido de Monteiro Lobato.

**1924** Reintegra-se no Recife, onde conhece José Lins do Rego, incentivando-o a escrever romances, em vez de artigos políticos (ver referências ao encontro e início da amizade entre o sociólogo e o futuro romancista do Ciclo da Cana-de-Açúcar no prefácio que este escreveu para o livro *Região e tradição*). Conhece José Américo de Almeida através de José Lins do Rego. Funda-se no Recife, a 28 de abril, o Centro Regionalista do Nordeste, com Odilon Nestor, Amaury de Medeiros, Alfredo Freyre, Antônio Inácio, Morais Coutinho, Carlos Lyra Filho, Pedro Paranhos, Júlio Bello e outros. Excursões pelo interior do estado de Pernambuco e pelo Nordeste com Pedro Paranhos, Júlio Bello (que a seu pedido escreveria as *Memórias de um senhor de engenho*) e seu irmão, Ulysses Freyre. Lê, na capital do estado da Paraíba, conferência publicada no mesmo ano: Apologia pro generatione sua (incluída no livro *Região e tradição*).

**1925** Encarregado pela direção do *Diário de Pernambuco*, organiza o livro comemorativo do primeiro centenário de fundação do referido jornal, *Livro do Nordeste*, onde foi publicado pela primeira vez o poema modernista de Manuel Bandeira "Evocação do Recife", escrito a seu pedido (ver referências no capítulo sobre Manuel Bandeira no livro *Perfil de Euclides e outros perfis*). O *Livro do Nordeste* consagra, também, o até então desconhecido pintor Manuel

Bandeira e publica desenhos modernistas de Joaquim Cardoso e Joaquim do Rego Monteiro. Lê na Biblioteca Pública do Estado de Pernambuco uma conferência sobre Dom Pedro II, publicada no ano seguinte.

**1926** Conhece a Bahia e o Rio de Janeiro, onde faz amizade com o poeta Manuel Bandeira, os escritores Prudente de Morais Neto (Pedro Dantas), Rodrigo M. F. de Andrade, Sérgio Buarque de Holanda, o compositor Villa-Lobos e o mecenas Paulo Prado. Por intermédio de Prudente, conhece Pixinguinha, Donga e Patrício e se inicia na nova música popular brasileira em noitadas boêmias. Escreve um extenso poema, modernista ou imagista e ao mesmo tempo regionalista e tradicionalista, do qual Manuel Bandeira dirá depois que é um dos mais saborosos do ciclo das cidades brasileiras: "Bahia de todos os santos e de quase todos os pecados" (publicado no Recife, no mesmo ano, em edição da *Revista do Norte*, reeditado em 20 de junho de 1942, na revista *O Cruzeiro* e incluído no livro *Talvez poesia*). Segue para os Estados Unidos como delegado do *Diário de Pernambuco*, ao Congresso Panamericano de Jornalistas. Convidado para redator-chefe do mesmo jornal e para oficial de gabinete do governador eleito de Pernambuco, então vice-presidente da República. Colabora (artigos humorísticos) na *Revista do Brasil* com o pseudônimo de J. J. Gomes Sampaio. Publica-se no Recife a conferência lida, no ano anterior, na Biblioteca Pública do Estado de Pernambuco: A propósito de Dom Pedro II (edição da *Revista do Norte*, incluída, em 1944, no livro *Perfil de Euclides e outros perfis*). Promove no Recife o 1º Congresso Brasileiro de Regionalismo.

**1927** Assume o cargo de oficial de gabinete do novo governador de Pernambuco, Estácio de Albuquerque Coimbra, casado com a prima de Alfredo Freyre, Joana Castelo Branco de Albuquerque Coimbra. Conhece Mário de Andrade no Recife e proporciona-lhe um passeio de lancha no rio Capibaribe.

**1928** Dirige, a pedido de Estácio Coimbra, o jornal *A Província*, onde passam a colaborar os novos escritores do Brasil. Publica no mesmo jornal artigos e caricaturas com diferentes pseudônimos: Esmeraldino Olímpio, Antônio Ricardo, Le Moine, J. Rialto e outros. Lê Proust e Gide. Nomeado pelo governador Estácio Coimbra, por indicação do diretor A. Carneiro Leão, torna-se professor da Escola Normal do Estado de Pernambuco: primeira cadeira de Sociologia que se estabelece no Brasil com moderna orientação antropológica e pesquisas de campo.

**1930** Acompanhando Estácio Coimbra ao exílio, visita novamente a Bahia, conhece parte do continente africano (Dacar, Senegal) e inicia, em Lisboa, as pesquisas e os estudos em que se basearia *Casa-grande & senzala* ("Em outubro de 1930 ocorreu-me a aventura do exílio. Levou-me primeiro à Bahia; depois a Portugal, com escala pela África. O tipo de viagem ideal para os estudos e as preocupações que este ensaio reflete", como escreverá no prefácio do mesmo livro).

**1931** A convite da Universidade de Stanford, segue para os Estados Unidos, como professor extraordinário daquela universidade. Volta, no fim do ano, para a Europa, permanecendo algum tempo na Alemanha, em novos contatos com seus museus de antropologia, de onde regressa ao Brasil.

**1932** Continua, no Rio de Janeiro, as pesquisas para a elaboração de *Casa-grande & senzala* em bibliotecas e arquivos. Recusando convites para empregos feitos pelos membros do novo governo brasileiro um deles José Américo de Almeida –, vive, então, com grandes dificuldades financeiras, hospedando-se em casas de amigos e em pensões baratas do Distrito Federal. Estimulado pelo seu amigo Rodrigo M. F. de Andrade, contrata com o poeta Augusto Frederico Schmidt então editor a publicação do livro por 500 mil-réis mensais, que recebe com irregularidades constantes. Regressa ao Recife, onde continua a escrever *Casa-grande & senzala*, na casa do seu irmão, Ulysses Freyre.

**1933** Conclui o livro, enviando os originais ao editor Schmidt, que o publica em dezembro.

**1934** Aparecem em jornais do Rio de Janeiro os primeiros artigos sobre *Casa-grande & senzala*, escritos por Yan de Almeida Prado, Roquette-Pinto, João Ribeiro e Agrippino Grieco, todos elogiosos. Organiza no Recife o 1º Congresso de Estudos Afro-Brasileiros. Recebe o prêmio da Sociedade Felipe d'Oliveira pela publicação de *Casa-grande & senzala*. Lê na mesma sociedade conferência sobre O escravo nos anúncios de jornal do tempo do Império, publicada na revista *Lanterna Verde* (v. 2, fev. 1935). Regressa ao Recife e lê, no dia 24 de maio, na Faculdade de Direito e a convite de seus estudantes, conferência publicada, no mesmo ano, pela Editora Momento: O estudo das ciências sociais nas universidades americanas. Publica-se no Recife (Oficinas Gráficas The Propagandist, edição de amigos do autor, tiragem de apenas 105 exemplares em papel especial e coloridos a mão por Luís Jardim) o *Guia prático, histórico e sentimental da cidade do Recife*, inaugurando, em todo o mundo, um novo estilo de guia de cidade, ao mesmo tempo lírico e informativo e um dos primeiros livros para bibliófilos publicados no Brasil. Nomeado em dezembro diretor do *Diário de Pernambuco*, cargo que exerceu por apenas quinze dias por causa da proibição, por Assis Chateaubriand, da publicação de uma entrevista de João Alberto Lins de Barros.

**1935** A pedido dos alunos da Faculdade de Direito do Recife e por designação do ministro da Educação, inicia na referida escola superior um curso de Sociologia com orientação antropológica e ecológica. Segue, em setembro, para o Rio de Janeiro, onde, a convite de Anísio Teixeira, dirige na Universidade do Distrito Federal o primeiro Curso de Antropologia Social e Cultural da América Latina (ver texto das aulas no livro *Problemas brasileiros de antropologia*). Publica-se no Recife (Edições Mozart) o livro *Artigos de jornal*. Profere, a convite de estudantes paulistas de Direito, no Centro XI de Agosto, da Faculdade de Direito de São Paulo, a conferência Menos doutrina, mais análise, tendo sido saudado pelo estudante Osmar Pimentel.

**1936** Publica-se no Rio de Janeiro (Companhia Editora Nacional, volume 64 da Coleção Brasiliana) *Sobrados e mucambos*, livro que é uma continuação da série iniciada com *Casa-grande & senzala*. Viaja à Europa, permanecendo algum tempo na França e em Portugal.

**1937** Viaja de novo à Europa, dessa vez como delegado do Brasil ao Congresso de Expansão Portuguesa no Mundo, reunido em Lisboa. Lê conferências nas Universidades de Lisboa, Coimbra e Porto e na de Londres (King's College), publicadas no Rio de Janeiro no ano seguinte. Regressa ao Recife e lê conferência política no Teatro Santa Isabel, a favor da candidatura de José Américo de Almeida à presidência da República. A convite de Paulo Bittencourt, inicia colaboração semanal no *Correio da Manhã*. Publica-se no Rio de Janeiro (José Olympio) o livro *Nordeste: aspectos da influência da cana sobre a vida e a paisagem do Nordeste do Brasil*.

**1938** É nomeado membro da Academia Portuguesa de História pelo presidente Oliveira Salazar. Segue para os Estados Unidos como lente extraordinário da Universidade de Colúmbia, onde dirige seminário sobre sociologia e história da escravidão. Publica-se no Rio de Janeiro (Serviço Gráfico do Ministério da Educação e Saúde) o livro *Conferência na Europa*.

**1939** Faz sua primeira viagem ao Rio Grande do Sul. Segue, depois, para os Estados Unidos, como professor extraordinário da Universidade de Michigan. Publica-se no Rio de Janeiro (José Olympio) a primeira edição do livro *Açúcar* e no Recife (edição do autor, para bibliófilos)

*Olinda, 2º guia prático, histórico e sentimental de cidade brasileira*. Publica-se em Nova York (Instituto de las Españas en los Estados Unidos) a obra do historiador Lewis Hanke *Gilberto Freyre, vida y obra*.

**1940** A convite do governo português, lê no Gabinete Português de Leitura do Recife a conferência (publicada no Recife, no mesmo ano, em edição particular) Uma cultura ameaçada: a luso-brasileira. E, em Aracaju, na instalação da 2ª Reunião da Sociedade de Neurologia, Psiquiatria e Higiene Mental do Nordeste, lê conferência publicada no ano seguinte pela mesma sociedade; no dia 29 de outubro, na Biblioteca do Ministério das Relações Exteriores e a convite da Casa do Estudante do Brasil, profere conferência sobre Euclides da Cunha, publicada no ano seguinte; no dia 19 de novembro, na Biblioteca do Estado do Rio Grande do Sul, faz uma conferência por ocasião das comemorações do bicentenário da cidade de Porto Alegre, publicada em 1943. Participa do 3º Congresso Sul-Rio-Grandense de História e Geografia, ao qual apresenta, a pedido do historiador Dante de Laytano, o trabalho Sugestões para o estudo histórico-social do sobrado no Rio Grande do Sul, publicado no mesmo ano pela Editora Globo e incluído, posteriormente, no livro *Problemas brasileiros de antropologia*. Publica-se em Nova York (Columbia University Press) o opúsculo Some aspects of the social development on Portuguese America, separata da obra coletiva *Concerning Latin American culture*. Publicam-se no Rio de Janeiro (José Olympio) os livros *Um engenheiro francês no Brasil* e *O mundo que o português criou*, com longos prefácios, respectivamente, de Paul Arbousse-Bastide e Antônio Sérgio. Prefacia e anota o *Diário íntimo do engenheiro Vauthier*, publicado no mesmo ano pelo Serviço do Patrimônio Histórico e Artístico Nacional.

**1941** Casa-se no Mosteiro de São Bento do Rio de Janeiro com a senhorita Maria Magdalena Guedes Pereira. Viaja ao Uruguai, Argentina e Paraguai. Torna-se colaborador de *La Nación* (Buenos Aires), dos *Diários Associados*, do *Correio da Manhã* e de *A Manhã* (Rio de Janeiro). Prefacia e anota as *Memórias de um Cavalcanti*, do seu parente Félix Cavalcanti de Albuquerque Melo, publicadas pela Companhia Editora Nacional (volume 196 da Coleção Brasiliana). Publica-se no Recife (Sociedade de Neurologia, Psiquiatria e Higiene Mental do Nordeste) a conferência Sociologia, psicologia e psiquiatria, depois ampliada e incluída no livro *Problemas brasileiros de antropologia*, contribuição para uma psiquiatria social brasileira que seria destacada pela Sorbonne ao conceder-lhe o título de doutor *honoris causa*. Publica-se no Rio de Janeiro (Casa do Estudante do Brasil) e em Buenos Aires a conferência Atualidade de Euclides da Cunha (incluída, em 1944, no livro *Perfil de Euclides e outros perfis*). Ao ensejo da publicação, no Rio de Janeiro (José Olympio), do livro *Região e tradição*, recebe homenagem de grande número de intelectuais brasileiros, com um almoço no Jóquei Clube, em 26 de junho, do qual foi orador o jornalista Dario de Almeida Magalhães.

**1942** É preso no Recife, por ter denunciado, em artigo publicado no Rio de Janeiro, atividades nazistas e racistas no Brasil, inclusive as de um padre alemão a quem foi confiada, pelo governo do estado de Pernambuco, a formação de jovens escoteiros. Com seu pai reage à prisão, quando levado para "a imunda Casa de Detenção do Recife", sendo solto, no dia seguinte, por interferência direta de seu amigo general Góes Monteiro. Recebe convite da Universidade de Yale para ser professor de Filosofia Social, que não pôde aceitar. Profere, no Rio de Janeiro, discurso como padrinho de batismo de avião oferecido pelo jornalista Assis Chateaubriand ao Aeroclube de Porto

Alegre. É eleito para o Conselho Consultivo da American Philosophical Association. É designado pelo Conselho da Faculdade de Filosofia da Universidade de Buenos Aires Adscrito Honorário de Sociologia e eleito membro correspondente da Academia Nacional de História do Equador. Discursa no Rio de Janeiro, em nome do sr. Samuel Ribeiro, doador do avião Taylor à campanha de Assis Chateaubriand. Publica-se em Buenos Aires (Comisión Revisora de Textos de Historia y Geografía Americana) a 1ª edição de *Casa-grande & senzala* em espanhol, com introdução de Ricardo Saenz Hayes. Publicam-se no Rio de Janeiro (José Olympio) o livro *Ingleses* e a 2ª edição de *Guia prático, histórico e sentimental da cidade do Recife*. A Casa do Estudante do Brasil divulga, em 2ª edição, a conferência Uma cultura ameaçada: a luso-brasileira, proferida no Gabinete Português de Leitura do Recife (1940).

**1943** Visita a Bahia, a convite dos estudantes de todas as escolas superiores do estado, que lhe prestam excepcionais homenagens, às quais se associa quase toda a população de Salvador. Lê na Faculdade de Medicina da Bahia, a convite da União dos Estudantes Baianos, a conferência Em torno de uma classificação sociológica e no Instituto Histórico da Bahia, por iniciativa da Faculdade de Filosofia do mesmo estado, a conferência A propósito da filosofia social e suas relações com a sociologia histórica (ambas incluídas, com os discursos proferidos nas homenagens recebidas na Bahia, no livro *Na Bahia em 1943*, que teve quase toda a sua tiragem apreendida, nas livrarias do Recife, pela Polícia do Estado de Pernambuco). Recusa, em carta altiva, o convite para ser catedrático de Sociologia da Universidade do Brasil. Inicia colaboração no *O Estado de S. Paulo* em 30 de setembro. Por intermédio do Itamaraty, recebe convite da Universidade de Harvard para ser seu professor, que também recusa. Publicam-se em Buenos Aires (Espasa--Calpe Argentina) as 1ᵃˢ edições, em espanhol, de *Nordeste* e de *Uma cultura ameaçada* e a 2ª, na mesma língua, de *Casa-grande & senzala*. Publicam-se no Rio de Janeiro (Casa do Estudante do Brasil) o livro *Problemas brasileiros de antropologia* e o opúsculo Continente e ilha (conferência lida, em Porto Alegre, no ano de 1940 e incluída na 2ª edição de *Problemas brasileiros de antropologia*). Publica-se também, no Rio de Janeiro (Livros de Portugal), uma edição de *As farpas*, de Ramalho Ortigão e Eça de Queirós, selecionadas e prefaciadas por ele, bem como a 4ª edição de *Casa-grande & senzala*, livro publicado a partir desse ano pelo editor José Olympio.

**1944** Visita Alagoas e Paraíba, a convite de estudantes desses estados. Lê na Faculdade de Direito de Alagoas conferência sobre Ulysses Pernambucano, publicada no ano seguinte. Deixa de colaborar nos *Diários Associados* e em *La Nación*, em virtude da violação e do extravio constantes de sua correspondência. Em 9 de junho de 1944, comparece à Faculdade de Direito do Recife, a convite dos alunos dessa escola, para uma manifestação de regozijo em face da invasão da Europa pelos Exércitos Aliados. Lê em Fortaleza a conferência Precisa-se do Ceará. Segue para os Estados Unidos, onde profere, na Universidade do Estado de Indiana, seis conferências promovidas pela Fundação Patten e publicadas no ano seguinte, em Nova York, no livro *Brazil: an interpretation*. Publicam-se no Rio de Janeiro os livros *Perfil de Euclides e outros perfis* (José Olympio), *Na Bahia em 1943* (edição particular) e a 2ª edição do guia *Olinda*. A Casa do Estudante do Brasil publica, no Rio de Janeiro, o livro *Gilberto Freyre*, de Diogo Melo Menezes, com prefácio consagrador de Monteiro Lobato.

**1945** Toma parte ativa, ao lado dos estudantes do Recife, na campanha pela candidatura do brigadeiro Eduardo Gomes à presidência da República. Fala em comícios, escreve artigos, anima os estudantes na luta contra a ditadura. No dia 3 de março, por ocasião do primeiro comício daquela campanha no Recife, começa a discursar, na sacada da redação do *Diário de Pernambuco*, quando tomba a seu lado, assassinado pela Polícia Civil do Estado, o estudante de Direito Demócrito de Sousa Filho. A UDN oferece, em sua representação na futura Assembleia Nacional Constituinte, um lugar aos estudantes do Recife, que preferem que seu representante seja o bravo escritor. A Polícia Civil do Estado de Pernambuco empastela e proíbe a circulação do *Diário de Pernambuco*, impedindo-o de noticiar a chacina em que morreram o estudante Demócrito e um popular. Com o jornal fechado, o retrato de Demócrito é inaugurado na redação, com memorável discurso de Gilberto Freyre: Quiseram matar o dia seguinte (cf. *Diário de Pernambuco*, 10 de abril de 1945). Em 9 de junho, comparece à Faculdade de Direito do Recife como orador oficial da sessão contra a ditadura. Publicam-se no Recife (União dos Estudantes de Pernambuco) o opúsculo de sua autoria em apoio à candidatura de Eduardo Gomes: *Uma campanha maior do que a da abolição,* e a conferência lida, no ano anterior, em Maceió: Ulysses. Publica-se em Fortaleza (edição do autor) a obra *Gilberto Freyre e alguns aspectos da antropossociologia no Brasil*, de autoria do médico Aderbal Sales. Publica-se em Nova York (Knopf) o livro *Brazil: an interpretation*. A editora mexicana Fondo de Cultura Económica publica *Interpretación del Brasil*, com orelhas escritas por Alfonso Reyes.

**1946** Eleito deputado federal, segue para o Rio de Janeiro, a fim de participar nos trabalhos da Assembleia Constituinte. Em 17 de junho, profere discurso de críticas e sugestões ao projeto da Constituição, publicado em opúsculo: Discurso pronunciado na Assembleia Nacional Constituinte (incluído na 2ª edição do livro *Quase política*). Em 22 de junho lê no Teatro Municipal de São Paulo, a convite do Centro Acadêmico XI de Agosto, conferência publicada no mesmo ano pela referida organização estudantil Modernidade e modernismo na arte política (incluída, em 1965, no livro *6 conferências em busca de um leitor*). Em 16 de julho, na Faculdade de Direito de Belo Horizonte, a convite de seus alunos, apresenta conferência publicada no mesmo ano: Ordem, liberdade, mineiralidade (incluída, em 1965, no livro *6 conferências em busca de um leitor*). Em agosto inicia colaboração no *Diário Carioca*. Em 29 de agosto profere na Assembleia Constituinte outro discurso de crítica ao projeto da Constituição (incluído na 2ª edição do livro *Quase política*). Em novembro, a Comissão de Educação e Cultura da Câmara dos Deputados indica, com aplauso do escritor Jorge Amado, membro da Comissão, o nome de Gilberto Freyre para o Prêmio Nobel de Literatura de 1947, com o apoio de numerosos intelectuais brasileiros. Publica-se no Rio de Janeiro a 5ª edição de *Casa-grande & senzala* e em Nova York (Knopf) a edição do mesmo livro em inglês, *The masters and the slaves*.

**1947** Apresenta à Mesa da Câmara dos Deputados, para ser dado como lido, discurso sobre o centenário de nascimento de Joaquim Nabuco, publicado no ano seguinte. Em 22 de maio, lê no auditório da Associação Brasileira de Imprensa, a convite da Sociedade dos Amigos da América, conferência sobre Walt Whitman, publicada no ano seguinte. Trabalha ativamente na Comissão de Educação e Cultura da Câmara dos Deputados. É convidado para representar o Brasil no 19º Congresso dos Pen Clubes Mundiais, reunido em Zurique. Publica-se em Londres a edição inglesa de *The masters and the slaves*, em Nova York, a 2ª impressão de *Brazil: an interpretation* e no Rio de Janeiro, a edição brasileira deste livro, em tradução de Olívio Montenegro: *Interpretação* *do Brasil* (José Olympio). Publica-se em Montevidéu a obra *Gilberto Freyre y la sociología brasileña*, de Eduardo J. Couture.

**1948** A convite da Unesco, toma parte, em Paris, no conclave de oito notáveis cientistas e pensadores sociais (Gurvitch, Allport e Sullivan, entre eles), reunidos pela referida Organização das Nações Unidas por iniciativa do então diretor Julian Huxley para estudar as Tensões que afetam a compreensão internacional, trabalho em conjunto depois publicado em inglês e francês. Lê, no Ministério das Relações Exteriores, a convite do Instituto Brasileiro de Educação, Ciência e Cultura (Comissão Nacional da Unesco), conferência sobre o conclave de Paris. Repete na Escola de Comando do Estado-Maior do Exército a conferência lida no Ministério das Relações Exteriores. Inicia em 18 de setembro sua colaboração em *O Cruzeiro*. Em dezembro, profere na Câmara dos Deputados discurso justificando a criação do Instituto Joaquim Nabuco de Pesquisas Sociais, com sede no Recife (incluído na 2ª edição do livro *Quase política*). Lê no Museu de Arte de São Paulo duas conferências: uma sobre Emílio Cardoso Ayres e outra sobre d. Veridiana Prado. Apresenta mais uma conferência na Escola de Comando do Estado-Maior do Exército. Publicam-se no Rio de Janeiro (José Olympio) o livro *Ingleses no Brasil* e os opúsculos O camarada Whitman (incluído, em 1965, no livro *6 conferências em busca de um leitor*), Joaquim Nabuco (incluído, em 1966, na 2ª edição do livro *Quase política*) e *Guerra, paz e ciência* (este editado pelo Ministério das Relações Exteriores). Inicia sua colaboração no *Diário de Notícias*.

**1949** Segue para os Estados Unidos, a fim de participar, na categoria de ministro, como delegado parlamentar do Brasil, na 4ª Conferência Internacional da Organização das Nações Unidas. Lê conferências na Universidade Católica da América (Washington, D.C.) e na Universidade de Virgínia. Profere, em 12 de abril, na Associação de Cultura Franco-Brasileira do Recife, conferência sobre Emílio Cardoso Ayres (apenas pequeno trecho foi publicado no *Bulletin* da Associação). Em 18 de agosto, apresenta na Faculdade de Direito do Recife conferência sobre Joaquim Nabuco, na sessão comemorativa do centenário de nascimento do estadista pernambucano (incluída no livro *Quase política*). Em 30 de agosto, profere na Câmara dos Deputados discurso de saudação ao Visconde Jowitt, presidente da Câmara dos Lordes do Reino Unido da Grã-Bretanha e Irlanda do Norte (incluído em *Quase política*). No mesmo dia, lê, no Instituto Histórico e Geográfico Brasileiro, conferência sobre Joaquim Nabuco. Publica-se, no Rio de Janeiro (José Olympio), a conferência apresentada no ano anterior, na Escola de Comando do Estado-Maior do Exército: Nação e Exército (incluída, em 1965, no livro *6 conferências em busca de um leitor*).

**1950** Profere na Câmara dos Deputados, em 17 de janeiro, discurso sobre o pernambucano Joaquim Arcoverde, primeiro cardeal da América Latina, por ocasião da passagem do primeiro centenário de seu nascimento (incluído em *Quase política*). Apresenta na Câmara dos Deputados, em 5 de abril, discurso sobre o centenário de nascimento de José Vicente Meira de Vasconcelos, constituinte de 1891 (incluído em *Quase política*). Profere na Câmara dos Deputados, em 28 de abril, discurso de definição de atitude na vida pública (incluído em *Quase política*). Discursa na Câmara dos Deputados, em 2 de maio, sobre o centenário da morte de Bernardo Pereira de Vasconcelos (incluído em *Quase política*). Profere na Câmara dos Deputados, em 2 de junho, discurso contrário à emenda parlamentarista (incluído em *Quase política*). Apresenta na Câmara dos Deputados, em 26 de junho, discurso no qual transmite apelo que recebeu de três parlamentares ingleses, em favor de um governo supranacional (incluído em *Quase política*). Discursa na Câmara dos Deputados, em 8 de agosto, sobre o centenário de nascimento de José Mariano (incluído em *Quase política*). Profere no Parque 13 de Maio, do Recife, discurso em favor da candidatura do deputado João Cleofas de Oliveira ao governo do estado de Pernambuco (incluído na 2ª edição de *Quase política*). Em 11 de setembro inicia colaboração diária no *Jornal Pequeno*, do Recife, sob o título Linha de fogo, em prol da candidatura João Cleofas ao governo do estado de Pernambuco. Profere, em 8 de novembro, na Câmara dos Deputados, discurso de despedida por não ter sido reeleito para o período seguinte (incluído na 2ª edição de *Quase política*). Publica-se em Urbana (University of Illinois Press) a obra coletiva *Tensions that cause wars*, em Paris, em 1948, tendo como contribuição de Gilberto Freyre: Internationalizing social sciences. Publicam-se no Rio de Janeiro (José Olympio) a 1ª edição do livro *Quase política* e a 6ª de *Casa-grande & senzala*.

**1951** Publicam-se no Rio de Janeiro (José Olympio) a seguinte edição de *Nordeste* e de *Sobrados e mucambos* (esta refundida e acrescida de cinco novos capítulos). A convite da Universidade de Londres, escreve, em inglês, estudo sobre a situação do professor no Brasil, publicado, no mesmo ano, pelo *Year book of education*. Publica-se em Lisboa (Livros do Brasil) a edição portuguesa de *Interpretação do Brasil*.

**1952** Lê, na sala dos capelos da Universidade de Coimbra, em 24 de janeiro, conferência publicada, no mesmo ano, pela Coimbra Editora: Em torno de um novo conceito de tropicalismo. Publica-se em Ipswich (Inglaterra) o opúsculo editado pela revista *Progress* de Londres com o ensaio Human factors behind Brazilian development. Publica-se no Recife (Edições Região) o *Manifesto regionalista de 1926*. Publicam-se no Rio de Janeiro (Serviço de Documentação do Ministério da Educação e Cultura) o opúsculo *José de Alencar* (José Olympio) e a 7ª edição de *Casa-grande & senzala* em francês, organizada pelo professor Roger Bastide, com prefácio de Lucien Fèbvre: *Maîtres et esclaves* (volume 4 da Coleção La Croix du Sud, dirigida por Roger Caillois). Viaja a Portugal e às províncias ultramarinas. Em 16 de abril, inicia colaboração no *Diário Popular* de Lisboa e no *Jornal do Comércio* do Recife.

**1953** Publicam-se no Rio de Janeiro (José Olympio) os livros *Aventura e rotina* (escritos durante a viagem a Portugal e às províncias luso-asiáticas, "à procura das constantes portuguesas de caráter e ação") e *Um brasileiro em terras portuguesas* (contendo conferências e discursos proferidos em Portugal e nas províncias ultramarinas, com extensa "Introdução a uma possível luso-tropicologia").

**1954** Escolhido pela Comissão das Nações Unidas para o estudo da situação racial na união sul-africana como o antropólogo estrangeiro mais capacitado a opinar sobre essa situação, visita o referido país e apresenta à Assembleia Geral da ONU um estudo publicado pela organização nessa nação em: *Elimination des conflits et tensions entre les races*. Publica-se no Rio de Janeiro a 8ª edição de *Casa-grande & senzala*; no Recife (Edições Nordeste), o opúsculo Um estudo do prof. Aderbal Jurema e, em Milão (Fratelli Bocca), a 1ª edição, em italiano, de *Interpretazione del Brasile*. Em agosto é encenada no Teatro Santa Isabel a dramatização de *Casa-grande & senzala*, feita por José Carlos Cavalcanti Borges. O professor Moacir Borges de Albuquerque defende, em concurso para provimento efetivo de uma das cadeiras de português do Instituto de Educação de Pernambuco, tese sobre *Linguagem de Gilberto Freyre*.

**1955** Lê, na sessão inaugural do 4º Congresso Brasileiro de Neurologia, Psiquiatria e Higiene Mental, conferência sobre Aspectos da moderna convergência médico-social e antropocultural (incluída na 2ª edição de *Problemas brasileiros de antropologia*). Em 15 de maio profere no encerramento do curso de treinamento de professores rurais de Pernambuco discurso publicado no ano seguinte. Comparece, como um dos quatro conferencistas principais (os outros foram o alemão Von Wreie, o inglês Ginsberg e o francês Davy) e na alta categoria de convidado especial, ao 3º Congresso Mundial de Sociologia, realizado em Amsterdã, no qual apresenta a comunicação, publicada em Louvain, no mesmo ano, pela Associação Internacional de Sociologia: *Morals and social change*. Para discutir *Casa-grande & senzala* e outras obras, ideias e métodos de Gilberto Freyre, reúnem-se em Cerisy-La-Salle os escritores e professores M. Simon, R. Bastide, G. Gurvitch, Leon Bourdon, Henri Gouhier, Jean Duvignaud, Tavares Bastos, Clara Mauraux, Nicolas Sombart e Mário Pinto de Andrade: talvez a maior homenagem já prestada na Europa a um intelectual brasileiro; os demais seminários de Cerisy foram dedicados a filósofos da história, como Toynbee e Heidegger. Publicam-se no Recife (Secretaria de Educação e Cultura) os opúsculos Sugestões para uma nova política no Brasil: a rurbana (incluído, em 1966, na 2ª edição de *Quase política*) e Em torno da situação do professor no Brasil; em Nova York (Knopf) a 2ª edição de *Casa-grande & senzala* em inglês: *The masters and the slaves*, e em Paris (Gallimard) a 1ª edição de *Nordeste* em francês: *Terres du sucre* (volume 14 da Coleção La Croix du Sud, dirigida por Roger Caillois).

**1957** Lê, em 4 de agosto, na Escola de Belas Artes da Universidade Federal de Pernambuco, em solenidade comemorativa do 25º aniversário de fundação daquela instituição, conferência publicada no mesmo ano: Arte, ciência social e sociedade. Dirige, em outubro, curso sobre Sociologia da Arte na mesma escola. Colabora novamente no *Diário Popular* de Lisboa, atendendo a insistentes convites do seu diretor, Francisco da Cunha Leão. Publicam-se no Recife os opúsculos Palavras às professoras rurais do Nordeste (Secretaria de Educação e Cultura do Estado de Pernambuco) e Importância para o Brasil dos institutos de pesquisa científica (Instituto Joaquim Nabuco de Pesquisas Sociais); no Rio de Janeiro (José Olympio), a 2ª edição de *Sociologia*; no México (Editorial Cultural), o opúsculo A experiência portuguesa no trópico americano; em Lisboa (Livros do Brasil), a 1ª edição portuguesa de *Casa-grande & senzala* e a obra *Gilberto Freyre's "lusotropicalism"*, de autoria de Paul V. Shaw (Centro de Estudos Políticos Sociais da Junta de Investigações do Ultramar).

**1958** Lê, no Fórum Roberto Simonsen, conferência publicada no mesmo ano pelo Centro e Federação das Indústrias do Estado de São Paulo: Sugestões em torno de uma nova orientação para as relações intranacionais no Brasil. Publicam-se em Lisboa (Centro de Estudos Políticos e Sociais da Junta de Investigações do Ultramar) o livro, com texto em português e inglês, *Integração portuguesa nos trópicos/Portuguese integration in the tropics*, e no Rio de Janeiro (José Olympio), a 9ª edição brasileira de *Casa-grande & senzala*.

**1959** Lê, em abril, conferências no Instituto Joaquim Nabuco de Pesquisas Sociais, iniciando e concluindo cursos de Ciências Sociais promovidos pelo referido órgão. Em julho, apresenta na Faculdade de Direito da Universidade Federal de Minas Gerais conferência publicada pela mesma universidade, no ano seguinte. Publicam-se em Nova York (Knopf) *New world in the tropics*, cujo texto contém, grandemente expandido e praticamente reescrito, o livro (publicado em 1945 pelo mesmo editor) *Brazil: an interpretation*; na Guatemala (Editorial de Ministério de Educación Pública José de Pineda Ibarra), o opúsculo Em torno a algunas tendencias actuales de la antropología; no Recife (Arquivo Público do Estado de Pernambuco), o opúsculo A propósito de Mourão, Rosa e Pimenta: sugestões em torno de uma possível hispano-tropicalologia; no Rio de Janeiro (José Olympio), a 1ª edição do livro *Ordem e progresso* (terceiro volume da Série Introdução à história patriarcal no Brasil, iniciada com *Casa-grande & senzala*, continuada com *Sobrados e mucambos* e finalizada com *Jazigos e covas rasas*, livro nunca concluído) e *O velho Félix e suas memórias de um Cavalcanti* (2ª edição, ampliada, da introdução ao livro *Memórias de um Cavalcanti*, publicado em 1940); em Salvador (Universidade da Bahia), o livro *A propósito de frades* e o opúsculo Em torno de alguns túmulos afrocristãos de uma área africana contagiada pela cultura brasileira; e em São Paulo (Instituto Brasileiro de Filosofia), o ensaio A filosofia da história do Brasil na obra de Gilberto Freyre, de autoria de Miguel Reale.

**1960** Viaja pela Europa, nos meses de agosto e setembro, lendo conferências em universidades francesas, alemãs, italianas e portuguesas. Publicam-se em Lisboa (Livros do Brasil) o livro *Brasis, Brasil e Brasília*; em Belo Horizonte (edições da *Revista Brasileira de Estudos Políticos*), a conferência Uma política transnacional de cultura para o Brasil de hoje; no Recife (Imprensa Universitária), o opúsculo Sugestões em torno do Museu de Antropologia do Instituto Joaquim Nabuco de Pesquisas Sociais, e no Rio de Janeiro (José Olympio), a 3ª edição do livro *Olinda*.

**1961** Em 24 de fevereiro recebe em sua casa de Apipucos a visita do escritor norte-americano Arthur Schlesinger Junior, assessor e enviado especial do presidente John F. Kennedy. Em 20 de abril profere na Faculdade de Medicina da Universidade Federal de Pernambuco uma conferência sobre Homem, cultura e trópico, iniciando as atividades do Instituto de Antropologia Tropical, criado naquela faculdade por sugestão sua. Em 25 de abril é filmado e entrevistado em sua residência pela equipe de televisão e cinema do Columbia Broadcasting System. Em junho viaja aos Estados Unidos, onde faz conferência no Conselho Americano de Sociedades Científicas, no Centro de Corning, no Centro de Estudos de Santa Bárbara e nas Universidades de Princeton e Colúmbia. De volta ao Brasil, recebe, em agosto, a pedido da Comissão Educacional dos Estados Unidos da América no Brasil (Comissão Fulbright), para uma palestra informal sobre problemas brasileiros, os professores norte-americanos que participam do II Seminário de Verão promovido pela referida comissão. Em outubro, lê, no Instituto Joaquim Nabuco de Pesquisas Sociais, quatro conferências sobre sociologia da vida rural. Ainda em outubro e a convite dos corpos docente e discente da Escola de Engenharia da Universidade Federal de Pernambuco, lê na mesma escola três conferências sobre Três engenharias inter-relacionadas: a física, a social e a chamada humana. Viaja a São Paulo e lê, em 27 de outubro, no auditório da Academia Paulista de Letras, sob os auspícios do Instituto Hans Staden, conferência intitulada Como e porque sou sociólogo. Em 1º de novembro, apresenta, no auditório da ABI e sob os auspícios do Instituto Cultural Brasil-Alemanha, conferências sobre Harmonias e desarmonias na formação brasileira. Em dezembro, segue para a Europa, permanecendo três semanas na Alemanha Ocidental, para participar, como representante do Brasil, no encontro germano-hispânico de sociólogos. Publicam-se em Tóquio (Ministério da Agricultura do Japão, série de Guias para os emigrantes em países estrangeiros), a edição japonesa de *New world in the tropics*, intitulada *Nettai no shin sekai*; em Lisboa (Comissão Executiva das Comemorações do V Centenário da Morte do Infante Dom Henrique) em português, francês e inglês –, o livro *O luso e o trópico*, *Les Portugais et les tropiques* e *The portuguese and the tropics* (edições separadas); no Recife (Imprensa Universitária), a obra *Sugestões de um novo contato com universidades europeias*; no Rio de Janeiro (José Olympio), a 3ª edição brasileira de *Sobrados e mucambos* e a 10ª edição brasileira (11ª em língua portuguesa) de *Casa-grande & senzala*.

**1962** Em fevereiro, a Escola de Samba de Mangueira desfila, no Carnaval do Rio de Janeiro, com enredo inspirado em *Casa-grande & senzala*. Em março é eleito presidente do Comitê de Pernambuco do Congresso Internacional para a Liberdade da Cultura. Em 10 de junho, lê, no Gabinete Português de Leitura do Rio de Janeiro, a convite da Federação das Associações Portuguesas do Brasil, conferência publicada, no mesmo ano, pela referida entidade: *O Brasil em face das Áfricas negras e mestiças*. Em agosto reúne-se em Porto Alegre o 1º Colóquio de Estudos Teuto-Brasileiros, organizado por sugestão sua. Ainda em agosto é admitido pelo presidente da República como comandante do Corpo de Graduação da Ordem do Mérito Militar. Por iniciativa do Banco Interamericano de Desenvolvimento, o professor Leopoldo Castedo profere em Washington, D.C., no curso Panorama da Civilização Ibero-Americana, conferência sobre La valorización del tropicalismo en Freyre. Em outubro, torna-se editor associado do *Journal of Interamerican Studies*. Em novembro, dirige na Faculdade de Letras da Universidade de Coimbra um curso de seis lições sobre Sociologia da História. Ainda na Europa, lê conferências em universidades da França, da Alemanha Ocidental e da Espanha. Em 19 de novembro recebe o grau de doutor *honoris causa* pela Faculdade de Letras de Coimbra. Publicam-se no Rio de Janeiro (José Olympio) os livros *Talvez poesia* e *Vida, forma e cor*, a 2ª edição de *Ordem e progresso* e a 3ª de *Sociologia*; em São Paulo (Livraria Martins Editora), o livro *Arte, ciência e trópico*; em Lisboa (Livros do Brasil), as edições portuguesas de *Aventura e rotina* e de *Um brasileiro em terras portuguesas*; no Rio de Janeiro (José Olympio), a obra coletiva *Gilberto Freyre: sua ciência, sua filosofia, sua arte (ensaios sobre o autor de Casa-grande & senzala e sua influência na moderna cultura do Brasil, comemorativos do 25º aniversário de publicação desse seu livro)*.

**1963** Em 10 de junho, inaugura-se no Teatro Santa Isabel do Recife uma exposição sobre *Casa--grande & senzala*, organizada pelo colecionador Abelardo Rodrigues. Em 20 de agosto, o governo de Pernambuco promulga a Lei Estadual nº 4.666, de iniciativa do deputado Paulo Rangel Moreira, que autoriza a edição popular, pelo mesmo estado, de *Casa-grande & senzala*. Publicam-se em *The American Scholar*, Chapel Hill (United Chapters of Phi Beta Kappa e University of North Caroline), o ensaio On the Iberian concept of time; em Nova York (Knopf), a edição de *Sobrados e mucambos* em inglês, com introdução de Frank Tannenbaum: *The mansions and the shanties (the making of modern Brazil)*; em Washington, D.C. (Pan American Union), o livro *Brazil*; em Lisboa, a 2ª edição do opúsculo Americanism and latinity in Latin America (em inglês e francês); em Brasília (Editora Universidade de Brasília), a 12ª edição brasileira de *Casa-grande & senzala* (13ª edição em língua portuguesa) e no Recife (Imprensa Universitária), o livro *O escravo nos anúncios de jornais brasileiros do século*

*XIX* (reedição muito ampliada da conferência lida, em 1935, na Sociedade Felipe d'Oliveira). O professor Thomas John O'Halloran apresenta à Graduate School of Arts and Science, da New York University, dissertação sobre *The life and master writings of Gilberto Freyre*. As editoras A. A. Knopf e Random House publicam em Nova York a 2ª edição (como livro de bolso) de *New world in the tropics*.

**1964** A convite do governo do estado de Pernambuco, lê na Escola Normal do mesmo estado, em 13 de maio, conferência como orador oficial da solenidade comemorativa do centenário de fundação daquela Escola. Recebe em Natal, em julho, as homenagens da Fundação José Augusto pelo trigésimo aniversário da publicação de *Casa-grande & senzala*. Recebe, em setembro, o Prêmio Moinho Santista para Ciências Sociais. Viaja aos Estados Unidos e participa, em dezembro, como conferencista convidado, do seminário latino-americano promovido pela Universidade de Colúmbia. Publicam-se em Nova York (Knopf) uma edição abreviada (*paperback*) de *The masters and the slaves*; em Madri (separata da *Revista de la Universidad de Madrid*) o opúsculo De lo regional a lo universal en la interpretación de los complejos socioculturales; no Recife (Instituto Joaquim Nabuco de Pesquisas Sociais), em tradução de Waldemar Valente, a tese universitária de 1922 *Vida social no Brasil nos meados do século XIX* e o opúsculo (Imprensa Universitária) O estado de Pernambuco e expressão no poder nacional: aspectos de um assunto complexo; no Rio de Janeiro (José Olympio), a seminovela *Dona Sinhá e o filho padre*, o livro *Retalhos de jornais velhos* (2ª edição, consideravelmente ampliada, de *Artigos de jornal*), o opúsculo A Amazônia brasileira e uma possível luso-tropicologia (Superintendência do Plano de Valorização Econômica da Amazônia) e a 11ª edição brasileira de *Casa-grande & senzala*. Recusa convite do presidente Castelo Branco para ser ministro da Educação e Cultura.

**1965** Viaja a Campina Grande, onde lê, em 15 de março, na Faculdade de Ciências Econômicas, a conferência (publicada no mesmo ano pela Universidade Federal da Paraíba) *Como e porque sou escritor*. Participa no Simpósio sobre Problemática da Universidade Federal de Pernambuco (março/abril), com uma conferência sobre a conveniência da introdução, na mesma universidade, de "Um novo tipo de seminário (Tannenbaum)". Viaja ao Rio de Janeiro, onde recebe, em cerimônia realizada no auditório de *O Globo*, diploma com o qual o referido jornal homenageou, no seu quadragésimo aniversário, a vida e a obra dos Notáveis do Brasil: brasileiros vivos que, "por seu talento e capacidade de trabalho de todas as formas invulgares, tenham tido uma decisiva participação nos rumos da vida brasileira, ao longo dos quarenta anos conjuntamente vividos". Em 9 de novembro, gradua-se, *in absentia*, doutor pela Universidade de Paris (Sorbonne), em solenidade na qual também foram homenageados outros sábios de categoria internacional, em diferentes campos do saber, sendo a consagração por obra que vinha abrindo "novos caminhos à filosofia e às ciências do homem". A consagração cultural pela Sorbonne juntou-se à recebida das Universidades da Colúmbia e de Coimbra e às quais se somaram as de Sussex (Inglaterra) e Münster (Alemanha), em solenidade prestigiada por nove magníficos reitores alemães. Publicam-se em Berlim (Kiepenheur & Witsch) a 1ª edição de *Casa-grande & senzala* em alemão: *Herrenhaus und sklavenhütte* (*ein bild der Brasilianischen gesellschaft*); no Recife (Imprensa Oficial do Estado de Pernambuco), o opúsculo Forças Armadas e outras forças, e no Rio de Janeiro (José Olympio), o livro *6 conferências em busca de um leitor*.

**1966** Viaja ao Distrito Federal, a convite da Universidade de Brasília, onde lê, em agosto, seis conferências sobre Futurologia, assunto que foi o primeiro a desenvolver no Brasil. Por solicitação das Nações Unidas, apresenta ao United Nations Human Rights Seminar on Apartheid (realizado em Brasília, de 23 de agosto a 5 de setembro) um trabalho de base sobre Race mixture and cultural interpenetration: the Brazilian example, distribuído na mesma ocasião em inglês, francês, espanhol e russo. Por sugestão sua, inicia-se na Universidade Federal de Pernambuco o Seminário de Tropicologia, de caráter interdisciplinar e inspirado pelo seminário do mesmo tipo, iniciado na Universidade de Colúmbia pelo professor Frank Tannenbaum. Publicam-se em Barnet, Inglaterra, *The racial factor in contemporary politics*; no Rio de Janeiro (José Olympio), a 13ª edição do mesmo livro; e no Recife (governo do estado de Pernambuco), o primeiro tomo da 14ª edição brasileira (15ª em língua portuguesa) de *Casa-grande & senzala* (edição popular, para ser comercializada a preços acessíveis, de acordo com a Lei Estadual nº 4.666, de 20 de agosto de 1963).

**1967** Em 30 de janeiro, lançamento solene, no Palácio do Governo do Estado de Pernambuco, do primeiro volume da edição popular de *Casa-grande & senzala*. Em julho, viaja aos Estados Unidos, para receber, no Instituto Aspen de Estudos Humanísticos, o Prêmio Aspen do ano (30 mil dólares e isento de imposto sobre a renda) "pelo que há de original, excepcional e de valor permanente em sua obra ao mesmo tempo de filósofo, escritor literário e antropólogo". Recebe o Nobel dos Estados Unidos na presença de embaixador, enviado especial do presidente Lyndon B. Johnson, que se congratula com Gilberto Freyre pela honraria na qual o autor foi precedido por apenas três notabilidades internacionais: o compositor Benjamin Britten, a dançarina Martha Graham e o urbanista Constantino Doxiadis por obras reveladoras de "criatividade genial". Em dezembro, lê, na Academia Brasileira de Letras, no Instituto Histórico e Geográfico Brasileiro e no Instituto Joaquim Nabuco de Pesquisas Sociais, conferências sobre Oliveira Lima, em sessões solenes comemorativas do centenário de nascimento daquele historiador (ampliadas no livro *Oliveira Lima, Dom Quixote gordo*). Publicam-se em Lisboa (Fundação Calouste Gulbenkian) o livro *Sociologia da medicina*; em Nova York (Knopf), a tradução da "seminovela" *Dona Sinhá e o filho padre*, intitulada *Mother and son: a Brazilian tale*; no Recife (Instituto Joaquim Nabuco de Pesquisas Sociais), a 2ª edição de *Mucambos do Nordeste* e a 3ª edição do *Manifesto Regionalista de 1926*; em São Paulo (Arquimedes Edições), o livro *O Recife, sim! Recife não!*, e no Rio de Janeiro (José Olympio), a 4ª edição de *Sociologia*.

**1968** Em 9 de janeiro, lê, no Palácio do Governo do Estado de Pernambuco, a primeira da série de conferências promovidas pelo governador do estado para comemorar o centenário de nascimento de Oliveira Lima (incluída no livro *Oliveira Lima, Dom Quixote gordo*, publicado no mesmo ano pela Imprensa da Universidade de Recife). Viaja à Argentina, onde faz conferência sobre Oliveira Lima na Universidade do Rosário, e à Alemanha Ocidental, onde recebe o título de doutor *honoris causa* pela Universidade de Münster por sua obra comparada à de Balzac. Publicam-se em Lisboa (Academia Internacional da Cultura Portuguesa) o livro, em dois volumes, *Contribuição para uma sociologia da biografia (o exemplo de Luís de Albuquerque, governador de Mato Grosso no fim do século XVII)*; no Distrito Federal (Editora Universidade de Brasília), o livro *Como e porque sou e não sou sociólogo*, e no Rio de Janeiro (Record), as 2ªˢ edições dos livros *Região e tradição* e *Brasis, Brasil e Brasília*. Ainda no Rio de Janeiro, publicam-se (José Olympio) as 4ªˢ edições dos livros *Guia prático, histórico e sentimental da cidade do*

*Recife e Olinda, 2º guia prático, histórico e sentimental de cidade brasileira.*

**1969** Recebe o Prêmio Internacional de Literatura La Madonnina por "incomparável agudeza na descrição de problemas sociais, conferindo-lhes calor humano e otimismo, bondade e sabedoria", através de uma obra de "fulgurações geniais". Lê conferência, no Conselho Federal de Cultura, em sessão dedicada à memória de Rodrigo M. F. de Andrade. A Universidade Federal de Pernambuco lança os dois primeiros volumes do seminário de Tropicologia, relativos ao ano de 1966: *Trópico & colonização, nutrição, homem, religião, desenvolvimento, educação e cultura, trabalho e lazer, culinária, população*. Lê no Instituto Joaquim Nabuco de Pesquisas Sociais quatro conferências sobre Tipos antropológicos no romance brasileiro. Publicam-se no Recife (Instituto Joaquim Nabuco de Pesquisas Sociais) o ensaio Sugestões em torno da ciência e da arte da pesquisa social, e no Rio de Janeiro (José Olympio), a 15ª edição brasileira de *Casa-grande & senzala*.

**1970** Completa setenta anos de idade residindo na província e trabalhando como se fosse um intelectual ainda jovem: escrevendo livros, colaborando em jornais e revistas nacionais e estrangeiros, dirigindo cursos, proferindo conferências, presidindo o conselho diretor e incentivando as atividades do Instituto Joaquim Nabuco de Pesquisas Sociais, presidindo o Conselho Estadual de Cultura, dirigindo o Centro Regional de Pesquisas Educacionais e o Seminário de Tropicologia da Universidade Federal de Pernambuco, comparecendo às reuniões mensais do Conselho Federal de Cultura e atendendo a convites de universidades europeias e norte-americanas, onde é sempre recebido como o embaixador intelectual do Brasil. A editora A. A. Knopf publica em Nova York *Order and progress*, com texto traduzido e refundido por Rod W. Horton.

**1971** Recebe a 26 de novembro, em solenidade no Gabinete Português de Leitura, do Recife, e tendo como paraninfo o ministro Mário Gibson Barbosa, o título de doutor *honoris causa* pela Universidade Federal de Pernambuco. Discursa como orador oficial da solenidade de inauguração, pelo presidente Emílio Garrastazu Médici, do Parque Nacional dos Guararapes, no Recife. A rainha Elizabeth lhe confere o título de *Sir* (Cavaleiro Comandante do Império Britânico) e a Universidade Federal do Rio de Janeiro, o grau de doutor *honoris causa* em filosofia. Publicam-se a 1ª edição da *Seleta para jovens* (José Olympio) e a obra *Nós e a Europa germânica* (Grifo Edições). Continua a receber visitas de estrangeiros ilustres na sua casa de Apipucos, devendo-se destacar as de embaixadores do Reino Unido, França, Estados Unidos, Bélgica e as de Aldous Huxley, George Gurvitch, Shelesky, John dos Passos, Jean Duvignaud, Lincoln Gordon e Robert Kennedy, a quem oferece jantar a pedido desse visitante. A Companhia Editora Nacional publica em São Paulo, como volume 348 de sua Coleção Brasiliana, a 1ª edição brasileira de *Novo mundo nos trópicos*.

**1972** Preside o Primeiro Encontro Inter-Regional de Cientistas Sociais do Brasil, realizado em Fazenda Nova, Pernambuco, de 17 a 20 de janeiro, sob os auspícios do Instituto Joaquim Nabuco de Pesquisas Sociais. Recebe o título de Cidadão de Olinda, conferido por Lei Municipal nº 3.774, de 8 de março de 1972, e em sessão solene da Assembleia Legislativa do Estado de Pernambuco, a Medalha Joaquim Nabuco, conferida pela Resolução nº 871, de 28 de abril de 1972. Em 14 de junho profere no Instituto Joaquim Nabuco de Pesquisas Sociais palestra sobre José Bonifácio e as duas primeiras conferências da série comemorativa do centenário de Estácio Coimbra. Em 15 de dezembro, inaugura-se na Praia de Boa Viagem, no Recife, o Hotel Casa-grande & senzala.

A editora Giulio Einaudi publica em Turim a edição italiana de *Casa-grande & senzala*, intitulada *Case e catatecchie*.

**1973** Recebe em São Paulo o Troféu Novo Mundo, "por obras notáveis em sociologia e história", e o Troféu Diários Associados, pela "maior distinção anual em artes plásticas". Realizam-se exposições de telas de sua autoria, uma no Recife, outra no Rio, esta na residência do casal José Maria do Carmo Nabuco, com apresentação de Alfredo Arinos de Mello Franco. Por decreto do presidente Médici, é reconduzido ao Conselho Federal de Cultura. Viaja a Angola, em fevereiro. A 10 de maio, a convite da Assembleia Legislativa do Estado de Pernambuco, profere discurso no Cemitério de Santo Amaro, diante do túmulo de Joaquim Nabuco, em comemoração ao Sesquicentenário do Poder Legislativo no Brasil. Recebe em setembro, em João Pessoa, o título de doutor *honoris causa* pela Universidade Federal da Paraíba. Profere na Câmara dos Deputados, em 29 de novembro, conferência sobre Atuação do Parlamento no Império e na República, na série comemorativa do Sesquicentenário do Poder Legislativo no Brasil, e na Universidade de Brasília, palestra em inglês para o corpo diplomático, sob o título de Some remarks on how and why Brazil is different. Em 13 de dezembro é operado pelo professor Euríclides de Jesus Zerbini, no Hospital da Beneficência Portuguesa de São Paulo.

**1974** Faz sua primeira exposição de pintura em São Paulo, com quarenta telas adquiridas imediatamente. A 15 de março, o Instituto Joaquim Nabuco de Pesquisas Sociais comemora com exposição e sessão solene os quarenta anos da publicação de *Casa-grande & senzala*. Em 20 de julho profere no Instituto Joaquim Nabuco de Pesquisas Sociais conferência sobre a Importância dos retratos para os estudantes biográficos: o caso de Joaquim Nabuco. A 29 de agosto, a Universidade Federal de Pernambuco inaugura no saguão da reitoria uma placa comemorativa dos quarenta anos de *Casa-grande & senzala*. A 12 de outubro recebe a Medalha de Ouro José Vasconcelos, outorgada pela Frente de Afirmación Hispanista do México, para distinguir, a cada ano, uma personalidade dos meios culturais hispano-americanos. O cineasta Geraldo Sarno realiza documentário de cinco minutos intitulado *Casa-grande & senzala*, de acordo com uma ideia de Aldous Huxley. O editor Alfred A. Knopf publica em Nova York a obra *The Gilberto Freyre reader*.

**1975** Diante da violência de uma enchente do rio Capibaribe, em 17 e 18 de julho, lidera com Fernando de Mello Freyre, diretor do Instituto Joaquim Nabuco, um movimento de estudo interdisciplinar sobre as enchentes em Pernambuco. Profere, em 10 de outubro, conferência no Clube Atlético Paulistano sobre O Brasil como nação hispano-tropical. Recebe em 15 de outubro, do Sindicato dos Professores do Ensino Primário e Secundário de Pernambuco e da Associação dos Professores do Ensino Oficial, o título de Educador do Ano, por relevantes serviços prestados à comunidade nordestina no campo da educação e da pesquisa social. Profere em 7 de novembro, no Teatro Santa Isabel, do Recife, conferência sobre o Sesquicentenário do *Diário de Pernambuco*. O Instituto do Açúcar e do Álcool lança, em 15 de novembro, o Prêmio de Criatividade Gilberto Freyre, para os melhores ensaios sobre aspectos socioeconômicos da zona canavieira do Nordeste. Publicam-se no Rio de Janeiro suas obras *Tempo morto e outros tempos, O brasileiro entre os outros hispanos* (José Olympio) e *Presença do açúcar na formação brasileira* (IAA).

**1976** Viaja à Europa em setembro, fazendo conferências em Madri (Instituto de Cultura Hispânica) e em Londres (Conselho Britânico). É homenageado com a esposa, em Londres, com banquete pelo embaixador Roberto Campos e esposa (presentes vários dos seus amigos ingleses, como Lord Asa Briggs). Em Paris, como hóspede do governo francês, é entrevistado pelo sociólogo Jean Duvignaud, na rádio e na televisão francesas, sobre Tendências atuais da cultura brasileira. É homenageado com banquete pelo diretor de *Le Figaro*, seu amigo, escritor e membro da Academia Francesa, Jean d'Ormesson, presentes Roger Caillois e outros intelectuais franceses. Em Viena, identifica mapas inéditos do Brasil no período holandês, existentes na Biblioteca Nacional da Áustria. Na Espanha, como hóspede do governo, realiza palestra no Instituto de Cultura Hispânica, presidido pelo Duque de Cadis. Em Lisboa é homenageado com banquete pelo secretário de estado de Cultura, com a presença de intelectuais, ministros e diplomatas. Em 7 de outubro, lê em Brasília, a convite do ministro da Previdência Social, conferência de encerramento do Seminário sobre Problemas de Idosos. A Livraria José Olympio Editora publica as 16ª e 17ª edições de *Casa-grande & senzala,* e o IJNPS, a 6ª edição do *Manifesto regionalista*. É lançada em Lisboa 2ª edição portuguesa de *Casa-grande & senzala.*

**1977** Estreia em janeiro no Nosso Teatro (Recife) a peça *Sobrados e mucambos*, adaptada por Hermilo Borba Filho e encenada pelo Grupo Teatral Vivencial. Recebe em fevereiro, do embaixador Michel Legendre, a faixa e as insígnias de Comendador das Artes e Letras da França. Profere em março, no Seminário de Tropicologia, conferência sobre O Recife eurotropical e, na Câmara dos Deputados, em Brasília, conferência de encerramento do ciclo comemorativo do Bicentenário da Independência dos Estados Unidos. Exibição, na Biblioteca Municipal Mário de Andrade, em São Paulo, de um documentário cinematográfico sobre sua vida e obra, *Da palavra ao desenho da palavra*, com debates dos quais participam Freitas Marcondes, Leo Gilson Ribeiro, Osmar Pimentel e Egon Schaden. Profere conferências na Câmara dos Deputados, em Brasília, em 19 de agosto, sobre A terra, o homem e a educação, no Seminário sobre Ensino Superior, promovido pela Comissão de Educação e Cultura, e no Teatro José de Alencar de Fortaleza, em 24 de setembro, sobre O Nordeste visto através do tempo. Lançamento em São Paulo, em 10 de novembro, do álbum *Casas-grandes & senzalas*, com guaches de Cícero Dias. Apresenta, no Arquivo Público Estadual de Pernambuco, conferência de encerramento do Curso sobre o Sesquicentenário da Elevação do Recife à Condição de Capital, sobre O Recife e a sua autobiografia coletiva. É acolhido como sócio honorário do Pen Clube do Brasil. Inicia em outubro colaboração semanal na *Folha de S.Paulo*. A Livraria José Olympio Editora publica *O outro amor do dr. Paulo,* seminovela, continuação de *Dona Sinhá e o filho padre*. A Editora Nova Aguilar publica, em dezembro, a *Obra escolhida*, volume em papel-bíblia que inclui *Casa--grande & senzala*, *Nordeste* e *Novo mundo nos trópicos*, com introdução de Antônio Carlos Villaça, cronologia da vida e da obra e bibliografia ativa e passiva, por Edson Nery da Fonseca. A Editora Ayacucho lança em Caracas a 3ª edição em espanhol de *Casa-grande & senzala*, com introdução de Darcy Ribeiro. As Ediciones Cultura Hispánica publicam em Madri a edição espanhola da *Seleta para jovens*, com o título de *Antología*. A Editora Espasa-Calpe publica, em Madri, *Más allá de lo moderno,* com prefácio de Julián Marías. A Livraria José Olympio Editora lança a 5ª edição de *Sobrados e mucambos* e a 18ª edição brasileira de *Casa-grande & senzala.*

**1978** Viaja a Caracas para proferir três conferências no Instituto de Assuntos Internacionais do Ministério das Relações Exteriores da Venezuela. Abre no Arquivo Público Estadual, em 30 de março, ciclo de conferências sobre escravidão e abolição em Pernambuco, fazendo Novas considerações sobre escravos em anúncios de jornal em Pernambuco. Profere conferência sobre O Recife e sua ligação com estudos antropológicos no Brasil, na instalação da XI Reunião Brasileira de Antropologia, no auditório da Universidade Federal de Pernambuco, em 7 de maio. Em 22 de maio, abre em Natal a I Semana de Cultura do Nordeste. Profere em Curitiba, em 9 de junho, conferência sobre O Brasil em nova perspectiva antropossocial, numa promoção da Associação dos Professores Universitários do Paraná; em Cuiabá, em 16 de setembro, conferência sobre A dimensão ecológica do caráter nacional; na Academia Paulista de Letras, em 4 de dezembro, conferência sobre Tropicologia e realidade social, abrindo o 1º Seminário Internacional de Estudos Tropicais da Fundação Escola de Sociologia e Política. Publica-se *Recife & Olinda*, com desenhos de Tom Maia e Thereza Regina. Publicam-se as seguintes obras: *Alhos e bugalhos* (Nova Fronteira); *Prefácios desgarrados* (Cátedra); *Arte e ferro* (Ranulpho Editora de Arte), com pranchas de Lula Cardoso Ayres. O Conselho Federal de Cultura lança *Cartas do próprio punho sobre pessoas e coisas do Brasil e do estrangeiro*. A editora Gallimard publica a 14ª edição de *Maîtres et esclaves*, na Coleção TEL. A Livraria Editora José Olympio publica a 19ª edição brasileira de *Casa-grande & senzala*, e a Fundação Cultural do Mato Grosso, a 2ª edição de *Introdução a uma sociologia da biografia*.

**1979** O Arquivo Estadual de Pernambuco publica, em março, a edição fac-similar do *Livro do Nordeste*. Participa, no auditório da Biblioteca Municipal de São Paulo, em 30 de março, da Semana do Escritor Brasileiro. Recebe em Aracaju, em 17 de abril, o título de Cidadão Sergipano, outorgado pela Assembleia Legislativa de Sergipe. É homenageado pelo 44º Congresso Mundial de Escritores do Pen Clube Internacional, reunido no Rio de Janeiro, quando recebe a medalha Euclides da Cunha, sendo saudado pelo escritor Mário Vargas Llosa. Recebe o grau de doutor *honoris causa* pela Faculdade de Ciências Médicas da Fundação do Ensino Superior de Pernambuco Universidade de Pernambuco, em setembro. Viaja à Europa em outubro. Profere conferência na Fundação Calouste Gulbenkian, em 22 de outubro, sobre Onde o Brasil começou a ser o que é. Abre o ciclo de conferências comemorativo do 20º aniversário da Sudene, em dezembro, falando sobre Aspectos sociais do desenvolvimento regional. Recebe nesse mês o Prêmio Caixa Econômica Federal, da Fundação Cultural do Distrito Federal, pela obra *Oh de casa!*. Profere na Universidade de Brasília conferência sobre Joaquim Nabuco: um novo tipo de político. A Editora Artenova publica *Oh de casa!*. A Editora Cultrix publica *Heróis e vilões no romance brasileiro*. A MPM Propaganda publica *Pessoas, coisas & animais*, em edição não comercial. A Editora Ibrasa publica *Tempo de aprendiz*.

**1980** Em 24 de janeiro, a Academia Pernambucana de Letras inicia as comemorações do octogésimo aniversário do autor, com uma conferência de Gilberto Osório de Andrade sobre Gilberto Freyre e o trópico. Em 25 de janeiro, a Codepe inicia seu Seminário Permanente de Desenvolvimento, dedicando-o ao estudo da obra de Gilberto Freyre. O Arquivo Público Estadual comemora a efeméride, em 26 e 27 de fevereiro, com duas conferências de Edson Nery da Fonseca. Recebe em São Paulo, em 7 de março, a medalha de Ordem do Ipiranga, maior condecoração do estado. Em 26 de março, recebe a medalha José Mariano, da Câmara Municipal do Recife. Por decreto de 15 de abril, o governador do estado de Sergipe lhe confere o galardão de Comendador da Ordem do Mérito Aperipê. Em homenagem ao autor, são realizados diversos eventos, como: missa cantada na Catedral de São Pedro dos Clérigos, do Recife, mandada celebrar pelo governo do estado de Pernambuco, sendo oficiante monsenhor Severino Nogueira e regente o padre Jayme Diniz. Inauguração, na redação do *Diário de Pernambuco*, de placa comemorativa da colaboração de Gilberto Freyre, iniciada em 1918. Almoço na residência de Fernando Freyre. *Open house* na vivenda Santo Antônio. Sorteio de bilhete da Loteria Federal da Praça de Apipucos. Desfile de clubes e blocos carnavalescos e concentração popular em Apipucos. Sessão solene do Congresso Nacional, em 15 de abril, às 15 horas, para homenagear o escritor Gilberto Freyre pelo transcurso do seu octogésimo aniversário. Discursos do presidente, senador Luís Viana Filho, dos senadores Aderbal Jurema e Marcos Freire e do deputado Thales Ramalho. Viaja a Portugal em junho, a convite da Câmara Municipal de Lisboa, para participar nas comemorações do Quarto Centenário da Morte de Camões. Profere conferência A tradição camoniana ante insurgências e ressurgências atuais. É homenageado, em 6 de julho, durante a 32ª Reunião Anual da Sociedade Brasileira para o Progresso da Ciência, realizada no Rio de Janeiro, e em 25 de julho, pelo XII Congresso Brasileiro de Língua e Literatura, promovido pelas universidades estaduais do Rio de Janeiro e Universidade Federal do Rio de Janeiro. Em 11 de agosto, recebe do embaixador Hansjorg Kastl a Grã-Cruz do Mérito da República Federativa da Alemanha. Ainda em agosto, é homenageado pelo IV Seminário Paraibano de Cultura Brasileira. Recebe o título de Cidadão Benemérito de João Pessoa, outorgado pela Câmara Municipal da capital paraibana. Recebe o título do sócio honorário do Instituto Histórico e Geográfico da Paraíba. Em 2 de setembro, é homenageado pelo Pen Clube do Brasil com um painel sobre suas ideias, no auditório do Palácio da Cultura, no Rio de Janeiro. Encenação, no Teatro São Pedro de São Paulo, da peça de José Carlos Cavalcanti Borges *Casa-grande & senzala*, sob a direção de Miroel Silveira, pelo grupo teatral da Escola de Comunicação e Artes da USP. Em 10 de outubro, apresenta conferência da Fundação Luisa e Oscar Americano, de São Paulo, sobre Imperialismo cultural do Conde Maurício. De 13 a 17 de outubro, profere simpósio internacional promovido pela Universidade de Brasília e pelo Ministério da Educação e Cultura, com a participação, como conferencistas, do historiador social inglês Lord Asa Briggs, do filósofo espanhol Julián Marías, do poeta e ensaísta português David Mourão-Ferreira, do antropólogo francês Jean Duvignaud e do historiador mexicano Silvio Zavala. Recebe o Prêmio Jabuti, de São Paulo, em 28 de outubro. Recebe, em 11 de dezembro, o grau de doutor *honoris causa* pela Universidade Católica de Pernambuco. Em 12 de dezembro, recebe o Prêmio Moinho Recife. São publicadas diversas obras do autor, como: o álbum *Gilberto poeta*: algumas confissões, com serigrafias de Aldemir Martins, Jenner Augusto, Lula Cardoso Ayres, Reynaldo Fonseca e Wellington Virgolino e posfácio de José Paulo Moreira da Fonseca (Ranulpho Editora de Arte); *Poesia reunida* (Edições Pirata, Recife); 20ª edição brasileira de *Casa-grande & senzala*, com prefácio do ministro Eduardo Portella; 5ª edição de *Olinda*; 3ª edição da *Seleta para jovens*; 2ª edição brasileira de *Aventura e rotina* (todas pela José Olympio); e a 2ª edição de *O escravo nos anúncios de jornais brasileiros do século XIX* (Companhia Editora Nacional). A editora Greenwood Press, de Westport, Conn., publica, sem autorização do autor, a reimpressão de *New world in the tropics*.

**1981** A Classe de Letras da Academia de Ciências de Lisboa reúne-se, em fevereiro, para a comunicação do escritor David Mourão-Ferreira sobre Gilberto Freyre, criador literário. Encenação, em março, no Teatro Santa Isabel, da peça-balé de Rubens Rocha Filho *Tempos perdidos, nossos tempos*.

Em 25 de março, o autor recebe do embaixador Jean Beliard a *rosette* de Oficial da Legião de Honra. Inauguração de seu retrato, em 21 de abril, no Museu do Trem da Superintendência Regional da Rede Ferroviária Federal. Em 29 de abril, o Conselho Municipal de Cultura lança, no Palácio do Governo, um álbum de desenhos de sua autoria. Inauguração, em 7 de maio, no Museu Nacional da Quinta da Boa Vista, da edição quadrinizada de *Casa-grande & senzala*, numa promoção da Universidade Federal do Rio de Janeiro, Museu Nacional e Editora Brasil--América. Profere conferência, em 15 de maio, no auditório Benício Dias da Fundação Joaquim Nabuco, sobre Atualidade de Lima Barreto. Viaja à Espanha, em outubro, para tomar posse no Conselho Superior do Instituto de Cooperação Ibero-Americana, nomeado pelo rei João Carlos I.

**1982** Recebe em janeiro a medalha comemorativa dos trinta anos do Conselho Nacional de Desenvolvimento Científico e Tecnológico (CNPq). Profere na Academia Pernambucana de Letras a conferência Luís Jardim Autodidata?, comemorativa do octogésimo aniversário do pintor e escritor pernambucano. Na abertura do III Congresso Afro-Brasileiro, em 20 de setembro, apresenta conferência no Teatro Santa Isabel. Em setembro, é entrevistado pela Rede Bandeirantes de Televisão, no programa *Canal Livre*. Recebe do embaixador Javier Vallaure, na Embaixada da Espanha em Brasília, a Grã-Cruz de Alfonso, El Sabio (outubro), e no auditório do Palácio da Cultura, em 9 de novembro, profere conferência sobre Villa-Lobos revisitado. Profere no Nacional Club de São Paulo, em 11 de novembro, conferência sobre Brasil: entre passados úteis e futuros renovados. A Editora Massangana publica *Rurbanização: o que é?* A editora Klett-Cotta, de Stuttgart, publica a 1ª edição alemã de *Das land in der stadt: die entwicklung der urbanen gesellschaft Brasiliens* (*Sobrados e mucambos*) e a 2ª edição de *Herrenhaus und sklavenhütte* (*Casa-grande & senzala*).

**1983** Iniciam-se em 21 de março Dia Internacional das Nações Unidas Contra a Discriminação Racial as comemorações do cinquentenário da publicação de *Casa-grande & senzala*, com sessão solene no auditório Benício Dias, presidida pelo governador Roberto Magalhães e com a presença da ministra da Educação, Esther de Figueiredo Ferraz, e do diretor-geral da Unesco, Amadou M'Bow, que lhe entrega a medalha Homenagem da Unesco. Recebe em 15 de abril, da Associação Brasileira de Relações Públicas, Seção de Pernambuco, o Troféu Integração por destaque cultural de 1982. Em abril, expõe seus últimos desenhos e pinturas na Galeria Aloísio Magalhães. Viaja a Lisboa, em 25 de outubro, para receber, do ministro dos Negócios Estrangeiros, a Grã-Cruz de Santiago da Espada. Em 27 de outubro, participa de sessão solene da Academia de Ciências de Lisboa e da Academia Portuguesa de História, comemorativa do cinquentenário da publicação de *Casa-grande & senzala*. A Fundação Calouste Gulbenkian promove em Lisboa um ciclo de conferências sobre *Casa-grande & senzala* (2 de novembro a 4 de dezembro). É homenageado pela Feira Internacional do Livro do Rio de Janeiro, em 9 de novembro. O Seminário de Tropicologia reúne-se, em 29 de novembro, para a conferência de Edson Nery da Fonseca, intitulada Gilberto Freyre, cultura e trópico. Recebe em 7 de dezembro, no Liceu Literário Português do Rio de Janeiro, a Grã-Cruz da Ordem Camoniana. A Editora Massangana publica *Apipucos: que há num nome?*, a Editora Globo lança *Insurgências e ressurgências atuais* e *Médicos, doentes e contextos sociais* (2ª edição de *Sociologia da medicina*). Realiza-se na Fundação Joaquim Nabuco, de 19 a 30 de setembro, um ciclo de conferências comemorativo dos cinquenta anos de *Casa-grande & senzala*, promovido com apoio do governo do estado e de outras entidades pernambucanas (anais editados por

Edson Nery da Fonseca e publicados em 1985 pela Editora Massangana: *Novas perspectivas em Casa-grande & senzala*). A José Olympio Editora publica no Rio de Janeiro o livro de Edilberto Coutinho *A imaginação do real: uma leitura da ficção de Gilberto Freyre*, tese de doutoramento defendida na Universidade Federal do Rio de Janeiro. A Editora Record lança no Rio de Janeiro *Homens, engenharias e rumos sociais*.

**1984** Lançamento, em 20 de janeiro, de selo postal comemorativo do cinquentenário de *Casa-grande & senzala*. Viaja a Salvador, em 14 de março, para receber homenagem do governo do estado pelo cinquentenário de *Casa-grande & senzala*. Inauguração, no Museu de Arte Moderna da Bahia, da exposição itinerante sobre a obra. Conferência de Edson Nery da Fonseca sobre Gilberto Freyre, *Casa-grande & senzala* e a Bahia. Convidado pelo governador Tancredo Neves, profere em Ouro Preto, em 21 de abril, o discurso oficial da Semana da Inconfidência. Profere em 8 de maio, na antiga Reitoria da UFRJ, conferência sobre Alfonso X, o sábio, ponte de culturas. Recebe da União Cultural Brasil-Estados Unidos, em 7 de junho, a medalha de merecimento por serviços relevantes prestados à aproximação entre o Brasil e os Estados Unidos. Convidado pelo Conselho da Comunidade Portuguesa do Estado de São Paulo, lê no Clube Atlético Paulistano, em 8 de junho (Dia de Portugal), a conferência Camões: vocação de antropólogo moderno?, publicada no mesmo ano pelo conselho. Em setembro, o Balé Studio Um realiza no Recife o espetáculo de dança *Casa-grande & senzala*, sob a direção de Eduardo Gomes e com música de Egberto Gismonti. Recebe a Medalha Picasso da Unesco, desenhada por Juan Miró em comemoração do centenário do pintor espanhol. Em setembro, é homenageado por Richard Civita no Hotel 4 Rodas de Olinda, com banquete presidido pelo governador Roberto Magalhães e entrega de passaportes para o casal se hospedar em qualquer hotel da rede. Participa, na Arquidiocese do Rio de Janeiro, em outubro, do Congresso Internacional de Antropologia e Práxis, debatedor do tema *Cultura e redenção*, desenvolvido por D. Paul Poupard. É homenageado no Teatro Santa Isabel do Recife, em 31 de novembro, pelo cinquentenário do 1º Congresso Afro-Brasileiro, ali realizado em 1934. Lê no Museu de Arte Sacra de Pernambuco (Olinda) a conferência Cultura e museus, publicada no ano seguinte pela Fundação do Patrimônio Histórico e Artístico de Pernambuco (Fundarpe).

**1985** Recebe da Fundarpe a Homenagem à Cultura Viva de Pernambuco, em 18 de março. Viaja em maio aos Estados Unidos, para receber, na Baylor University, o prêmio consagrador de notáveis triunfos (Distinguished Achievement Award). Profere em 21 de maio, na Harvard University, conferência sobre My first contacts with american intellectual life, promovida pelo Departamento de Línguas e Literaturas Românicas e pela Comissão de Estudos Latino-Americanos e Ibéricos. Realiza exposição na Galeria Metropolitana Aloísio Magalhães do Recife: Desenhos a cor: figuras humanas e paisagens. Recebe, em agosto, o grau de doutor *honoris causa* em Direito e em Letras pela Universidade Clássica de Lisboa. É nomeado em setembro, pelo presidente da República, para compor a Comissão de Estudos Constitucionais. Recebe o título de Cidadão de Manaus, em 6 de setembro. Profere, em 29 de outubro, conferência na inauguração do Instituto Brasileiro de Altos Estudos (Ibrae) de São Paulo, subordinada ao título À beira do século XX. Em 20 de novembro, é apresentado, no Cine Bajado, de Olinda, o filme de Kátia Mesel *Oh de casa!*. Em dezembro viaja a São Paulo, sendo hospitalizado no Incor para cirurgia de um divertículo de Zenkel (hérnia de esôfago). A José Olympio Editora publica a 7ª edição de *Sobrados e* *mucambos* e a 5ª edição de *Nordeste*. Por iniciativa do Centro de Estudos Latino-Americanos da Universidade da Califórnia em Los Angeles, a editora da universidade publica em Berkeley reedições em brochuras do mesmo formato de *The masters and the slaves, The mansions and the shanties* e *Order and progress*, com introduções de David H. E. Mayburt-Lewis e Ludwig Lauerhass Jr., respectivamente.

**1986** Em janeiro, submete-se a uma cirurgia do esôfago para retirada de um divertículo de Zenkel, no Incor. Regressa ao Recife em 16 de janeiro, dizendo: "Agora estou em casa, meu Apipucos". Em 22 de fevereiro, retorna a São Paulo para uma cirurgia de próstata no Incor, realizada em 24 de fevereiro. Recebe em 24 de abril, em sua residência de Apipucos, do embaixador Bernard Dorin, a comenda de Grande Oficial da Legião de Honra, no grau de Cavaleiro. Em maio, é agraciado com o Prêmio Cavalo-Marinho, da Empitur. Em agosto, recebe o título de Cidadão de Aracaju. Em 24 de outubro, reencontra-se no Recife com a dançarina Katherine Dunhm. Em 28 de outubro é eleito para ocupar a cadeira 23 da Academia Pernambucana de Letras, vaga com a morte de Gilberto Osório de Andrade. Toma posse em 11 de dezembro na Academia Pernambucana de Letras. Recebe, em 16 de dezembro, o título de Pesquisador Emérito do Instituto de Pesquisas Sociais da Fundação Joaquim Nabuco. Publica-se em Budapeste a edição húngara de *Casa-grande & senzala*, intitulada *Udvarház és szolgaszállás*. A professora Élide Rugai Bastos defende na Pontifícia Universidade Católica de São Paulo (PUC) a tese de doutoramento *Gilberto Freyre e a formação da sociedade brasileira*, orientada pelo professor Octavio Ianni. A Áries Editora publica em São Paulo o livro de Pietro Maria Bardi *Ex-votos de Mário Cravo*, e a Editora Creficullo lança o livro do mesmo autor *40 anos de Masp*, ambos prefaciados por Gilberto Freyre.

**1987** Instituição, em 11 de março, da Fundação Gilberto Freyre. Em 30 de março, recebe em Apipucos a visita do presidente Mário Soares. Em 7 de abril, submete-se a uma cirurgia para implantação de marca-passo no Incor do Hospital Português. Em 18 de abril, Sábado Santo, recebe de Dom Basílio Penido, OSB, os sacramentos da Reconciliação, da Eucaristia e da Unção dos Enfermos. Morre no Hospital Português, às 4 horas de 18 de julho, aniversário de Magdalena. Sepultamento no Cemitério de Santo Amaro, às 18 horas, com discurso do ministro Marcos Freire. Em 20 de julho, o senador Afonso Arinos ocupa a tribuna da Assembleia Nacional Constituinte para homenagear sua memória. Em 19 de julho, o jornal *ABC de Madri* publica um artigo de Julián Marías: Adiós a um brasileño universal. Em 24 de julho, missas concelebradas, no Recife, por Dom José Cardoso Sobrinho e Dom Heber Vieira da Costa, OSB, e em Brasília, por Dom Hildebrando de Melo e pelos vigários da catedral e do Palácio da Alvorada com coral da Universidade de Brasília. Missa celebrada no seminário, com canto gregoriano a cargo das Beneditinas de Santa Gertrudes, de Olinda. A Editora Record publica *Modos de homem e modas de mulher* e a 2ª edição de *Vida, forma e cor*; *Assombrações do Recife Velho* e *Perfil de Euclides e outros perfis*; a José Olympio Editora, a 25ª edição brasileira de *Casa-grande & senzala*. O Círculo do Livro lança nova edição de *Dona Sinhá e o filho padre*, e a Editora Massangana publica *Pernambucanidade consagrada* (discursos de Gilberto Freyre e Waldemar Lopes na Academia Pernambucana de Letras). Ciclo de conferências promovido pela Fundação Joaquim Nabuco em memória de Gilberto Freyre, tendo como conferencistas Julián Marías, Adriano Moreira, Maria do Carmo Tavares de Miranda e José Antônio Gonsalves de Mello (convidado, deixou de vir, por motivo de doença, o antropólogo Jean Duvignaud). Ciclo de conferências promovido em Maceió pelo governo do estado de Alagoas, a cargo de Maria do Carmo Tavares de Miranda, Odilon Ribeiro Coutinho e José Antônio Gonsalves de Mello. Homenagem do Conselho Latino-Americano de Ciências Sociais, na abertura de sua XIV Assembleia Geral, realizada no Recife, de 16 a 21 de novembro. A editora mexicana Fondo de Cultura Económica publica a 2ª edição, como livro de bolso, de *Interpretación del Brasil*. A revista *Ciência e Cultura* publica em seu número de setembro o necrológio de Gilberto Freyre, solicitado por Maria Isaura Pereira de Queiroz a Edson Nery da Fonseca.

**1988** Em convênio com a Fundação Gilberto Freyre e sob os auspícios do Grupo Gerdau, a Editora Record publica no Rio de Janeiro a obra póstuma *Ferro e civilização no Brasil*.

**1989** Em sua 26ª edição, *Casa-grande & senzala* passa a ser publicada pela Editora Record, até a 46ª edição, em 2002.

**1990** A Fundação das Artes e a Empresa Gráfica da Bahia publicam em Salvador *Bahia e baianos*, obra póstuma organizada e prefaciada por Edson Nery da Fonseca. A editora Klett-Cotta lança em Stuttgart a 2ª edição alemã de *Sobrados e mucambos* (*Das land in der Stadt*). Realiza-se na Fundação Joaquim Nabuco o seminário O cotidiano em Gilberto Freyre, organizado por Fátima Quintas (anais publicados no mesmo ano pela Editora Massangana).

**1994** A Câmara dos Deputados publica, como volume 39 de sua Coleção Perfis Parlamentares, *Discursos parlamentares*, de Gilberto Freyre, texto organizado, anotado e prefaciado por Vamireh Chacon. A Editora Agir publica no Rio de Janeiro a antologia *Gilberto Freyre*, organizada por Edilberto Coutinho como volume 117 da Coleção Nossos Clássicos, dirigida por Pedro Lyra. A Editora 34 publica no Rio de Janeiro a tese de doutoramento de Ricardo Benzaquen de Araújo *Guerra e paz:* Casa-grande & senzala *e a obra de Gilberto Freyre nos anos 30*.

**1995** Realiza-se na Fundação Joaquim Nabuco a semana de estudos comemorativos dos 95 anos de Gilberto Freyre, com conferências reunidas e apresentadas por Fátima Quintas na obra coletiva *A obra em tempos vários (Editora* Massangana*)*, publicada em 1999. A Fundação de Cultura da Cidade do Recife e a Imprensa Universitária da Universidade Federal de Pernambuco publicam no Recife *Novas conferências em busca de leitores*, obra póstuma organizada e prefaciada por Edson Nery da Fonseca. A Editora Massangana publica o livro de Sebastião Vila Nova *Sociologias e pós-sociologia em Gilberto Freyre*.

**1996** Realiza-se na Fundação Joaquim Nabuco o simpósio Que somos nós?, organizado por Maria do Carmo Tavares de Miranda em comemoração aos sessenta anos de *Sobrados e mucambos* (anais publicados pela Editora Massangana em 2000).

**1997** Comemorando seu septuagésimo quinto aniversário, a revista norte-americana *Foreign Affairs* publica o resultado de um inquérito destinado à escolha de 62 obras "que fizeram a cabeça do mundo a partir de 1922". *Casa-grande & senzala* é apontada como uma delas pelo professor Kenneth Maxwell. A Companhia das Letras publica em São Paulo a 4ª edição de *Açúcar*, livro reimpresso em 2002 por iniciativa da Usina Petribu.

**1999** Por iniciativa da Fundação Oriente, da Universidade da Beira Interior e da Sociedade de Geografia de Lisboa, iniciam-se em Portugal as comemorações do centenário de nascimento de Gilberto Freyre, com o colóquio realizado na Sociedade de Geografia de Lisboa, de 11 e 12 de fevereiro, Lusotropicalismo revisitado, sob a direção dos professores Adriano Moreira e José Carlos Venâncio.

A Fundação Oriente institui um prêmio anual de 1 milhão de escudos para "galardoar trabalhos de investigação na área da perspectiva gilbertiana sobre o Oriente". As comemorações pernambucanas são iniciadas em 14 de março, com missa solene concelebrada na Basílica do Mosteiro de São Bento de Olinda, com canto gregoriano pelas Beneditinas Missionárias da Academia Santa Gertrudes. Pelo Decreto nº 21.403, de 7 de maio, o governador de Pernambuco declara, no âmbito estadual, Ano Gilberto Freyre 2000. Pelo Decreto de 13 de julho, o presidente da República institui o ano 2000 como Ano Gilberto Freyre. A UniverCidade do Rio de Janeiro institui, por sugestão da editora Topbooks, o prêmio de 20 mil dólares para o melhor ensaio sobre Gilberto Freyre.

**2000** Por iniciativa da TV Cultura de São Paulo, são elaborados os filmes *Gilbertianas I* e *II*, dirigidos pelo cineasta Ricardo Miranda com a colaboração do antropólogo Raul Lody. Em 13 de março, ocorre o lançamento nacional da produção, numa promoção do Shopping Center Recife/UCI Cinemas/Weston Táxi Aéreo. Em 21 de março são lançados na sala Calouste Gulbenkian da Fundação Joaquim Nabuco, no Núcleo de Estudos Freyrianos, no governo do estado de Pernambuco, na Sudene e no Ministério da Cultura. Por iniciativa do canal GNT, VideoFilmes e Regina Filmes, o cineasta Nelson Pereira dos Santos dirige quatro documentários intitulados genericamente de *Casa-grande & senzala*, tendo Edson Nery da Fonseca como corroteirista e narrador. Filmados no Brasil, em Portugal e na Universidade de Colúmbia em Nova York, o primeiro, *O Cabral moderno*, exibido pelo canal GNT a partir de 21 de abril. Os demais, *A cunhã: mãe da família brasileira*, *O português: colonizador dos trópicos* e *O escravo na vida sexual e de família do brasileiro*, são exibidos pelo mesmo canal, a partir de 2001. As editoras Letras e Expressões e Abregraph publicam a 2ª edição de *Casa-grande & senzala em quadrinhos*, com ilustrações de Ivan Wasth Rodrigues colorizadas por Noguchi. A editora Topbooks lança a 2ª edição brasileira de *Novo mundo nos trópicos*, prefaciada por Wilson Martins. A revista *Novos Estudos Cebrap*, n. 56, publica o dossiê Leituras de Gilberto Freyre, com apresentação de Ricardo Benzaquen de Araújo, incluindo as introduções de Fernand Braudel à edição italiana de *Casa-grande & senzala*, de Lucien Fèbvre à edição francesa, de Antonio Sérgio a *O mundo que o português criou* e de Frank Tannenbaum à edição norte-americana de *Sobrados e mucambos*. Em 15 de março, realiza-se na Maison de Sciences de l'Homme et de la Science o colóquio Gilberto Freyre e a França, organizado pela professora Ria Lemaire, da Universidade de Poitiers. Nesse mesmo dia, o arcebispo de Olinda e Recife, José Cardoso, celebra missa solene na Igreja de São Pedro dos Clérigos, com cantos do coral da Academia Pernambucana de Música. Na tarde de 15 de março, é apresentada, na sala Calouste Gulbenkian, em projeção de VHF, a Biblioteca Virtual Gilberto Freyre, disponível imediatamente na internet. De 21 a 24 de março realiza-se na Fundação Gilberto Freyre o Seminário Internacional Novo Mundo nos Trópicos (anais publicados com título homônimo). De 28 a 31 de março é apresentado no Centro Cultural Banco do Brasil do Rio de Janeiro o ciclo de palestras A propósito de Gilberto Freyre (não reunidas em livro). De 14 a 16 de agosto realiza-se o seminário Gilberto Freyre: patrimônio brasileiro, promovido conjuntamente pela Fundação Roberto Marinho, pela UniverCidade do Rio de Janeiro, pelo Colégio do Brasil, pela Academia Brasileira de Letras, pela *Folha de S.Paulo* e pelo Instituto de Estudos Avançados da USP. Iniciado no auditório da Academia Brasileira de Letras e num dos *campi* da UniverCidade, é concluído no auditório da *Folha de S.Paulo* e na cidade universitária da USP. Em 18 de outubro, realiza-se no anfiteatro da História da USP o seminário multidisciplinar Relendo Gilberto Freyre, organizado pelo Centro Angel Rama da Faculdade de Filosofia, Letras e Ciências Humanas na mesma universidade. Em 20 de outubro realiza-se na embaixada do Brasil em Paris o seminário Gilberto Freyre e as ciências sociais no Brasil, promovido pelo Ministério das Relações Exteriores e Fundação Gilberto Freyre. Em 30 de outubro realiza-se em Buenos Aires o seminário À la busqueda de la identidad: el ensayo de interpretación nacional en Brasil y Argentina. De 6 a 9 de novembro é realizada no Sun Valley Park Hotel, em Marília (SP), a Jornada de Estudos Gilberto Freyre, organizada pela Faculdade de Filosofia e Ciências da Unesp. Em 21 de novembro, na Universidade de Essex, ocorre o seminário *The english in Brazil:* a study in cultural encounters, dirigido pela professora Maria Lúcia Pallares-Burke. Em 27 de novembro, realiza-se na Universidade de Cambridge o seminário Gilberto Freyre & história social do Brasil, dirigido pelos professores Peter Burke e Maria Lúcia Pallares-Burke. De 27 a 30 de novembro, acontece no Centro de Ciências Humanas, Letras e Artes da Universidade Federal da Paraíba o simpósio Gilberto Freyre: interpenetração do Brasil, organizado pela professora Elisalva Madruga Dantas e pelo poeta e multiartista Jomard Muniz de Brito (anais com título homônimo publicados pela editora Universitária em 2002). De 28 a 30 de novembro, ocorre na sala Calouste Gulbenkian da Fundação Joaquim Nabuco o seminário internacional Além do apenas moderno. De 5 a 7 de dezembro é apresentado no auditório João Alfredo da Universidade Federal de Pernambuco o seminário Outros Gilbertos, organizado pelo Laboratório de Estudos Avançados de Cultura Contemporânea do Departamento de Antropologia da mesma universidade. Publica-se em São Paulo, pelo Grupo Editorial Cone Sul, o ensaio de Gustavo Henrique Tuna *Gilberto Freyre: entre tradição & ruptura*, premiado na categoria "ensaio" do 3º Festival Universitário de Literatura, organizado pela Xerox do Brasil e pela revista *Livro Aberto*. Por iniciativa do deputado Aldo Rebelo a Câmara dos Deputados reúne no opúsculo Gilberto Freyre e a formação do Brasil, prefaciado por Luís Fernandes, ensaios do próprio deputado, de Otto Maria Carpeaux e de Regina Maria A. F. Gadelha. A Editora Comunigraf publica no Recife o livro de Mário Hélio *O Brasil de Gilberto Freyre: uma introdução à leitura de sua obra*, com ilustrações de José Cláudio e prefácio de Edson Nery da Fonseca. A Editora Casa Amarela publica em São Paulo a 2ª edição do ensaio de Gilberto Felisberto Vasconcellos *O xará de Apipucos*. A Embaixada do Brasil em Bogotá publica o opúsculo Imagenes, com texto e ilustrações selecionadas por Nora Ronderos.

**2001** A Companhia das Letras publica em São Paulo a 2ª edição de *Interpretação do Brasil*, organizada e prefaciada por Omar Ribeiro Thomaz (nº 19 da Coleção Retratos do Brasil). A editora Topbooks publica no Rio de Janeiro a obra coletiva *O imperador das ideias: Gilberto Freyre em questão*, organizada pelos professores Joaquim Falcão e Rosa Maria Barboza de Araújo, reunindo conferências do seminário realizado no Rio de Janeiro e em São Paulo de 14 a 17 de agosto de 2000. A editora Topbooks e a UniverCidade publicam no Rio de Janeiro a 2ª edição de *Além do apenas moderno*, prefaciada por José Guilherme Merquior e as 3ªs edições de *Aventura e rotina*, prefaciada por Alberto da Costa e Silva, e de *Ingleses no Brasil*, prefaciada por Evaldo Cabral de Mello. A Editora da Universidade do Estado de Pernambuco publica, como nº 18 de sua Coleção Nordestina, o livro póstumo *Antecipações*, organizado e prefaciado por Edson Nery da Fonseca. A Editora Garamond publica no Rio de Janeiro o livro de Helena

Bocayuva *Erotismo à brasileira: o excesso sexual na obra de Gilberto Freyre*, prefaciado pelo professor Luiz Antonio de Castro Santos. O *Diário Oficial da União* de 28 de dezembro de 2001 publica, à página 6, a Lei nº 10.361, de 27 de dezembro de 2001, que confere o nome de Aeroporto Internacional Gilberto Freyre ao Aeroporto Internacional dos Guararapes do Recife. O Projeto de Lei é de autoria do deputado José Chaves (PMDB-PE).

**2002** Publica-se no Rio de Janeiro, em coedição da Fundação Biblioteca Nacional e Zé Mário Editor, o livro de Edson Nery da Fonseca *Gilberto Freyre de A a Z*. É lançada em Paris, sob os auspícios da ONG da Unesco Allca XX e como volume 55 da Coleção Archives, a edição crítica de *Casa-grande & senzala*, organizada por Guillermo Giucci, Enrique Rodríguez Larreta e Edson Nery da Fonseca.

**2003** O governo instalado no Brasil em 1º de janeiro extingue, sem nenhuma explicação, o Seminário de Tropicologia criado em 1966 pela Universidade Federal de Pernambuco, por sugestão de Gilberto Freyre, e incorporado em 1980 à estrutura da Fundação Joaquim Nabuco. Gustavo Henrique Tuna defende, no Departamento de História do Instituto de Filosofia e Ciências Humanas da Unicamp, a dissertação de mestrado *Viagens e viajantes em Gilberto Freyre*. A Editora da Universidade de Brasília publica, em coedição com a Imprensa Oficial do Estado de São Paulo, as seguintes obras póstumas, organizadas por Edson Nery da Fonseca: *Palavras repatriadas* (prefácio e notas do organizador); *Americanidade e latinidade da América Latina e outros textos afins*, *Três histórias mais ou menos inventadas* (com prefácio e posfácio de César Leal) e *China tropical*. A Global Editora publica a 47ª edição de *Casa-grande & senzala* (com apresentação de Fernando Henrique Cardoso). No mesmo ano, lança a 48ª edição da obra-mestra de Freyre. A mesma editora publica a 14ª edição de *Sobrados e mucambos* (com apresentação de Roberto DaMatta). Publica-se pela Edusc, Editora Unesp e Fapesp o livro *Gilberto Freyre em quatro tempos* (organização de Ethel Volfzon Kosminsky, Claude Lépine e Fernanda Arêas Peixoto), reunindo comunicações apresentadas na Jornada de Estudos Gilberto Freyre, realizada em Marília (SP), em 2000. É lançado pela Edusc, Editora Sumaré e Anpocs o livro de Élide Rugai Bastos *Gilberto Freyre e o pensamento hispânico: entre Dom Quixote e Alonso El Bueno*.

**2004** A Global Editora publica a 6ª edição de *Ordem e progresso* (apresentação de Nicolau Sevcenko), a 7ª edição de *Nordeste* (com apresentação de Manoel Correia de Oliveira Andrade), a 15ª edição de *Sobrados e mucambos* e a 49ª edição de *Casa-grande & senzala*. Em conjunto com a Fundação Gilberto Freyre, a editora lança o Concurso Nacional de Ensaios Prêmio Gilberto Freyre 2004/2005, destinado a premiar e a publicar ensaio que aborde "qualquer dos aspectos relevantes da obra do escritor Gilberto Freyre".

**2005** Em 15 de março é premiado o trabalho de Élide Rugai Bastos intitulado *As criaturas de Prometeu: Gilberto Freyre e a formação da sociedade brasileira,* vencedor do Concurso Nacional de Ensaios Prêmio Gilberto Freyre 2004/2005, promovido pela Fundação Gilberto Freyre e pela Global Editora. Esta publica a 50ª edição (edição comemorativa) de *Casa-grande & senzala*, em capa dura. Em agosto, o grupo de teatro Os Fofos Encenam, sob a direção de Newton Moreno, estreia a peça *Assombrações do Recife Velho*, adaptação da obra homônima de Gilberto Freyre, no Casarão do Belvedere, situado no bairro Bela Vista, em São Paulo. Em 18 de outubro, na Livraria Cultura do Shopping Villa-Lobos, em São Paulo, é lançado *Gilberto Freyre: um vitoriano dos trópicos*, de Maria Lúcia Pallares-Burke, pela Editora Unesp, em mesa-redonda com a participação dos professores Antonio Dimas, José de Souza Martins, Élide Rugai Bastos e a autora do livro. A Global Editora publica a 3ª edição de *Casa-grande & senzala em quadrinhos*, com ilustrações de Ivan Wasth Rodrigues colorizadas por Noguchi.

**2006** Realiza-se em 15 de março na 19ª Bienal Internacional do Livro de São Paulo, sediada no Pavilhão de Exposições do Anhembi, no salão A-Mezanino, a mesa de debate sobre os setenta anos de *Sobrados e mucambos*, de Gilberto Freyre, com a presença dos professores Roberto DaMatta, Élide Rugai Bastos, Enrique Rodríguez Larreta e mediação de Gustavo Henrique Tuna. No evento, é lançado o 2º Concurso Nacional de Ensaios Prêmio Gilberto Freyre 2006/2007, organizado pela Global Editora e pela Fundação Gilberto Freyre, que aborda qualquer aspecto referente à obra *Sobrados e mucambos*. A Global Editora publica a 2ª edição, revista, de *Tempo morto e outros tempos*, prefaciada por Maria Lúcia Garcia Pallares-Burke. Realiza-se no auditório do Instituto de Filosofia e Ciências Humanas da Unicamp, nos dias 25 e 26 de abril, o Simpósio Gilberto Freyre: produção, circulação e efeitos sociais de suas ideias, com a presença de inúmeros estudiosos do Brasil e do exterior da obra do sociólogo pernambucano. A Global Editora publica *As criaturas de Prometeu: Gilberto Freyre e a formação da sociedade brasileira*, de Élide Rugai Bastos, trabalho vencedor da 1ª edição do Concurso Nacional de Ensaios Prêmio Gilberto Freyre 2004/2005, promovido pela editora e pela Fundação Gilberto Freyre.

**2007** Publicam-se em São Paulo, pela Global Editora: a 5ª edição do livro *Açúcar*, apresentada por Maria Lecticia Monteiro Cavalcanti; a 5ª edição revista, atualizada e aumentada por Antonio Paulo Rezende do livro *Guia prático, histórico e sentimental da cidade do Recife*; a 6ª edição revista e atualizada por Edson Nery da Fonseca do livro *Olinda: 2º guia prático, histórico e sentimental de cidade brasileira*. Publica-se no Rio de Janeiro, pela Civilização Brasileira, o primeiro volume da obra *Gilberto Freyre, uma biografia cultural*, dos pesquisadores uruguaios Enrique Rodríguez Larreta e Guillermo Giucci, em tradução de Josely Vianna Baptista. Publica-se no Recife, pela Editora Massangana, o livro de Edson Nery da Fonseca *Em torno de Gilberto Freyre*.

**2008** O Museu da Língua Portuguesa de São Paulo encerra em 4 de maio a exposição, iniciada em 27 de novembro de 2007, *Gilberto Freyre intérprete do Brasil*, sob a curadoria de Élide Rugai Bastos, Júlia Peregrino e Pedro Karp Vasquez. Publicam-se em São Paulo, pela Global Editora: a 4ª edição revista do livro *Vida social no Brasil nos meados do século XIX*, com apresentação e índices de Gustavo Henrique Tuna; e a 6ª edição do livro *Assombrações do Recife Velho*, com apresentação de Newton Moreno, autor da adaptação teatral representada com sucesso em São Paulo. O editor Peter Lang de Oxford publica o livro de Peter Burke e Maria Lúcia Pallares-Burke *Gilberto Freyre: social theory in the tropics*, versão de *Gilberto Freyre, um vitoriano nos trópicos*, publicado em 2005 pela Editora Unesp, que em 2006 recebeu os Prêmios Senador José Ermírio de Moraes da ABL (Academia Brasileira de letras) e Jabuti, na categoria Ciências Humanas.

A Global Editora publica *Ensaio sobre o jardim*, de Solange de Aragão, trabalho vencedor da 2ª edição do Concurso Nacional de Ensaios Prêmio Gilberto Freyre 2006/2007, promovido pela editora e pela Fundação Gilberto Freyre.

**2009** A Global Editora publica a 2ª edição de *Modos de homem & modas de mulher* com texto de apresentação de Mary Del Priore. A É Realizações Editora publica em São Paulo a 6ª edição do livro *Sociologia: introdução ao estudo dos seus princípios*, com prefácio de Simone Meucci e posfácio de Vamireh Chacon, e a 4ª edição de *Sociologia da medicina*, com prefácio de José Miguel Rasia. O Diário de Pernambuco edita a obra *Crônicas do cotidiano: a vida cultural de Pernambuco nos artigos de Gilberto Freyre*, antologia organizada por Carolina Leão e Lydia Barros. A Editora Unesp publica, em tradução de Fernanda Veríssimo, o livro de Peter Burke e Maria Lúcia Pallares-Burke *Repensando os trópicos: um retrato intelectual de Gilberto Freyre*, com prefácio à edição brasileira.

**2010** Publica-se pela Global Editora o livro *Nordeste semita: ensaio sobre um certo Nordeste que em Gilberto Freyre também é semita*, de autoria de Caesar Sobreira, trabalho vencedor da 3ª edição do Concurso Nacional de Ensaios Prêmio Gilberto Freyre 2008/2009, promovido pela editora e pela Fundação Gilberto Freyre. A Global Editora publica a 4ª edição de *O escravo nos anúncios de jornais brasileiros do século XIX*, com apresentação de Alberto da Costa e Silva. A É Realizações publica a 4ª edição de *Aventura e rotina*, a 2ª edição de *Homens, engenharias e rumos sociais*, as 2ªs edições de *O luso e o trópico*, *O mundo que o português criou*, *Uma cultura ameaçada e outros ensaios* (versão ampliada de *Uma cultura ameaçada: a luso--brasileira*), *Um brasileiro em terras portuguesas* (a 1ª edição publicada no Brasil) e a 3ª edição de *Vida, forma e cor*. A Editora Girafa publica *Em torno de Joaquim Nabuco*, reunião de textos que Gilberto Freyre escreveu sobre o abolicionista organizada por Edson Nery da Fonseca com colaboração de Jamille Cabral Pereira Barbosa. Gilberto Freyre é o autor homenageado da 10ª edição da Feira Nacional do Livro de Ribeirão Preto, realizada entre os dias 14 e 18 de junho. É também o autor homenageado da 8ª edição da Festa Literária Internacional de Paraty (Flip), ocorrida na cidade carioca entre os dias 4 e 8 de agosto. Para a homenagem, foram organizadas mesas com convidados nacionais e do exterior. A conferência de abertura, em 4 de agosto, é lida pelo ex-presidente Fernando Henrique Cardoso e debatida pelo historiador Luiz Felipe de Alencastro; no dia 5 realiza-se a mesa Ao correr da pena, com Moacyr Scliar, Ricardo Benzaquen e Edson Nery da Fonseca, com mediação de Ángel Gurría-Quintana; no dia 6 ocorre a mesa Além da casa-grande, com Alberto da Costa e Silva, Maria Lúcia Pallares-Burke e Ângela Alonso, com mediação de Lilia Schwarcz; no dia 8 realiza-se a mesa Gilberto Freyre e o século XXI, com José de Souza Martins, Peter Burke e Hermano Vianna, com mediação de Benjamim Moser. É lançado na Flip o tão esperado inédito de Gilberto Freyre *De menino a homem*, espécie de livro de memórias do pernambucano, pela Global Editora. A edição, feita com capa dura, traz um rico caderno iconográfico, conta com texto de apresentação de Fátima Quintas e notas de Gustavo Henrique Tuna. O lançamento do tão aguardado relato autobiográfico até então inédito de Gilberto Freyre realiza-se na noite de 5 de agosto, na Casa da Cultura de Paraty, ocasião em que o ator Dan Stulbach lê trechos da obra para o público presente. O Instituto Moreira Salles publica uma edição especial para a Flip de sua revista *Serrote*, com poemas de Gilberto Freyre comentados por Eucanaã Ferraz. A Funarte publica o volume 5 da Coleção Pensamento Crítico, intitulado *Gilberto Freyre, uma coletânea de escritos do sociólogo pernambucano sobre arte*, organizado por Clarissa Diniz e Gleyce Heitor.

**2011** Realiza-se entre os dias 31 de março e 1º de abril na Universidade Lusófona, em Lisboa, o colóquio Identidades, hibridismos e tropicalismos: leituras pós-coloniais de Gilberto Freyre, com a participação de importantes intelectuais portugueses como Diogo Ramada Curto, Pedro Cardim, António Manuel Hespanha, Cláudia Castelo, entre outros. A Global Editora publica *Perfil de Euclides e outros perfis*, com texto de apresentação de Walnice Nogueira Galvão. O livro *De menino a homem* é escolhido vencedor na categoria Biografia da 53ª edição do Prêmio Jabuti. A cerimônia de entrega do prêmio ocorre em 30 de novembro na Sala São Paulo, na capital paulista. A 7ª edição da Festa Literária Internacional de Pernambuco (Fliporto), realizada entre os dias 11 e 15 de novembro na Praça do Carmo, em Olinda, tem Gilberto Freyre como autor homenageado, com mesas dedicadas a discutir a obra do sociólogo. Participam das mesas no Congresso Literário da Fliporto intelectuais como Edson Nery da Fonseca, Fátima Quintas, Raul Lody, João Cezar de Castro Rocha, Vamireh Chacon, José Carlos Venâncio, Valéria Torres da Costa e Silva, Maria Lecticia Cavalcanti, entre outros. Dentro da programação da Feira, a Global Editora lança os livros *China tropical*, com texto de apresentação de Vamireh Chacon, e *O outro Brasil que vem aí*, publicação voltada para o público infantil que traz o poema de Gilberto Freyre ilustrado por Dave Santana. No mesmo evento, é lançado pela Editora Cassará o livro *O grande sedutor: escritos sobre Gilberto Freyre de 1945 até hoje*, reunião de vários textos de Edson Nery da Fonseca a respeito da obra do sociólogo. Publica-se pela Editora Unesp o livro *Um estilo de história A viagem, a memória e o ensaio: sobre Casa-grande & senzala e a representação do passado*, de autoria de Fernando Nicolazzi, originado da tese vencedora do Prêmio Manoel Luiz Salgado Guimarães de teses de doutorado na área de História promovido no ano anterior pela Anpuh.

**2012** A edição de março da revista do Sesc de São Paulo publica um perfil de Gilberto Freyre. A Global Editora publica a 2ª edição de *Talvez poesia*, com texto de apresentação de Lêdo Ivo e dois poemas inéditos: "Francisquinha" e "Atelier". Pela mesma editora, publica-se a 2ª edição do livro *As melhores frases de Casa-grande & senzala: a obra-prima de Gilberto Freyre*, organizado por Fátima Quintas. Publica-se pela Topbooks o livro *Caminhos do açúcar*, de Raul Lody, que reúne temas abordados pelos trabalhos do sociólogo pernambucano. A Editora Unesp publica o livro *O triunfo do fracasso: Rüdiger Bilden, o amigo esquecido de Gilberto Freyre*, de Maria Lúcia Pallares-Burke, com texto de orelha de José de Souza Martins. A Fundação Gilberto Freyre promove em sua sede, em 10 de dezembro, o debate "A alimentação na obra de Gilberto Freyre, com presença de Maria Lecticia Monteiro Cavalcanti, pesquisadora em assuntos gastronômicos.

**2013** Publica-se pela Fundação Gilberto Freyre o livro *Gilberto Freyre e as aventuras do paladar*, de autoria de Maria Lecticia Monteiro Cavalcanti. Vanessa Carnielo Ramos defende, no Departamento de História do Instituto de Ciências Humanas e Sociais da Universidade Federal de Ouro Preto, a dissertação de mestrado *À margem do texto: estudo dos prefácios e notas de rodapé de Casa-grande & senzala*. A Global Editora e a Fundação Gilberto Freyre abrem as inscrições para o 5º Concurso Nacional de Ensaios Prêmio Gilberto Freyre 2013/2014, que tem como tema Família, mulher e criança. Em 4 de outubro, inaugura-se no Centro Cultural dos Correios, no Recife, a exposição Recife: Freyre em frames, com fotografias de Max Levay Reis e cocuradoria de Raul Lody, baseada em textos do livro *Guia prático, histórico e sentimental da cidade do Recife*, de Gilberto Freyre. Publica-se pela Global Editora uma edição comemorativa de *Casa-grande & senzala*, por ocasião dos oitenta anos de publicação do livro, completados no mês de dezembro. Feita em capa dura, a edição traz nova capa com foto do Engenho Poço

Comprido, localizado no município pernambucano de Vicência, de autoria de Fabio Knoll, e novo caderno iconográfico, contendo imagens relativas à história da obra-mestra de Gilberto Freyre e fortuna crítica. Da tiragem da referida edição, foram separados e numerados 2013 exemplares pela editora.

**2014** Nos dias 4 e 5 de fevereiro, no auditório Manuel Correia de Andrade do Centro de Filosofia e Ciências Humanas da Universidade Federal de Pernambuco, realiza-se o evento Gilberto Freyre: vida e obra em comemoração aos 15 anos da criação da Cátedra Gilberto Freyre, contemplando palestras, mesas-redondas e distribuição de brindes. No dia 23 de maio, em evento da Festa Literária Internacional das UPPs (FLUPP) realizado no Centro Cultural da Juventude, sediado na capital paulista, o historiador Marcos Alvito profere aula sobre Gilberto Freyre. Entre os dias 12 e 15 de agosto, no auditório do Instituto Ricardo Brennand, no Recife, Maria Lúcia Pallares-Burke ministra o VIII Curso de Extensão Para ler Gilberto Freyre. Realiza-se em 11 de novembro no Empório Eça de Queiroz, na Madalena, o lançamento do livro *Caipirinha: espírito, sabor e cor do Brasil*, de Jairo Martins da Silva. A publicação bilíngue (português e inglês), além de ser prefaciada por Gilberto Freyre Neto, traz capítulo dedicado ao sociólogo pernambucano intitulado "Batidas: a drincologia do mestre Gilberto Freyre".

**2015** Publica-se pela Global Editora a 3ª edição de *Interpretação do Brasil*, com introdução e notas de Omar Ribeiro Thomaz e apresentação de Eduardo Portella. Publica-se pela editora Appris, de Curitiba, o livro *Artesania da Sociologia no Brasil: contribuições e interpretações de Gilberto Freyre*, de autoria de Simone Meucci. Pela Edusp, publica-se a obra coletiva *Gilberto Freyre: novas leituras do outro lado do Atlântico*, organizada por Marcos Cardão e Cláudia Castelo. Marcando os 90 anos da publicação do *Livro do Nordeste*, realiza-se em 2 de setembro na I Feira Nordestina do Livro, no Centro de Convenções de Pernambuco, em Olinda, um debate com a presença de Mário Hélio e Zuleide Duarte. Sob o selo Luminária Academia, da Editora Multifoco, publica-se *O jornalista Gilberto Freyre: a fusão entre literatura e imprensa*, de Suellen Napoleão.

**2016** A Global Editora e a Fundação Gilberto Freyre abrem as inscrições para o 6º Concurso Nacional de Ensaios Prêmio Gilberto Freyre 2016/2017. Realiza-se entre 22 de março e 8 de maio no Recife, na Caixa Cultural, a exposição inédita "Vida, forma e cor", abordando a produção visual de Gilberto Freyre e explorando sua relação com importantes artistas brasileiros do século XX. Na sequência, a mostra segue para São Paulo, ocupando, entre os dias 21 de maio e 10 de julho, um dos andares da Caixa Cultural, na Praça da Sé. Em 14 de abril, Luciana Cavalcanti Mendes defende a dissertação de mestrado *Diários fotográficos de bicicleta em Pernambuco: os irmãos Ulysses e Gilberto Freyre na documentação de cidades na década de 1920* dentro do Programa de Pós-Graduação "Culturas e Identidades Brasileiras" do Instituto de Estudos Brasileiros da USP, sob a orientação da Profa. Dra. Vanderli Custódio. Publica-se pela Global Editora a 2ª edição de *Tempo de aprendiz*, com apresentação do jornalista Geneton Moraes Neto. Em 25 de outubro, na Fundação Joaquim Nabuco, em sessão do Seminário de Tropicologia organizada pela Profa. Fátima Quintas, o Prof. Dr. Antonio Dimas (USP) profere palestra a respeito do *Manifesto Regionalista* por ocasião do aniversário de 90 anos de sua publicação.

**2017** O ensaio *Gilberto Freyre e o Estado Novo: região, nação e modernidade*, de autoria de Gustavo Mesquita, é anunciado como o vencedor do 6º Concurso Nacional de Ensaios Prêmio Gilberto

Freyre 2016/2017, promovido pela Fundação Gilberto Freyre e pela Global Editora. A entrega do prêmio é realizada em 15 de março na sede da fundação, em Apipucos, celebrando conjuntamente os 30 anos da instituição, criada para conservar e disseminar o legado do sociólogo. Publicam-se pela Global Editora o livro *Cartas provincianas: correspondência entre Gilberto Freyre e Manuel Bandeira*, com organização e notas de Silvana Moreli Vicente Dias, e *Algumas assombrações do Recife Velho*, adaptação para os quadrinhos de sete contos extraídos do livro *Assombrações do Recife Velho*: "O Boca-de-Ouro", "Um lobisomem doutor", "O Papa-Figo", "Um barão perseguido pelo diabo", "O visconde encantado", "Visita de amigo moribundo" e "O sobrado da rua de São José". A adaptação é de autoria de André Balaio e Roberto Beltrão; a pesquisa, realizada por Naymme Moraes e as ilustrações, concebidas por Téo Pinheiro.

**Nota:** após o falecimento de Edson Nery da Fonseca, em 22 de junho de 2014, autor deste minucioso levantamento biobibliográfico, sua atualização está sendo realizada por Gustavo Henrique Tuna e tenciona seguir os mesmos critérios empregados pelo profundo estudioso da obra gilbertiana e amigo do autor.

# Apêndice 2 – Edições de Nordeste

## Brasil

**1937** *Nordeste: aspectos da influência da canna sobre a vida e a paizagem do Nordeste do Brasil.* 1ª ed. Rio de Janeiro, José Olympio. Prefácio do autor.

**1951** *Nordeste: aspectos da influência da cana sobre a vida e a paisagem do Nordeste do Brasil.* 2ª ed. rev. e aum. Rio de Janeiro, José Olympio. Prefácios do autor. Ilustrações de Lula Cardoso Ayres e Manoel Bandeira.

**1961** *Nordeste: aspectos da influência da cana sobre a vida e a paisagem do Nordeste do Brasil.* 3ª ed. Rio de Janeiro, José Olympio. Prefácios do autor. Ilustrações de Lula Cardoso Ayres e Manoel Bandeira.

**1967** *Nordeste: aspectos da influência da cana sobre a vida e a paisagem do Nordeste do Brasil.* 4ª ed. Rio de Janeiro, José Olympio. Prefácios do autor. Ilustrações de Lula Cardoso Ayres e Manoel Bandeira.

**1985** *Nordeste: aspectos da influência da cana sobre a vida e a paisagem do Nordeste do Brasil.* 5ª ed. Rio de Janeiro/Recife, José Olympio/Fundarpe. Prefácios do autor. Ilustrações de Lula Cardoso Ayres e Manoel Bandeira.

**1989** *Nordeste: aspectos da influência da cana sobre a vida e a paisagem do Nordeste do Brasil.* 6ª ed. Rio de Janeiro, Record. Prefácios do autor.

**2001** *Nordeste: aspectos da influência da cana sobre a vida e a paisagem do Nordeste do Brasil.* Rio de Janeiro, Record. Prefácios do autor. Reimpressão da 6ª ed.

## Argentina

**1943** *Nordeste: aspectos de la influencia de la caña sobre la vida y el paisaje del Nordeste del Brasil.* Buenos Aires, Espasa-Calpe. Prefácios do autor. Trad. de Cayetano Romano.

## França

**1956** *Terres du sucre.* Paris, Gallimard. Prefácios do autor. Trad. de Jean Orecchioni.

**1992** *Terres du sucre.* 2ª ed. Paris, Qai Voltaire. Prefácios do autor. Apresentação de Jean Duvignaud.

## Itália

**1970** *Nordeste: L'uomo e gli elementi.* Milano, Rizzoli. Ilustração de Manoel Bandeira.

# Índice remissivo

## A

Abolição
  consequências no Nordeste, 177
  negros abandonando engenhos e canaviais, 159
Abolicionismo
  jangadeiro Francisco José do Nascimento ("Dragão do Mar"), 67
  papel libertador do Capibaribe, 66
Acácia, 83, 84
Açúcar
  civilização do açúcar no Nordeste, 38, 42, 58, 70, 74, 75, 86, 90, 97, 104, 108, 111, 114, 116, 124, 127, 131, 136, 140, 149, 150, 152, 156, 157, 158, 160, 175, 182, 183, 184, 185, 186, 189, 190, 191, 192, 194, 195
  decadência, 90
  desenvolvimento de uma "aristocracia quase feudal", 130
  doces e bolos, 54, 123, 124, 125
  enlanguescimento, 126
  proeminência, 87, 181
  prostituição dos rios nordestinos, 71
  transporte, 65, 101
  triunfo no extremo Nordeste, 48, 49
África
  áreas de cultura (estudos de Melville J. Herskovits), 169
  áreas de cultura "baseadas sobre a lavoura", 159
  áreas de cultura com forte organização social, 161
  árvores e plantas levadas ao Brasil, 86
  árvores e sementes levadas ao Brasil, 129
  doenças africanas, 60
  fornecedora de escravos, 48
  influência brasileira, 127
  negros com amor à terra, 159
  proximidade com o extremo Nordeste, 48
  tradições africanas, 50
Agradecimentos pessoais de Gilberto Freyre, 42, 43
Agricultura
  ausência de método agrícola da monocultura, 111
  cabra como inimiga "terrível" da lavoura, 110, 111
  "mística do trabalho agrícola", 162

policultura, 89, 148, 160, 161
pragas, 111
Água
  do mar (nobre), 72
  dominante na paisagem "física e cultural", 57
  e a propagação do coqueiro-da-índia, 69, 70
  "elemento nobre", 63
  importância lembrada por Artur Orlando, 57
  importância para o "estudo do homem", 57
  papel fundamental no Nordeste açucareiro, 58
  poetizada nos nomes dos engenhos, 63
  transporte, 147
Aguiúba, 69
Alagoas
  áreas de cultivo de cana, 61
Alcoolismo, 176
Alemães
  em Pernambuco, 94
Alimentação
  crise de víveres, 109, 110, 150
  da "gente pobre", 109, 122
  dificuldades da colonização europeia na vegetação mais tropical, 89
  do "homem do povo" nordestino, 174
  dos cavalos, 103, 104
  dos escravos, 126
  dos indígenas, 114
  dos senhores de engenho, 122
  imprópria e deficiente entre o proletariado, 176
  nas casas-grandes, 122, 123, 124, 125, 126
  popularidade do caju, 164
  prejudicada pela monocultura, 39
Angelim, 79
Angico, 80
Animais
  importância na vida do brasileiro do Nordeste, 116
  mística do bicho no litoral e na "mata", 116
  proeminência dos de origem europeia, 116
  separados pela cana-de-açúcar, 81
Antilhas
  "movimentos de rebeldia dos escravos", 135, 136
Anúncios em jornais brasileiros do séc. XIX
  cabras de leite, 111

carros, 101
cavalos, 101, 102
escravos fugidos, 155
homens de negócio e técnicos ingleses, 53
negros fugidos, 174
pretos fugidos, 48
Arquitetura
 descaracterização das casas-grandes do Recife, 179
 influências inglesas e francesas, 182
Arte
 da renda, 53, 148, 183

# B

Bacuri, 77
Bagaceira, 46, 51, 81, 114, 121, 156, 175, 176, 189
Bahia
 desenvolvimento da cultura médica, 189
 foco de civilização açucareira, 41
Baianos
 índole dos aristocratas, 164
Bandeirante
 alimentação semelhante à dos indígenas, 114
 eficiência militar, 153
 importância de seu esforço, 51
 superioridade militar sobre o senhor de engenho, 113
Banguê, 165, 178
Banho
 de mar, 71
 de rio, 64, 65, 70, 71, 98, 104, 164
Banzo, 159, 160
Baraúna, 79
Barbados
 produção açucareira, 39
 semelhanças com o Nordeste do Brasil, 39, 40
Benjoim, 148
Boi
 bumba-meu-boi, 106, 107, 108, 183
 companheiro do escravo africano, 104, 106
 comparado ao negro, 105, 107, 108
 consumo de bagaço de cana, 126
 elogio de José Silvestre Rebelo, 104
Bosquímanos, 155
Brasil
 civilização moderna nos trópicos, 47, 49
 colonização híbrida, 136
 formação ligada à Igreja Católica, 193
 mestiço, 140
 séc. XIX: mulato intelectual, 146
 triângulo clássico: engenho, casa-grande (com senzala) e capela, 59
Brasil Império
 engenhos mais ricos fiéis à Monarquia, 52
 fazendeiros de café do Sul (força triunfante), 54
 os grandes políticos, 183
Brasileiro
 das terras de açúcar (separado da mata), 82
 do Nordeste (animais com importância mística), 116
Budião, 69

# C

Cabeleira
 bandido dos canaviais, 66
Caboclo
 figura em extinção no Nordeste, 68
Caboclos
 curandeiros, 82, 127
Cacto mexicano, 84
Café
 fazendeiros do Sul (força triunfante), 54
Cana-de-açúcar
 base da colonização, 48
 colonização de gente "robusta", 156
 "cousin-fusco", 146
 decadência, 90
 degradação da natureza, 178
 degradação do índio e do negro, 97
 destruição das matas, 79
 diminuidora da área pastoril, 109
 endogamia da aristocracia, 129, 130
 história científica, 200
 predomínio da, 79, 80, 81, 87, 88, 112, 173, 181
Canjerê, 167
Capanga, 121
Carneiro
 importância religiosa, 114, 115
Casa-grande
 grande consumo de doce, 125
 presença desde meados do séc. XVI, 48
Casamentos
 entre holandeses e mulheres portuguesas, 151
Casas-grandes
 ausentes na "civilização do couro", 108

Casa da Torre (a maior do Brasil), 183
mal-assombradas, 188
Cavalo
   animal aristocrático, 97, 98, 99, 100, 101, 102, 103
   comparado ao indígena nômade, 105
   cuidados necessários, 104
   ditados populares, 118
   estudos sobre o, 117, 118
   ladrões de cavalo, 103
   morcego como inimigo, 112
   nomes, 108
   prestígio do, 81, 97, 98, 99, 102, 103, 104
   "quase no mesmo nível da mulher para o senhor do engenho", 103
   superioridade sobre o boi (para transporte), 100
   tipos, 98
Chá, 53, 54, 83
Ciganos, 115, 117
Clero
   curiosidade intelectual, 187
   grandes bispos, 192
Clima
   adaptações do vestuário ao trópico, 113
   doçura do clima nordestino, 85
   tropical brasileiro e a adaptação do negro, 50
Colégios
   de artes, 188
Colonização
   agrária, 150, 159
   atuação de Duarte Coelho, 127, 128, 129, 130, 157, 158
   "contato fecundante do europeu com a terra virgem", 129
   hibridismo, 136
Copaíba, 148
Cozinha
   doces finos, 54, 90, 123, 124
   peixe, 69
   popularidade do caju, 164
Cristianismo
   confraternização cristã dos africanos, 189
Cuba
   escravidão africana, 40
   foco de civilização açucareira, 41
   latifúndio, 40
   monocultura canavieira, 40
   semelhanças com o Brasil, 40
Culinária
   doces finos, 54, 90, 123, 124
   peixe, 69
   popularidade do caju, 164
Cultura
   africana, 159, 161, 169
   brasileira (enriquecida pela civilização nordestina do açúcar), 194

# D

Danças
   afro-brasileiras, 162
   dos ciganos, 115
Doença
   erisipela, 45
Doenças
   ancilostomíase, 172
   causadas pelas economia escravista, 147
   da cana, 42
   "do mar", 48
   erisipela, 45, 66
   escorbuto, 48, 126
   esquistossomose, 38, 70, 76
   febre, 112
   geofagia, 45
   impaludismo, 112, 172
   mentais, 38, 175
   nervosas, 175
   sífilis, 147, 150, 172, 176
   trazidas da África, 60
   venéreas, 150

# E

Ecologia
   animal, 80
   estudo das plantas do Nordeste por Guilherme Piso, 148
   importância da água, 57, 63, 70
   importância da "árvore da terra", 83, 84, 85
   importância das matas, 60, 80, 81, 88, 112, 173
   importância dos animais, 80, 81
   nordestina, 74
   possível desequilíbrio com o saneamento do pântano, 85
   regional, 46
   vegetal, 80
Economia
   agrária nas colônias inglesas da América, 104

colonial (baseada na cana-de-açúcar), 48
decadência da cana-de-açúcar, 90
desequilíbrio entre a pecuária e a lavoura
    no Nordeste, 110
escravista causadora de doenças, 147
história econômica do açúcar
    no Nordeste, 180, 181
Engenhos
    agitadores no interior, 186
    antecipadores das cidades como "centros de
        cultura intelectual", 186, 187
    arquivos, 101, 123, 124, 191
    doces e bolos, 124, 125
    estrutura para seu sustento, segundo
        Ambrósio F. Brandão, 105
    instalação dos primeiros engenhos, 59
    mais ricos (fidelidade à monarquia), 52
    na várzea do Capibaribe, 62, 63
    nomes (poetização da água), 63
    nomes de santos, 62
Ensino
    cursos superiores em Salvador e em Olinda, 187,
        188, 190
    fundação de cursos superiores, 190
    influências inglesas e francesas, 182
Escravidão
    analistas do "sistema escravocrata", 146, 147, 165
    áreas de procedência dos africanos importados
        para o Brasil, 154
    desfavorável ao desenvolvimento das faculdades
        críticas, 141
    enciclopedistas antiescravocratas, 189
    no Maranhão, 141, 146, 190
Escravos
    áreas de procedência dos africanos importados
        para o Brasil, 154
    base da civilização do açúcar, 127, 128
    boi como aliado no trabalho agrícola, 104, 106
    fugidos, 155
    mercados de escravos no Recife, 155
    movimentos rebeldes nas Antilhas, 135
    numerosos nos grandes engenhos, 131
    vindos de Angola (os melhores para o trabalho
        agrícola, segundo Barléus), 154
Estados Unidos
    suicídio de negros, 160
Estradas de ferro
    de usinas, 42

Great Western, 46, 87
    no Nordeste, 117
    particular, 40
Eucalipto australiano, 83, 84, 85
Eugenia, 50, 130, 153, 154, 157, 158, 164, 175, 182

# F

Faca de ponta, 183
Família
    endogamia, 130
    formação aristocrática nos canaviais, 130
    típica do morador livre do Nordeste, 174
Famílias
    de engenhos nordestinos (ligação com nomes de
        doces e bolos finos), 124, 125
Festas
    bumba-meu-boi, 106, 107, 108
    católicas, 191
Fico benjamim, 83, 84, 178
Filosofia social, 142, 143
Fotografia, 64, 164
Frades
    curiosidade intelectual, 187
Fruta-pão, 83

# G

Garapa, 45
Guerra
    contra os franceses, 183
    contra os holandeses, 133, 137, 138, 183
    dos Mascates, 131

# H

Higiene
    doméstica, 175
    melhoramentos no Nordeste durante o domínio
        holandês, 149
    pessoal, 182
    pública, 182
Higienismo, 84
História do Brasil
    história do açúcar, 49
Hotentotes, 155

## I

Igreja Católica
  devoção dos senhores de engenho, 191
  e a formação brasileira, 193
  festas, 191
Igrejas
  de jacarandá e de ouro, 48
  de Pernambuco (uso de benjoim), 148
  descaracterização, 178
Índia
  árvores e sementes levadas ao Brasil, 129
  cambará levado do Brasil, 80
Indígenas
  alimentação, 114
  degradados pela cana-de-açúcar, 97
  estado de cultura inferior ao dos negros, 156
  medicina, 82
  nômades comparados ao cavalo, 105
  organização social inferior à de áreas de cultura africanas, 161
  palhoças, 89
  plantas, 148
Industrialização
  despersonalização do "senhor de açúcar" frente aos trabalhadores, 177
  interesses de poucos, 178
Ingleses
  grande concentração na Bahia, 54
Ipeca, 148
Irmandades, 133, 194
Itamaracá
  provável início da lavoura canavieira no Nordeste, 58

## J

Jogo de bicho
  popular no Nordeste, 116
Judeus
  atuação no comércio do Brasil Holandês, 198, 199

## L

Laranja-da-bahia, 77
Língua portuguesa
  corrompida pela população negra, 190
  estudo de Mário Marroquim, 140
  identificação de nomes portugueses com holandeses, 151
Liteira, 99

## M

Maçonaria
  combatida por D. Vital, 192
Maconha, 41, 52, 68, 176
Mãe-preta, 53, 121, 124, 131, 156
Malungo, 121, 131
Mamão-de-caiena, 77
Mandacarus, 45
Mangaba, 77
Mangue, 47, 67
Mangueira-da-índia, 47
Maranhão
  decadência da cana-de-açúcar, 90
  estudos sobre o, 198
Mascates, 131, 200
Massapê, 37, 46, 47, 48, 49, 50, 51, 52, 53, 54, 59, 61, 99, 100, 119, 179, 194
Matas
  consequências de sua destruição, 81, 112
  de Catucá, 89
  defendidas por Duarte Coelho, 128
  destruição das, 60, 88, 92, 173
  destruição pela monocultura, 60, 79, 81, 85
Mazombos, 140
Medicina
  caseira, 82, 126, 127, 190, 191
Médicos
  de família, 147
  educados na Europa, 147
  ingleses na Bahia, 54
  ingleses no Recife, 53
  "o grande Velosino", de Recife, 149
Meninos
  abuso de doces, 125
  consumo de rolete de cana, 125
Mestiçagem
  no Nordeste, 150, 151, 153, 163, 169, 172, 173
Mestiço
  do Nordeste, 171, 172
  elemento social e psicologicamente "flutuante, indeciso e insatisfeito", 173
  esforço ligado à história social do Nordeste, 171

inferioridade biológica (estudiosos), 175
próximo daquela relativa estabilidade
    de traços, 122
Mestiços
    eugênicos, 154
    padres, 141
Miscigenação
    no Nordeste, 150, 151, 153, 163, 169, 172, 173
Moças
    abuso de doces, 125
    gulosas por doces, 125
    "luso-brasileiras do Nordeste", 151
    prazer nos banhos de rio, 64
Modinha, 190
Moleque
    costume de chupar cana, 125
Molinotes, 106
Monocultura
    água dos rios transformada em mictório, 71
    ausência de método agrícola, 111
    decadência, 90
    deformadora do homem e da paisagem, 178
    destruição das florestas, 88
    destruição das matas, 60, 79, 81, 85
    diminuidora da área pastoril, 109
    empobrecimento do solo, 47, 60, 61, 110
    feudal a seu modo, 145
    formadora do senhor de engenho, 121
    obstáculo à lavoura de alimentos, 39, 40, 109, 118, 126, 149, 171, 173
    patologia social, 41
    perfil aristocrático e cavalheiresco, 38
Mucama, 121, 124, 131, 156
Mucambos, 46, 50, 68, 69, 70, 71, 89, 97, 102, 131, 134, 135, 160, 163, 183, 186, 197
Mulato
    acomodação do mulato triunfante, 140
    ascensão, 139, 140, 176
    defesa militar do Nordeste, 137, 138
    inferioridade biológica (escola de Nina Rodrigues), 175
    intelectual, 146
    "mal-ajustado aos brancos", 135
Mulatos
    Antônio Pedro de Figueiredo, 141, 142, 143, 145, 146
    do Nordeste, 140, 141, 142, 143, 146, 156
    jangadeiros, 67, 68

livres, 131, 135
maquinistas, 157
marceneiros, 157
mestres de açúcar, 157
Natividade Saldanha, 142
Tobias Barreto, 142
vadios, 112
Mulheres
    religiosas, 192, 193
    vestuários, 182

# N

Negras
    beleza física, 157
Negras velhas, 189
Negro
    adaptação à floresta, 88, 89
    adaptação ao clima tropical, 50
    base da civilização do açúcar, 86, 105
    comparado ao boi, 105, 107, 108
    corruptor da língua portuguesa, 190
    critério a partir do qual deve ser estudado no Brasil, 159, 161
    defesa militar do Nordeste, 137
    deformação pela escravidão e pela monocultura, 161
    degradado pela cana-de-açúcar, 97
    estado de cultura superior ao dos indígenas, 156
    inferioridade biológica (escola de Nina Rodrigues), 175
    "parte do grande complexo brasileiro de cana-de-açúcar", 127
    "pé-de-boi da colonização agrária do Brasil", 105
Negros
    amassadores de pão, 185
    aquilombados, 51
    barcaceiros, 67
    beleza física, 156, 157
    canoeiros, 67
    consumo de bagaço de cana, 126
    curandeiros, 82, 127
    desenraizamento, 159, 160
    dieta alimentar, 126
    dos armazéns de açúcar no Recife ("aristocracia"), 133, 134
    estudo de Melville J. Herskovits, 158

eugênicos, 182
fugidos, 82, 102, 157, 159, 161, 174
jangadeiros, 67
livres, 131
mucambeiros, 161
padres, 141
quilombolas, 82, 89, 153, 161
seleção de africanos para a lavoura no extremo Nordeste, 154, 155
Negros velhos, 121
Nordeste
   brasileiro das terras de açúcar (separado dos animais), 113
   civilização do açúcar, 38, 42, 49, 58, 70, 74, 75, 86, 90, 97, 104, 108, 111, 113, 114, 116, 122, 124, 125, 127, 130, 136, 140, 149, 150, 152, 156, 157, 158, 160, 175, 182, 183, 184, 185, 186, 189, 190, 191, 192, 194, 195
   civilização do açúcar (criadora de valores políticos, estéticos e intelectuais), 195
   colonização comparada à de outras partes da América, 39, 40, 73, 136, 141, 160
   consequências da Abolição, 177
   cotidiano, 46
   desequilíbrio entre a pecuária e a lavoura, 110
   devoção dos senhores de engenho aos santos, 191
   dois Nordestes (o agrário e o pastoril), 37, 110, 111, 153
   estatura do "homem do Nordeste", 174
   estudos sobre o "tipo nordestino", 196
   europeização, 99, 100, 182, 187, 189, 190, 199
   extremo Nordeste próximo da África, 48
   grandes escritores, 184
   grandes pensadores, 184
   grandes pintores, 184
   grandes poetas, 184
   grandes políticos, 183
   grandes religiosos, 184
   "história de desequilíbrio", 80
   história social ligada ao esforço do mestiço, 171
   homem moreno ("raça ou quase-raça brasileira"), 122
   influências inglesas e francesas, 100, 187, 189, 190
   miscigenação, 68, 150, 151, 153, 163, 169, 172, 173
   o cabra, 156, 172, 175
   palavra relacionada à seca, 45
   população: persistência de traços nórdicos, 152, 169
   séc. XIX (patriarcal), 146
   sistema regional de relações entre senhores e escravos, 131

## O

Objetivos e metodologia do livro, segundo Gilberto Freyre, 37, 38, 42, 145
Olinda
   desenvolvimento da cultura religiosa e humanista, 189
Oratória, 141, 183

## P

Padres, 136
   contra senhores de engenho, 146
   curiosidade intelectual, 187
   esforços heróicos, 192
   mestiços, 141
   negros, 141
   pobres, 192
Palhoças, 89, 134
Palmares
   aproveitamento da vida nativa, 89
   organização socialista, 160, 161
   "república inteira de mucambos", 46
Paraíba
   primeiras áreas de cultivo da cana, 61
Patriarcalismo
   "amigo dos santos e do Imperador", 52
   ascensão do mulato, 176
   críticos da organização patriarcal, 142
   decadência, 158
   escravocrático e particularista, 179
   "monossexual" e "monocultor", 171
Pau-d'arco, 79
Pau-ferro, 80
Pecuária
   "civilização do couro", 108, 166
Peixe
   classificação dos peixes do Recife, 76, 77
   cozido com pirão, 45
   mortos pela poluição das usinas, 71
   pesca no Nordeste, 75
   variedade de peixes no Nordeste, 69
Pernambuco
   área de cultivo de cana, 61

"civilização brasileira do açúcar", 127
colonos alemães, 94
dimensão do cultivo da cana, 41
Piano, 54, 67
Piraúna, 69
Portugal
    extração de madeira no Brasil, 87, 88, 92, 93
    interesse pelas plantas regionais brasileiras, 148
    política em relação à "gente de cor" no Brasil, 138, 139, 140
    política no Brasil "mais humana que a inglesa ou a francesa nas Antilhas", 136
    tradições portuguesas constitutivas do "Brasil profundo", 50
Português
    fundador na moderna civilização do açúcar do Nordeste, 49
    maior doçura "com relação à gente de cor", 136
    melhor adaptação ao meio tropical, 151
Portugueses
    civilização agrária, 47
    criminosos deportados para o Brasil, 158
    mascates, 131
    quase sem consciência nenhuma de raça, 152
Prostituição
    molecas, 147
    mulatas, 147
    no Recife: "ostensiva na cidade" e "disfarçada" nos engenhos, 150

## Q

Quenga de coco, 161

## R

Raça
    desajustamento psicológico e social do mestiço, 172
    formação de novas raças, 163
    homem moreno do Nordeste ("raça ou quase-raça brasileira"), 122
    inferioridade racial dos negros e mestiços, segundo Nina Rodrigues, 176
    "ódio à lavoura" do negro (compreendido por alguns como uma predisposição de raça), 159
Racismo
    em relação aos mulatos, 139, 161
    em relação aos negros e mulatos, 161
Recife
    aristocracia dos negros de armazéns de açúcar, 133, 134
    centro de cultura intelectual e artística, 178
    classificação dos peixes da região, 76, 77
    "colônia grande de ingleses", 53
    desenvolvimento da cultura jurídica, 189
    mercados de escravos, 155
    "metrópole do açúcar", 135, 149
    problemas da cidade, 198
    prostituição, 147
Rede, 99
Região
    assunto merecedor de estudos, 76
    critério da análise, 143
Rios
    Beberibe (próprio para banho), 65
    Capibaribe, 62, 63, 64
    Capibaribe (água clara), 64
    Capibaribe (consolidação da cultura da cana no Nordeste), 62, 63
    Capibaribe (próprio para banho), 64
    desprezados pelos poderosos do Nordeste, 70
    importância dos de pequeno porte, 58, 59, 60, 61, 74
    poluídos pelas usinas, 63, 71
    São Francisco, 108

## S

Sabongo, 161
Santos
    devoção dos senhores de engenho, 191
    nos nomes dos engenhos, 62
Seminários, 188, 193
Senhoras
    cruéis, 192
    enlanguescimento, 164
    gordas (consumo excessivo de doces e bolos), 124
    "luso-brasileiras do Nordeste", 151
    vestuário, 182
Senhores de engenho
    alimentação, 114
    "aristocracia das terras gordas", 51
    aristocratas quase feudais, 139
    arquivos, 101, 123, 124
    autêntica cultura rural, 185
    devoção aos santos, 191
    e o cavalo, 98, 99, 100, 101, 102, 103, 112

livrarias, 186, 187
obtenção de títulos, 51
primeira aristocracia brasileira na várzea do Capibaribe, 62
tipo mais puro de aristocrata brasileiro, 121
Senzalas
  ausentes na "civilização do couro", 108
Sexualidade
  masturbação dos moleques, 160
  vida sexual irregular, 149
Sociologia
  regional, 46
Solo
  empobrecimento em virtude da monocultura, 60
  favorável ao avanço da cana, 48
  influência do massapê sobre a índole dos senhores, 52, 53
  mangue, 47, 67
  massapê, 37, 46, 47, 48, 49, 50, 51, 52, 53, 54, 59, 61, 99, 100, 119, 179, 194
Sucupira, 79

# T

Tabaco, 41
Tapioca, 123, 166
Transporte
  barcaça, 66, 67, 68, 76, 101, 129, 176
  bote, 63, 64, 65, 66
  cabriolé, 99
  canoa, 63, 64, 66, 67, 68
  carro de boi, 66, 67, 99, 156
  cavalo, 100
  de açúcar, 65, 101
  de água, 147
  jangada, 66, 67, 68, 76, 144
  liteira, 99
  palanquim, 99, 100
  rede, 99, 100
  tropeiros, 101
Trapiches, 106, 114, 127, 175, 176
Trópico
  adaptação do negro, 50
  adaptação do português, 151
  adaptações do vestuário, 113
  sucesso português, 50
  vegetação tropical do Nordeste, 89, 90

# U

Urubu
  utilidade, 114
Usinas
  algumas com péssimas "condições de salário, de vida e de alimentação", 177
  deformação do homem e da paisagem, 178, 179
  destruição das matas, 87
  estradas de ferro, 42
  inconstância do mameluco como empregado, 172
  modernas, 42
  período de seu desenvolvimento, 86
  poluidoras dos rios, 42, 63, 71
  sistema de latifúndio moderno, 86
  "sistema puramente industrial", 180
  surgimento inevitável, 179

# V

Vestuário
  adaptação ao clima, 113
  influência inglesa, 182
  renda, 53, 54, 148
  trajo de baiana, 166, 167, 168
  trajo do vaqueiro, 166
Visgueiro, 80
Vitória-régia, 83, 178

# X

Xangô, 72, 162, 167, 168

# Z

Zuarte, 57

# Índice onomástico

## A

ABREU, João Capistrano de, 108, 205
AGUIAR, conde de, 200
AGUIAR, Durval Vieira de, 67, 76, 89, 95, 201
AGUIAR, marquês de, 164
ALBUQUERQUE, da. Inês Barreto de, 193
ALBUQUERQUE, Francisco de Paula Cavalcante d', 95
ALBUQUERQUE, Jerônimo de, 58, 129, 144
ALEMÃO, Francisco Freire, 189, 201
ALFREDO, João, 53
ALMEIDA, Eduardo de Castro e, 55, 202
ALMEIDA, José Américo de, 114, 175, 196, 205
ALMEIDA, Tomás Xavier Garcia de, 94
ALVES, Castro (Antônio C. A.), 52, 184
AMADO, Jorge, 198
AMARAL, Azevedo, 161
AMÉRICO, Pedro, 187
ANDRADE, Lopes de, 75, 205
ANJOS, Augusto dos, 184
ANTONIL, padre André João, 156
ARANHA, Graça, 184
ARAÚJO, Correia de, 130
ARCOVERDE, cardeal, 119
ASHE, W. W., 74, 204
AUSTREGÉSILO, A., 163
ÁVILA, Bastos de, 154
AYRES, Emílio Cardoso, 184
AZEVEDO, Antônio Costa, 177
AZEVEDO, Fernando de, 74, 205
AZEVEDO, Tales de, 198, 205

## B

BANDEIRA, Manoel (pintor), 43
BARATA, cônego Antônio do Carmo, 166, 205
BARBOSA, Renato, 92
BARLÉUS, Gaspar de, 154
BARRETO, Carlos Xavier Paes, 168, 169, 204, 205
BARRETO, Castro, 76
BARRETO, Luís do Rego, 131, 132, 133
BARRETO, Tobias, 142, 184

BARROS, Francisco do Rego, 53, 130
BARROS, Henrique de, 165, 166, 206
BARROS, Morais, 174
BARROS, Sousa, 76, 165, 204
BARROSO, Gustavo, 117, 206
BASTIDE, Roger, 169, 206
BASTOS, Tavares, 146
BATISTA FILHO, Olavo, 74, 204
BEATRIZ, da., 48
BELO, Júlio, 107, 118, 178, 206
BENNETT, H. H., 61, 74, 204
BENTHAM, 189
BERNARDO, dr., 115
BEZERRA, Felte, 74, 117, 165, 196, 206
BLAER, 160
BOA VISTA, barão de, 99, 145, 180
BORBA, Lauro, 76
BRANDÃO, Alfredo, 198
BRANDÃO, Otávio, 75
BRANDÃO, Theo, 117, 118, 206
BRITO, João Rodrigues de, 100, 117, 201
BURKE, 178
BURLAMAQUI, Frederico Cesar, 143, 146

## C

CABELEIRA, 66
CABO, Morgado do, 135
CAGE, padre Thomaz, 163
CALMON, Pedro, 154, 197, 199, 206
CÂMARA, Faelante da, 199, 200, 201, 206
CÂMARA, Manuel de Arruda, 146, 147
CAMPELO, Samuel, 118
CAMPOS, Carolino Francisco de Lima, 64
CANABRAVA, Alice P., 73, 74, 204
CANECA, frei, 134, 184, 189, 201
CARDIM, padre Fernão, 127
CARVALHO, Alfredo de, 75, 134, 165, 203, 206
CARVALHO, Rodrigues de, 172, 173, 196, 204
CASCUDO, Luís da Câmara, 76, 117, 126, 206
CASTRO, Josué de, 75, 76, 196, 206
CASTRO, Manoel de Mello, 199
CASTRO, Martinho de Mello e, 83, 138, 200

CAVALCANTI, Abelardo de Lima, 200
CAVALCANTI, Arthur Siqueira, 200
CAVALCANTI, Carlos Gilberto, 42, 198
CEDRO, Luiz, 5
CÉSAR, Getúlio, 76
CHAVES, Antiógenes, 5
CHAVES, Nelson, 76
CHAVES, Sebastião Wanderley, 169
COELHO, Duarte, 48, 58, 61, 62, 88, 127, 128, 129, 130, 150, 157, 158
COMTE, Charles, 141, 143, 146, 189
CONDORCET, 189
CORREIA, Pio, 200, 206
COSTA, Angione, 74, 206
COSTA, Bento José da, 65, 75
COSTA, Césio Regueira, 76
COSTA, Dante, 163
COSTA, Manuel Nunes da, 134
COSTA, Olímpio, 76
COSTA, Pereira da, 73, 74, 108, 115, 117, 150, 165, 168, 206
COTEGIPE, barão de, 183
COUSIN, Victor, 142
COUTINHO, A. Bezerra, 76, 204
COUTINHO, bispo Azeredo, 148, 192
COUTINHO, d. Rodrigo de Sousa, 136, 139, 165, 201
COUTINHO, Hélio, 198
COUTINHO, Rui, 76, 174, 196, 206
COUTO, d. Domingos do Loreto, 105, 106, 122, 123, 163, 200, 204
COUTY, Louis, 172
CRAVEN, A. O., 74, 206
CRUZ, São João da, 191

## D

DIAS, Cícero, 5, 168
DIEGUES JÚNIOR, Manoel, 75, 198, 206
DWIGHT, 105

## E

ELLIS JÚNIOR, Alfredo, 73, 206

## F

FEITOSA, Nascimento, 146

FERNANDES, Aníbal, 76
FERNANDES, Gonçalves, 196
FERRAZ, Álvaro, 175, 206
FERRAZ, Aydano do Couto, 75, 204
FERREIRA, Ascenso, 76
FERREIRA, Miguel, 192
FIGUEIREDO, Antônio Pedro de, 141, 142, 143, 144, 145, 146, 165
FILANGERI, 189
FONSECA, Anselmo da, 143
FONSECA, Aquino, 147
FONSECA, Borges da, 151
FONSECA, Pedro P. da, 75, 202
FOURIER, Charles, 142
FREITAS, Teixeira de, 183
FREYRE, Gilberto, 206
FROES, da. Isabel, 58

## G

GALVÃO, Trajano, 184
GAMA, Lauro M., 76, 204
GAMA, padre Miguel do Sacramento Lopes, 146, 151, 188
GAMA, Saldanha da, 183, 184
GARDNER, George, 94
GOMES, José Eustáquio, 66
GOMES, Pimentel, 74, 76, 207
GONÇALVES, Diogo, 58
GONZAGA, São Luís, 192
GRAHAM, Maria, 187
GRANITO, barão de, 169
GRECO, El, 45
GUENTHER, Konrad, 84, 92, 202

## H

HARDMAN, Samuel, 110
HARLOW, Vincent T., 39, 55, 207
HENDERSON, James, 67, 159
HERSKOVITS, Melville J., 158, 169, 204
HIGINO, José, 184
HOLDIP, coronel, 39
HOLLANDA, Anna de, 169
HOLLANDA, Arnau de, 169
HOOTON, E. A., 163, 204
HURTER, Job van, 151

## I

IBIAPINA, padre, 192
ISABEL, da. (doceira), 123, 124
ITAMARACÁ, barão de, 183

## J

JABOATÃO, 151
JAY, M. A., 55
JESUS, Manuel Tomé de, 101, 123, 191
JESUS, Santa Teresa de, 191
JOFFILY, I., 61, 75, 207
JOSÉ, da. Maria, 193
JOUFFROY, 142
JUNDIÁ, barão de, 124, 163, 201
JUREMA, Aderbal, 76, 135

## K

KOSTER, Henry, 54, 100, 117, 153, 169, 182, 187, 202
KRETSCHMER, 154

## L

LABAT, P., 47
LABOULAYE, 190
LACERDA, Mário, 76
LAMARTINE, 189
LAMARTINE, Osvaldo, 75, 76
LAVRADIO, marquês do, 137
LEÃO, A. Carneiro, 174
LEÃO, Haroldo Carneiro, 75
LEÃO, Múcio, 183
LEFOLLE, Jacob, 94, 95
LEY, Gaspar van der, 152, 169
LIMA, José Inácio de Abreu e, 146
LIMA, Laurêncio, 76
LIMA, Manoel de Oliveira, 130, 181, 184, 199, 207
LIMA, Manuel de Araújo, 101, 119, 185
LIMA, Miguel de Andrade, 175, 206
LIMA, Osvaldo Gonsalves, 76
LINS, Cristóvão, 61
LINS, Meira, 70, 76, 205
LINS, Presciano Accioly, 52
LISBOA, José da Silva, 49, 202
LOBO, Rodrigo José Ferreira, 132

LOCKE, John, 189
LÖFGREN, Alberto, 60, 74, 110, 111, 119, 207
LOPES, Raimundo, 198
LORENA, Bernardo José de, 139, 165, 201
LUCCOCK, John, 114, 119, 202
LUCENA, Vasco Fernandes de, 58, 73
LUETZELBURG, Phillip von, 38, 87, 92, 207

## M

MACEDO, Sérgio Teixeira de, 183
MACKINDER, Halford, 57
MAGALHÃES, Agamêmnon, 196, 207
MAGALHÃES, Ageu, 38, 70
MANDURUCU, Emiliano, 135, 139
MANSFIELD, Charles B., 54, 55, 101, 117, 123, 157, 163, 202
MANSON, 38, 70, 76, 204, 205, 208
MARANHÃO, Albuquerque, 130
MARIANO, José, 184
MARROQUIM, Esmaragdo, 76
MARROQUIM, Mário, 140, 207
MARTINS JÚNIOR, 184
MARTIUS, C. F. Phil. von, 49, 55, 202
MATHIESON, professor, 40
MATOS, Gregório de, 167, 184
MEDEIROS, José Augusto Bezerra de, 119
MELLO, Francisco José de, 131
MELLO NETTO, Archimedes de, 42
MELO, Bandeira de, 130
MELO, da. Maria de, 169
MELO, Ferreira de, 199
MELO, José Maria de, 76
MELO, Manuel Gomes de, 169
MELO, Mário, 76
MELO NETO, José Antônio Gonsalves de, 75, 199, 207
MELO, Tomás José de, 118, 119, 192, 201
MELO, Ulisses Pernambucano de, 38, 175, 176, 177
MELO, Veríssimo de, 76
MENDONÇA JÚNIOR, 118, 205
MENDONÇA, Renato, 154
MENESES, Diogo de Melo, 42, 75
MENEZES, José Cezar de, 134
MIRANDELO, 122
MOCKERIE, Parmenas Githendu, 159
MONBEIG, Pierre, 61
MONTEIRO, Maciel, 52, 53, 124, 185, 186, 199
MONTELO, Josué, 198

MONTENEGRO, Caetano Pinto de Miranda, 144, 164, 200
MONTENEGRO, Lauro, 42
MONTENEGRO, Olívio, 76, 177
MONTESQUIEU, (Charles de Secondat M.), 189
MORAIS, dr., 184
MOREAU, Pierre, 151
MOREIRA, Carvalho, 53
MOTA, Leonardo, 117, 205
MOURA, João José de, 188

## N

NABUCO, Joaquim, 52, 53, 119, 147, 167, 183, 184, 197, 208
NASCIMENTO, Francisco José do, 67
NASCIMENTO, Madre Soror Ângela do, 193
NASH, Roy, 114, 119, 208
NASSAU, conde João Maurício de, 147, 149, 169, 180, 182, 198
NATIVIDADE, J. Vieira, 166, 205
NESTOR, Odilon, 75

## O

OITICICA, Leite, 166
OLINDA, marquês de, 124
OLIVEIRA, d. Vital Maria Gonçalves de, 52, 184, 192, 193
OLIVEIRA, J. B. Sá de, 140, 164, 196, 208
OLIVEIRA, Valdemar de, 76
ORLANDO, Artur, 57, 104, 118, 122, 208
OWEN, 142

## P

PAIS, Catarina, 193
PARANHOS, Pedro, 5, 83
PAZ, Cypriano Luz da, 115
PEDRO II, d., 52
PEDROSO, capitão Pedro, 134, 135, 139, 141, 186
PEIXOTO, Afrânio, 198
PENEDO, barão de, 183
PEREIRA, José Clemente, 94
PICANÇO, d. Vital Correia, 184
PICKEL, d. Bento, 86, 92, 205
PIMENTEL, Paulo, 43

PINHO, Wanderley de, 75, 208
PINTO, Estêvão, 74, 76, 117, 208
PISO, Guilherme, 147, 148, 182
POMBAL, marquês de, 88, 92, 93, 201, 202
PORTO, Manuel José da Silva, 188
PORTUGAL, d. Fernando José de, 148, 149
PORTUGAL, Thomaz Antonio Villanova, 133
POST, Peter, 182
POWELL, John, 39
PROENÇA, Cavalcanti, 76
PUDSEY, Cuthbert, 168, 202
PURIFICAÇÃO, d. João da, 102, 192

## Q

QUINTAS, Amaro, 76, 165

## R

RABELO, Sílvio, 177
RAINHA, Teresa, 158
RAMOS, Artur, 106, 154
REBELO, José Silvestre, 55, 104, 202
RÉGIS, Edson, 76
REGO, José Lins do, 70, 178, 208
REIS JÚNIOR, A., 166, 205
RIBEIRO, padre João, 184
RIBEIRO, René, 76
RIBEIRO, Rosalvo, 184
RIBEIRO, Joana, 117
RIO BRANCO, visconde de, 183
RODRIGUES, Augusto, 164
RODRIGUES, Nina, 154, 175, 176, 184
ROLIM, padre, 192
ROSA, João Ferreira da, 149
ROSÁRIO, (o) Baixa do, 169
ROSÁRIO, Sebastião do, 103

## S

SAINT-SIMON, 142
SALDANHA, José da Natividade, 142
SALVADOR, frei Vicente do, 129
SAMPAIO, A. T., 92, 208
SANCHEZ, Ramiro Guerra y, 41
SAY, 189
SCHMIDT, Louis Bernard, 118, 208

SCHMIEDER, Otto, 73, 205
SEIXAS, Ivan, 42, 165
SEIXAS, José Venâncio de, 136, 137, 138, 139, 165, 201
SEIXAS, Romualdo de, 183, 185
SERPA, Joaquim Jerônimo, 147, 148
SERRA, Astolfo, 76, 198
SETTE, Mário, 76
SILEZIO, Lourenço, 199
SILVA, J. Rodrigues da, 76, 205
SILVA, Pirajá da, 55, 70, 202
SMITH, Adam, 190
SMITH, Herbert H., 54, 55, 202
SOARES, Macedo, 127
SOROKIN, Pitirim, 41
SOUSA, Coelho de, 91, 205
SOUSA, Gabriel Soares de, 190
SOUSA, Paulino de, 183
SOUSINHA, 141, 184
SPALDING, Thomas, 104
SPIX, J. B. von, 55, 202
STEVENSON, Robert Louis, 54

## T

TAUNAY, Afonso d'Escragnolle, 153
TAVARES, Luís, 70, 76, 208
TAVARES, padre Moniz, 146
TEIXEIRA, d. Marcos, 117, 202
TEIXEIRA, Gilmário M., 198
TELES JÚNIOR, 184
TENORIO, d. Juan, 191
TOCQUEVILLE, Alexis de, 190
TOLLENARE, Louis François de, 48, 64, 65, 75, 113, 153, 154, 155, 157, 158, 169, 187, 203
TORRES, Heloísa Alberto, 168

TOURINHO, Eduardo, 167, 205
TRINDADE, J. A., 76

## V

VALADARES, Clarival, 42
VALENÇA, marquês de, 200, 202
VANDELLI, Domingos, 49, 55, 202
VASCONCELOS, Antônio Ângelo de, 135
VASCONCELOS, Joaquim José Pinheiro de, 94
VASCONCELOS, Zacarias de Góis e, 183
VASCONCELOS SOBRINHO, 74, 76, 85, 87, 92, 205, 208
VAUTHIER, Louis Léger, 165, 206
VELOSINO, 149
VERGER, Pierre, 127
VIANA, F. J. de Oliveira, 163, 175
VIDAL, Ademar, 76, 196, 198
VIEIRA, João Fernandes, 136, 181
VIEIRA, padre Antônio, 91, 127, 141, 146, 183, 192
VILHENA, Luís dos Santos, 146, 167

## W

WANDERLEY, da. Maria, 169
WANDERLEY, Fernando, 70, 76, 205
WANDERLEY, Gertrudes Lins, 169
WANDERLEY, Pedro, 169
WANDERLEY, Pedro da Rocha, 169
WANDERLEY, Sebastião Lins, 169
WOLF, Paulo, 55, 202

## Z

ZUMBI, 46